中学地理教材教法

王树声　主编

王树声 王 民 钟作慈 孙家镇 李岩梅 合编

高 等 教 育 出 版 社

1995

内 容 提 要

本书是根据国家教委1991年12月18日颁布的中学教师电视卫星进修高师地理教育专业《中学地理教材教法》教学大纲而新编的教材。全书共八章，分别叙述了中外教育发展史和当代教育现状，较详细地阐述了中学地理教学的任务、特点、教学原则、教学过程、教学方法、教学形式及中学教师的素养等方面的问题。

全书以当代中学教育改革思路为主线，紧密结合现代教育理论和国外先进经验，立足反映中学地理教学中的实际问题。

本书适用于中学地理教师、中学地理教育工作者，以及师范院校地理专业的学生使用参考。

图书在版编目（CIP）数据

中学地理教材教法／王树声主编．—北京：高等教育出版社，1995.7（2015.7重印）

ISBN 978-7-04-005466-8

Ⅰ．①中… Ⅱ．①王… Ⅲ．①中学地理课－教学法－师范大学－教材 Ⅳ．①G633.552

中国版本图书馆CIP数据核字（2011）第074862号

出版发行	高等教育出版社	咨询电话	400-810-0598
社　　址	北京市西城区德外大街4号	网　　址	http://www.hep.edu.cn
邮政编码	100120		http://www.hep.com.cn
印　　刷	北京宏信印刷厂	网上订购	http://www.landraco.com
开　　本	850×1168 1/32		http://www.landraco.com.cn
印　　张	10.75	版　　次	1995年7月第1版
字　　数	290 000	印　　次	2015年7月第12次印刷
购书热线	010-58581118	定　　价	16.00元

物料号 5466-00

前　言

本书是根据国家教委1991年12月18日颁布的中学教师进修高等师范专科地理教育专业《中学地理教材教法》教学大纲编写的，是在职中学地理教师进修高等师范专科地理教育专业的一门必修课程。全书结合九年义务教育全日制初中地理教学大纲及有关教材内容，并从进修教师的实际情况出发，突出本学科的基本理论和基础知识，紧密结合我国当前地理教学实际，力图反映中学地理教学改革的新成果。

在职中学教师都有一定教学经验，对教学大纲及相应教材都有相当了解和体会，在此基础上进行理论上的提高，以便指导今后的教学，是极有意义的。因此本书对中学地理教学的有关原理、原则、过程、方法、教材等作了较系统的阐述；同时对中学地理教学实际，从备课到上课，从钻研教材到设计教法，从教师素质到基本功的锻炼等，也有较详细的说明。为了加强地理教学实践能力的培养，各章后都安排了“思考与练习”及“实习作业”，使学习者配合自已教学，及时加以实践，以获得理论联系实际的亲身体验。

本书由王树声主编，编写人员有王树声、王民、钟作慈、孙家镇、李岩梅，钟作慈参加了部分统稿工作，邹倩参加了绘图工作。全书由王树声统稿、定稿。在编写过程中，参考了大量文献书刊，谨向有关作者表示诚挚的谢意。邬翊光、黎勇奇等先生为本书的审稿、定稿、出版做了许多工作，谨致谢意。

由于编者水平所限，编写时间紧迫，书中不妥与错误之处在所难免，敬请批评指正。

编　者

1995年2月

前言

目　录

绪　言

《中学地理教材教法》是在职中学教师进修高等师范专科地理教育专业的一门必修课程。其目的在于研究中学地理教学，探索教学规律，促进教学改革，提高教师素质。

《中学地理教材教法》的教学要求是使进修教师了解中学地理教学的任务、要求、基本原则和教学过程；学会针对不同学生和教材特点采用适当的教学方法；掌握地理课内、外教学和地理教学研究的方法与技能；明确做一名合格地理教师应具备的基本素养，为更好地胜任初中地理教学工作打下必要的基础。

一、中学地理教材教法的研究对象和任务

中学地理教材教法的研究对象是中学地理教学系统，包括地理教学的目的、任务及特点，地理教学过程，教学原则，教学内容，教学方法，教学形式及地理教师的素养，中学地理教育的发展等各个方面。

从中学地理教学系统的各组成部分看，既有处于教学活动主体地位的学生，也有在教学活动中发挥主导作用的教师；既有作为组织教学活动依据的教材，又有为完成教与学双边活动的教法与学法。从中学地理教材教法的研究内容看，就要了解各组成部分在中学地理教学系统中的地位、作用、及其相互关系，以便认识其本质，揭示其规律，探索有关中学地理教学中诸问题的解决途径，促进中学地理教育的发展。

中学地理教材教法要承担以下任务：

1．介绍我国中学地理教育的发展和世界主要国家中学地理教育概况，使学员对中学地理教育的发展历史有概括的了解，并通过对世界主要国家中学地理教育的比较，认识当代地理教育改

革的特点及发展趋势。

2．阐明中学地理教学的目的、任务和基本特点，使学员认识地理教学的地位和作用，了解地理教学的三项任务及其相互联系，掌握地理教学的特点。

3．说明中学地理教学原则的作用及其产生的依据，使学员了解地理教学的基本原则，掌握贯彻地理教学原则的方法。

4．阐述《中学地理教学大纲》的性质、作用、结构与内容，介绍中学地理教材的作用及分析方法，使学员了解九年制义务教育全日制初中地理教学大纲的作用与结构，理解初中地理教材的教育目标、选材原则、结构体系与基本内容，并掌握分析、运用教材的方法。

5．揭示中学地理教学过程的实质，阐明学生掌握地理知识、发展智能和形成思想观念的过程。使学员了解中学地理教学过程的实质、基本内容和最优化的标准，掌握合理地组织地理教学过程的途径。

6．介绍中学地理教学方法的基本类型，阐述地理教学方法的方法论基础，使学员掌握地理教学的基本方法、各种直观方法及逻辑思维方法，并提高他们针对学生和教材特点合理选择、综合运用教学方法的能力。

7．说明中学地理课堂教学、课外教学及活动等基本教学形式的特点、作用及主要内容，使学员了解这几种教学形式的意义，明确教师在各种教学形式中的职责，掌握进行课堂内、外教学及指导课外活动的基本技能。

8．阐明中学地理教师应具备的基本条件和努力方向，使学员了解做一名合格的中学地理教师应具备的基本素养，明确今后的努力方向。

9．加强地理教学实践能力的培养，使学员能够更好地运用所学的理论及方法完成各项实践活动，以提高教学能力。

二、中学地理教材教法的学科属性和系统

中学地理教材教法是探索地理教学规律的学科，从教材内容看，具有地理学的内容；从教学方法看，又有教育学的性质，因此中学地理教材教法的学科属性是介于地理学与教育学这两大学科之间的一门边缘学科。

从中学地理教材教法的研究对象和任务可以看出，它既不纯是地理学，也不完全是教育学。但在中学地理教材教法的研究与学习中，却既要遵循教育规律与原则，运用教育学的研究方法，又要遵循地理学的基本原理，运用地理学的方法论作指导。如果说中学地理教材教法属于地理学的范畴，这就会忽视它的教育价值和作用，无法完成地理教材教法的特殊任务；反之，如果说它属于教育学的范畴，又会削弱地理教材教法的特殊性，脱离了具体学科，也同样完不成地理教材教法的任务。

中学地理教材教法的学科知识系统主要分教材教法总论和教材教法分论。教材教法总论也称教材教法通论，是从整体研究中学地理教学的目的、任务、特点、原则，中学地理教学的内容、方法、过程、形式，探索中学地理教学的一般规律，从宏观上指导教学活动的进行，并为教材教法分论提供理论基础。教材教法分论是研究地理教学活动中某一范围或某一过程中具体的教学规律或方法的。如中国地理教材教法（又可分总论与分区）、世界地理教材教法（又可分各洲与国家）、乡土地理教材教法；又如地图教材教法、地名知识教材教法等。

三、中学地理教材教法的理论基础

中学地理教材教法涉及的知识很广，研究的是复杂的教育活动，因而形成和指导这门学科的理论基础是多方面的。

（一）辩证唯物主义与历史唯物主义的观点

中学地理教材教法的研究必须以马克思主义哲学为理论基

础，以辩证唯物主义和历史唯物主义的观点认识问题。如教学过程中教与学两个方面，是相互依存、又相互作用的关系，一方面的变化，会引起另一方面的变化，循环往复，不断影响着教与学的质量。教师认识到教与学是相互联系、相互依存而且是矛盾对立统一的辩证关系，就会设法促进教与学这对矛盾的转化，而且意识到教师在教学过程中要发挥主导作用。这教与学的辩证法正说明中学地理教材教法的研究离不开马克思主义哲学这个最根本的理论基础。

（二）系统科学理论

系统科学是以控制论、信息论和系统论（即"三论"）为核心而形成的综合科学，是各学科强有力的科学方法论基础。中学地理教材教法的研究同样受到"三论"的影响，思想受到启发、观点得到更新、方法有所借鉴。如根据系统科学的观点认识地理位置，任何地区都可看作是一个系统，它也必然作为子系统存在于更大范围的地区系统之中。这种表现在空间位置上的系统从属关系不仅反映了空间分布、空间结构和空间联系，而且也说明了任何地区在系统中的空间位置必然是该地区子系统的环境条件，它制约着子系统的结构特征和发展变化。在分析教材、设计教法、认识教育过程中，均可应用系统科学的一般方法和原则。

（三）教育科学理论

教育科学是研究教育现象、揭示教育规律的社会科学。中学地理教材教法与教育科学关系密切。其所研究的内容，有许多受教育科学理论的指导，特别是教学论的影响，因为教学论是教育科学理论的核心。如对教学原则的研究，离不开对教学规律的探讨，教学规律是教学内部的本质联系，这种联系决定着教学过程的合乎规律的发展。中学地理教材教法正是使教学实践与教育理论有机地结合在一起的过程，同时使实践上升到理论、理论又指导实践的过程。

（四）心理科学理论

心理学是研究心理现象、心理活动的形式及其规律的科学，它有助于教材教法的研究进一步深化。从研究教师的“教”到研究学生的“学”，心理学与认识论能提供许多理论指导。如研究认识过程与教学，包括对注意、感觉和知觉、记忆、思维与想象的研究，对知识和技能的掌握和思维发展的研究；又如对情感、意志、态度的研究，对品德形成的研究等，这一切都与心理科学理论有密切关系。

（五）地理科学理论和方法论

中学地理教材教法是一门综合性和实践性很强的学科，研究和学习这门课程，除前面四项基础理论外，还必须掌握地理专业知识和科学理论，以及地理科学方法论，它们直接影响着地理教材的研究，对学习地理的认识过程、地理知识向能力和观点的转化、地理科学认识方法的特殊性均有着指导作用。如果没有地理科学的理论方法作基础，地理教材教法的研究就失去了真正意义。

四、学习中学地理教材教法的意义和方法

中学地理教材教法这门课程的设置目的已在前面作了概括说明，对于在职的中学地理教师，学习本门课的意义是：

（一）学习理论，探索教学规律

中学地理教材教法从中学地理教师的实际出发，有理论指导，有方法介绍，能帮助中学教师掌握教育理论，探索教学规律，使教师获得提高，有所前进。

（二）总结经验，提高教学质量

参加本课程学习者，均为在职中学地理教师，有一定教学经验，通过学习，可以在理论指导下，总结教学经验，并进一步使经验上升为理论，在今后教学中，有意识地应用，提高教学质量。

（三）提高素质，促进教学改革

通过理论学习，指导实践，使教师业务水平和教学能力都获

得提高；在学习过程中，教师不断与自己教学实际进行印证、对照，提高素质，会进一步激发教学改革的自觉性，促进教学改革。

中学地理教材教法是一门实践性很强的学科，因此其学习方法最主要的是理论联系实际，随时同自己的认识和实践对照。对自己经历过的教学活动，体会较深的教育理论，要及时记录下来，以求提高；其次要结合目前授课，及时改进教学，如写教案、分析教材、练习板图、设计教学语言等，争取获得一定效果；最后在学习中要注意体会精神，理解实质，不钻牛角尖，不机械运用，并能勇于实验，有所创新。

思考与练习

1. 中学地理教材教法的研究对象和任务是什么？
2. 谈谈学习本书的意义。

第一章　中学地理教育发展概况

本章重点　从对我国中学地理教育发展的回顾和对世界主要国家中学地理教育的比较，了解中学地理教育的发展概况。

第一节　我国中学地理教育发展概况

我国的地理教育具有悠久的历史，古代学校所学的经、史、子、集中，存在许多地理知识。但一直没有单独设置的地理课。

作为学校设置的地理教育课程，我国始于清朝后期。首先在沿海城市，教会办了少数学校，如美国传教士于1839年在澳门开办的玛理逊学堂，法国天主教于1855年在上海建立的徐汇女中，1864年美国传教士在北京开设的贝满女校和在山东登州① 开办的文会堂。在西方文化的影响下，我国的一些新式书院和清政府所办的少数学堂也相继开设"舆地"课。如上海正蒙书院（1874年）、天津中西学堂（1895年）、上海南洋公学（1897年）等校。

地理课作为全国中小学必修课程，则始于清朝末年。1902年清政府颁布的《钦定学堂章程》中，规定地理为中小学必修课程，次年修订为《奏定学堂章程》，于1904年1月13日公布施行。

中国正规的地理教育始自20世纪初，在近一个世纪的发展过程中，历经多次变化。其中以新中国成立前后的变化最为突出。

一、旧中国的中学地理教育

从1904年至1949年的40多年中，我国中学地理教育在课程设置、教学内容等方面虽有一定的变化和发展，但由于当时中国半

① 今山东省牟平县。

封建半殖民地的社会严重地阻碍中学地理教育的发展，使中国的地理教育带有明显的半殖民地色彩，教学内容多从西方资本主义国家的地理教材中抄袭、编译而来，不少教材观点错误，甚至反动。中学地理教学缺乏统一指导，处于混乱状态。

（一）清末至民国初年（1904—1921年）

《奏定学堂章程》规定：中学为五年制，地理课的教学内容和课时如下：

表 1-1

年级	一	二	三	四	五
教学科目	地理总论 亚洲总论 中国地理	中国地理	外国地理	外国地理	地文学
每周课时	2	3	2	2	2

民国初年（1912年），教育部颁布了《中学生令》，将中学改为四年制，地理课的教学内容和课时也作了一些调整：

表 1-2

年级	一	二	三	四
教学科目	地理概要 中国地理	中国地理 外国地理	外国地理	自然地理概论 人文地理概论
每周课时	2	2	2	2

这一时期，中国学校地理教育还处在初建阶段。中国地理教材的编写基本上沿袭我国传统的“地理志”和“地方志”的观点和方法，内容以记述我国疆域、山川、气候、物产、交通、各省所辖州县、名胜古迹、风土人情等为主，也论及国家的政体、官制、教育、军备、外交、财政、邮政等情况。

除中国地理之外，教材多由西方或日本的地理教科书编译而成。外国地理内容也较庞杂，除介绍世界各洲和各国的位置、疆域、山川、气候、物产、人口、民族、城市、交通外，还涉及各国政治、经济、宗教、教育、军事等方面的内容。

这一时期，地理教材的内容表现为庞杂无序，多为地理现象的描述，观点也不免陈旧、错误。但它们对于中国“睁眼看世界”，了解中国和世界基本的地理情况，无疑是有益的。

（二）1922至1949年

1922年，我国中小学学制开始仿效美国，改以前初小四年，高小三年、中学四年为小学六年、初中三年、高中三年。

1929年8月，国民政府颁布的《初中地理课程暂行标准》规定：初中各年级都设地理课。同年10月，颁布《高级中学普通科地理暂行标准》，规定本国地理和外国地理共讲一学年，每周三课时。到1932年，又改为高中三年都设地理课。初中、高中各年级的教学内容和课时如下：

表 1-3

年级	初一	初二	初三	高一	高二	高三
教学科目	中国地理	中国地理	外国地理	本国地理	本国地理 外国地理	外国地理 自然地理
每周课时	2	2	2	2	2	2

这一课程设置和教学内容，基本上延续到新中国成立前夕。

除了中小学学制的变动之外，这一时期的地理教育较清末至民国初年有了一些进步，主要表现在：

1，地理教材的科学性有所提高。一方面，西方近代地理学思想在我国中学地理教育中开始有所反映，对此，中国近代地理学的奠基人竺可桢做出了很大贡献。竺可桢于1918年从美国学成回国，任教于南京高等师范学堂，他不仅介绍西方近代地理学知识，还对地理教学法提出了自已精辟的见解。1922年，他发表

《地理教学法之商榷》一文，阐明地理教学的主旨为：（1）使学生能以世界眼光，推论时事；（2）陶冶学生，使能以科学的眼光观察事物，而其目的，皆在于养成健全的国民。他主张“应慎择教材，限制地理之范围，组织各种地理上之要素成为系统，以人类为前提，而使之贯成一气”。“地理所授的材料，大抵可分为二大类，即生活状况与环境是也”。“二者不可偏废，须融会贯通，明其因果，述其关系”。

另一方面，在中国地理教材中，采用有关中国地形、气候、人口等新的研究成果，如1937年张其昀编的《高中本国地理》课本，就以竺可桢的全国八大气候区为第一级区划，再按地形分为二十三区。八大区是华南、华中、华北、云贵、东北、草原、蒙新、西藏。此外，在教材中，还剔除了一些不属于地理的官制、财政、军备等内容，增强了教材的地理性。

2．逐步改变单纯地理现象的描述，开始注意对自然地理现象的解释和人地关系的分析。

3．根据地理教学的特点，教材中增加了地图，照片和插图。

二、新中国的中学地理教育

1949年，中华人民共和国成立。自此中学地理教育进入了一个新的时期。其间经历的多次变化如下：

1．1949—1952年的过渡阶段　新中国成立后，百废待兴，当时尚未制定新的地理教学大纲，也没有编出新的教材。初中和高中暂时沿用解放前的教学计划，其教学内容是初一、初二讲授本国地理，初三讲授外国地理，高一、高二讲授本国地理，高三讲授外国地理。教育部推荐了解放前出版的几种教材，供各地学校选用。

2．1952—1957年，学习苏联经验，结合中国实际，建立一套新的中学地理教学体系阶段中央教育部于1952年3月颁发了《中学暂行规程(草案)》，其中中学各年级的教学内容和课时如下：

表 1-4

年级	初一	初二	初三	高一	高二	高三
教学科目	自然地理	世界地理	中国地理	外国经济地理	中国经济地理	—
每周课时	3	2/3	3/2	2	2	—

这一时期，提倡向苏联学习。自然地理、世界地理、外国经济地理便是以苏联的中学地理教材为蓝本，根据我国的情况和需要，进行改编；中国地理和中国经济地理也参考苏联教材的体例，自行编写。与此同时，还传入了大量苏联中学地理教学理论书籍、教学指导书，比较全面、系统地介绍了苏联中学地理教育的课程设置、教材和教学法理论，促进了我国中学地理教育的正规化和科学化。但由于片面地强调学习苏联，没有充分地考虑中国的具体情况，苏联的某些不正确或不符合中国实际的理论和教材内容也对我国中学地理教育的发展带来消极的影响，如在批判地理环境决定论之后，又产生了“唯意志论”的偏向，以及将自然地理与经济地理截然分开等结果。

3．1958—1966年的调整阶段　这一时期，教育进行改革，贯彻“为无产阶级政治服务、与生产劳动相结合”的教育方针。但受“左”倾思想的影响，片面强调缩短学制年限，减少课程门类，减少授课时数，过多地删减了中学地理课的教学时间。从1958年起，将初中自然地理；高中中国、外国两门经济地理先后取消，仅在初一设中国地理，每周三课时；初二设世界地理，每周二课时。且无统一的中学地理教学大纲，教材改由各省（自治区、直辖市）组织力量编写。为了体现“突出政治，与生产劳动相结合”，地理课变成了时事政治课、劳动技术课，降低了中学地理教育的科学性，在探索中走了一段弯路，但也积累了一些有益的经验。1963年教育部颁发了中小学新的教学计划，规定将中国地理设在初一，每周三课时；世界地理设在高一，每周三课时。同年，又颁布了新的中学地理教学大纲。

4．1966—1976年的十年动乱时期　该时期学校正常教学秩序遭到破坏，地理课基本处于停开的状态，是中学地理教育的停滞、倒退时期。

5．1977年至今的恢复、发展时期　1977年恢复全国高等学校统一招生考试，地理被列为文科统考科目，成为中学地理教育恢复、发展的一个转机。其后教育部（后改为国家教委）分别于1978、1981、1986、1990年先后制定、修改并颁发了中学地理教学大纲，其教学内容和课时如下：

表 1-5

年		初一	初二	初三	高一	高二	高三
1978	教学科目	中国地理	世界地理				
	每周课时	3	2				
1981	教学科目	中国地理	世界地理			高中地理	
	每周课时	3	2			2	
1990	教学科目	中国地理	世界地理		地理（必修）		地理（选修）
	每周课时	3	2		3		4—6

1981年，教育部采纳中国地理学会等11个自然科学学会的建议，在高中重新开设地理课，讲授“人与地理环境”。

1986年，国家颁发了《义务教育法》。1988年国家教委制订了义务教育的教学计划和各科教学大纲（初审稿），1992年经过修订颁发，1993年在全国施行。地理课于初一、初二开设。六三制学校初一每周3课时，初二每周2课时；五四制学校初一、初二每周均为3课时。

九年义务教育初中地理的教学内容及其结构如下图1-1、图1-2。

6. 中学地理教学目的的变化趋势　建国以来，我国曾于1956、1963、1978、1986年(在1978年大纲试行草案的基础上修订)先后制定了四套中学地理教学大纲，1988年国家教委又颁布了“九年制义务教育全日制初级中学地理教学大纲(初审稿)”。在不同的时期，教学大纲根据当时的教学要求，确定了不同的教学目的。

1956年教育部颁发的《中学地理教学大纲(草案)》规定：“中学地理教学的任务，是要把一定范围的地理知识教给学生，并且使他们获得一些实际的技能和熟练技巧，帮助他们形成辩证唯物主义的世界观，使他们受到爱国主义和国际主义的教育，能以无限忠诚献身于伟大祖国的社会主义建设事业，献身于保卫世界和平事业。”

1963年教育部颁布的《全日制中学地理教学大纲(草案)》规定：“中学地理的教学目的，是在小学教育的基础上，使学生进一步掌握中国的、全球的、各大洲和世界主要国家的地理基础知识；使他们进一步掌握运用地图等基本技能；培养他们的爱国主义和国际主义精神，战胜自然，建设社会主义祖国的雄心。”

1978年教育部颁发的全日制十年制中学《中学地理教学大纲(试行草案)》规定：中学地理教学的目的，是使学生掌握中国、世界各大洲、大洋和主要国家的地理基础知识；使他们掌握运用地图的初步技能；培养他们的辩证唯物主义的观点，无产阶级爱国主义和国际主义的精神，把祖国建设成为现代化的社会主义强国的雄心壮志。”

1986年国家教委制订的全日制中学《地理教学大纲》规定：“中学地理的教学目的，是在小学地理教学的基础上，使学生获得比较系统的地理基础知识和基本技能，并积极发展学生的地理思维能力和智力，培养他们学习地理的兴趣、爱好和独立吸取地理新知识的能力。

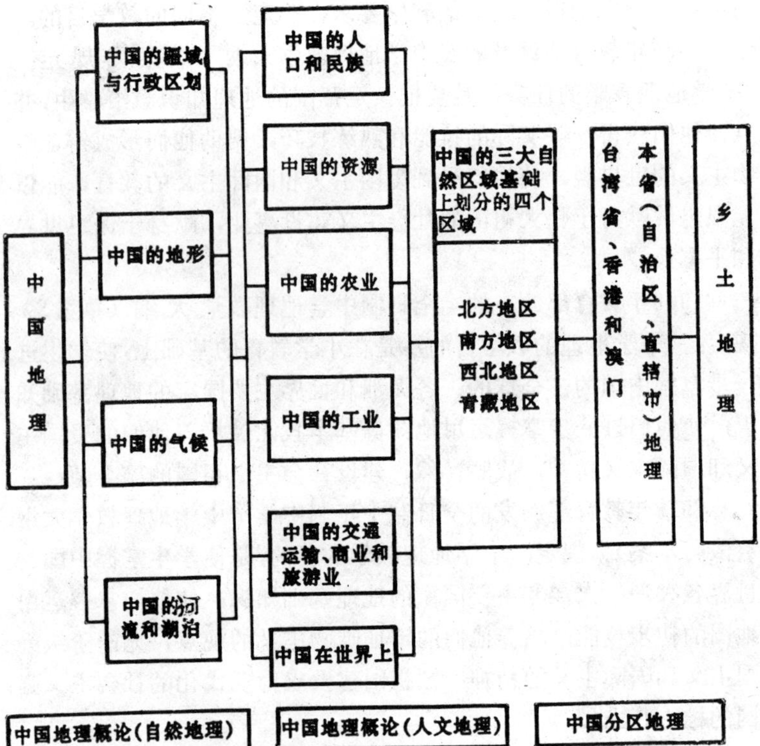
中国地理
中国的疆域与行政区划
中国的地形
中国的气候
中国的河流和湖泊
中国的人口和民族
中国的资源
中国的农业
中国的工业
中国的交通运输、商业和旅游业
中国在世界上
中国的三大自然区域基础上划分的四个区域
北方地区
南方地区
西北地区
青藏地区
台湾省、香港和澳门
本省（自治区、直辖市）地理
乡土地理
中国地理概论（自然地理）
中国地理概论（人文地理）
中国分区地理

图1-1

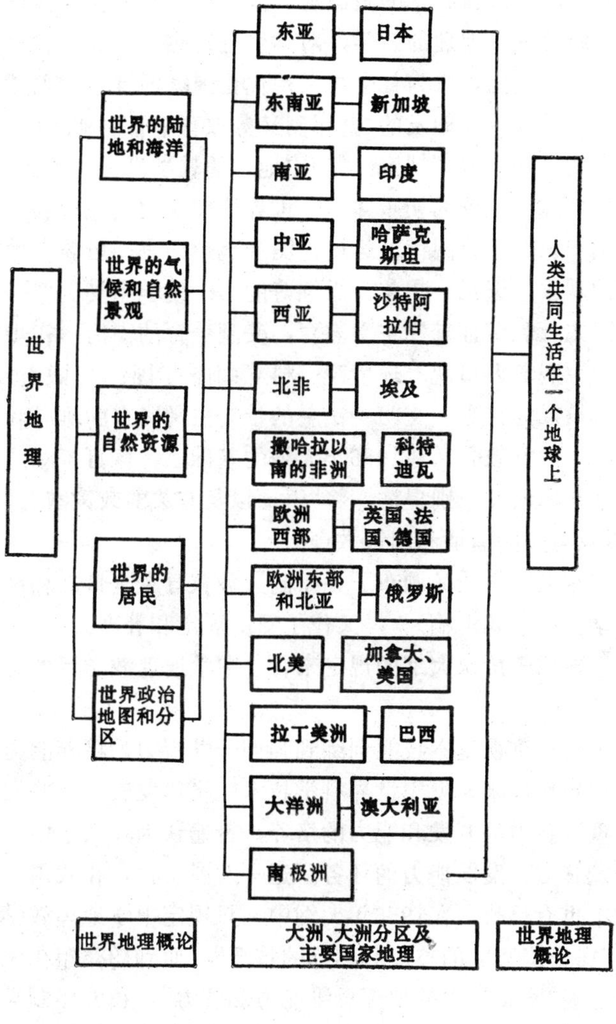
世界地理
世界的陆地和海洋
世界的气候和自然景观
世界的自然资源
世界的居民
世界政治地图和分区
东亚
日本
东南亚
新加坡
南亚
印度
中亚
哈萨克斯坦
西亚
沙特阿拉伯
北非
埃及
撒哈拉以南的非洲
科特迪瓦
欧洲西部
英国、法国、德国
欧洲东部和北亚
俄罗斯
北美
加拿大、美国
拉丁美洲
巴西
大洋洲
澳大利亚
南极洲
人类共同生活在一个地球上
世界地理概论
大洲、大洲分区及主要国家地理
世界地理概论

图1-2

中学地理教学应使学生进一步受到爱国主义、国际主义、辩证唯物主义、历史唯物主义的思想政治教育以及有关的政策教育，还要对学生进行科学的资源观、人口观和环境观的教育。此外，还应结合乡土地理的教学，对学生进行热爱家乡的教育，使他们树立把祖国建设成为社会主义现代化国家的雄心壮志。”

1988年国家教委颁发的“九年制义务教育全日制初级中学地理教学大纲（初审稿）”规定：“初中地理的教学目标，是使学生掌握有关地球、地图的初步知识，世界地理、中国地理和乡土地理的基础知识；学会阅读、运用地图和地理图表；培养学生对地理事物的观察、记忆、想象、思维等能力；使学生受到爱国主义、国际主义和辩证唯物主义教育，受到美育的陶冶；初步树立科学的资源观、人口观、环境观；树立胸怀祖国、放眼世界，把祖国建设成为富强、文明、民主的社会主义国家的雄心壮志。”

1990年国家教委又在1986年大纲的基础上，修订了《地理教学大纲》，修改了个别提法，将“……以及有关的政策教育”改为“……以及有关的国情和国策教育”。

1992年国家教委又颁布了九年制义务教育《全日制初级中学地理教学大纲（试用稿）》，又作了新的规定和补充。

从建国以来历次大纲的规定来看，中学地理教学目的总的发展趋势是：

（1）从重视基本技能训练到强调开发智力、培养能力。自本世纪70年代以来，由于世界科学技术的飞速发展，一些发达国家开始重视智力的开发和能力的培养，普遍认为在教学中，应该增加开发智力、发展能力的任务。这一发展变化，在我国中学地理教学中也有反映。在1956年大纲中，只规定中学地理教学要使学生“获得一些实际的技能和熟练的技巧”，而到1986年在大纲中则规定，要“发展学生的地理思维能力和智力”，在九年制义务教育地理教学大纲中更具体明确地规定，要“培养学生对地理事物的观察、记忆、想象、思维等能力”。这些变化反映了中学地理教学目的的深化与拓展。

（2）在思想品德教育中明确提出对学生进行科学的资源观、人口观、环境观的教育。随着生产力的发展，人口的急剧增加，以及长期以来对自然资源的盲目利用，造成全球性环境的破坏，致使人口、资源、环境成为人类面临的重大问题，引起世界各国的高度重视。中学地理教学为适应解决这一全球性问题的需要，在1986年大纲中除仍强调爱国主义、国际主义、辩证唯物主义和历史唯物主义的思想教育外，更明确地提出要对学生进行科学的资源观、人口观和环境观的教育，这在九年制义务教育地理教学大纲中又再次得到肯定。

（3）体现社会需要和个人全面发展的统一。社会的发展、国家的建设需要全面发展的公民。九年制义务教育地理教学大纲首次提出要使学生"受到美育的陶冶"，使学生在德、智、体、美等方面得到全面的发展，使他们成为有理想、有道德、有文化、有纪律的社会主义公民。

第二节　世界主要国家中学地理教育概况

一、世界主要国家地理课程目标的比较

本世纪60年代，世界上出现了规模巨大的教育改革浪潮。在这次浪潮中，中学地理教育也对自己的教学目的、教育结构、教育内容、教育方法及手段等进行改革和尝试，其涉及地区之广，改革内容之深、之广，均前所未有，对现代中学地理教育影响极为深远。

确立地理教学目标是地理教育的一个重要课题，因为目标是学科的灵魂。它不仅为编制教材、选择教法、指导教学工作提供主要依据，而且从某种意义上讲，它还是学科价值的宣言。恰如其分地确立地理教学目标，并生动、精确地表述其含义，可使学

生明确学好地理的重要作用，激发其学习动机，产生强烈的学习愿望（学习动力＝目标价值×期望概率）；同时它在提高地理课的地位和公众信誉方面也可发挥积极的作用，而这一切对地理教育的发展、对地理教育功能的实现都是至关重要的。因此，世界各国，尤其是发达国家都重视地理课程目标的确立，并随着政治、经济、文化的发展状况，以及当时面临的主要问题，不断对目标作出相应修改，以适应社会的需要以及个人发展的需要。

从对世界一些主要国家70—80年代中期的中学地理教学大纲进行分析和比较，从中能总结出一些教学目标改革的特点和发展趋势。

以德国（原西德）的课程目标为例，在50和60年代，“爱国、欧洲意识、国防理解、崇尚自然及其创造力、环境、地理观”是地理教育目标的主要内容；70年代，强调树立“思想解放、自治、参与”等观念，重视培养“做出批评和决断的能力”等；进入80年代，“把世界看作一个整体”的思想愈来愈盛行，于是“地理学参与空间规划”以及“对生态环境负责”成为地理教育的主要目标。这种变化与德国、欧洲乃至世界的政治、经济、文化的发展以及人类面临主要问题的变化相适应。

从发达国家地理教学目标看其共同点大致如下：

（1）了解区域系统，包括乡土地理、本国地理和世界地理；了解有关自然和社会环境诸要素的知识；认识种种自然空间和社会空间结构；掌握基本地图知识。

（2）深刻理解并会分析各种错综复杂、呈动态变化，诸如自然系统、人文系统内部及其之间各要素和过程间的联系，各个等级区域间，尤其是国家之间的关系，以及最重要的人和环境的关系。

（3）具备地理调查、分析和表达地理现象的技能，如阅读、解释、填绘和运用常见地图和地理图表的能力；野外定向、独立工作的能力，获取和处理各种地理信息的能力等。

（4）认识当今世界面临的重要问题，如人口和资源问题，各种环境问题，城市化所引发的问题以及第三世界的人口、食物供给和发展问题等。

（5）引导学生在对待有关自然环境和社会环境的事务时（如空间利用），具有积极主动的参与态度和宽容、理智、负责的行为倾向。

（6）培养爱国情感，同时树立全球观念，能够理解、认识不同类型的社会和文化，并与其人民尽力合作。

（7）使学生成为具有自我决断和共同决定能力的合格公民，这包括：全方位、多侧面的思维能力；明辨是非的能力；批评的能力——为使自然环境和社会环境的发展更趋合理，敢于也有能力表达自己及他人的意见；寻找较为合理的办法以解决各种空间冲突的能力。

（8）一定的审美能力以及能够在日新月异、复杂的社会中确认自己的位置和价值。

以上8个方面在14个发达国家的课程目标中出现率很高，每一方面至少有5个国家较明确地提到，其它国家的目标中也包括类似的含义。

从上述国家地理课程目标中，对知识、能力和情感教育的要求所占比重来看，普遍的特点是：对掌握基础知识的要求较少；强调能力培养，包括技能、智能和各种综合应用能力以及对情感教育的要求较多。除爱国情感、国际理解、审美能力外，特别注意培养现代社会合格公民方面的教育目标，即让学生明确自己对促进人类社会进步所负的责任和义务，使学生愿意、也具备各方面的能力参与社会中有关空间利用和规划的事务，并在这一过程中以一种对自己国家、人类社会以及未来负责的态度行事。

由于这些情感教育目标必须通过学习正确的地理知识、概念、规律和原理才能完成，同时近几十年来人们也愈来愈认识到世界问题的解决有赖于每一个空间利用者的态度和能力，因而在发达国家地理课程目标的知识类中，对于了解人地关系的本质，了解人类在空间和经济领域的活动以及了解人口、资源、生态环境、规划之间的关系等方面的规定更加明确，占的比重也更大，这是80年代以后的普遍趋势，也可以说是经过中学地理教育改革后人们的共识。

从对上述发达国家地理课程目标的分析比较来看，有以下几点值得我们注意和借鉴：

（1）比较注意通过地理教育促进人的“全面、和谐的发展”，即地理教育的根本任务在于培养知识、能力、情感均衡发展的具有良好素质的“社会人”，以应付来自现代及未来的社会各方面的挑战。

（2）愈来愈重视培养合格的公民使其真正有能力使小至社区、大至全球的生存环境向良性发展。为达到此目的，在目标的知识类中，强调学习要素和过程间的联系、人和自然的关系、自然和社会的现时结构等；在目标的能力类中，比较注重地理信息的收集和处理能力以及创造性的想象和思维能力；在目标的情感类中，特别注重一个现代社会对合格公民的要求（公民意识）。

（3）注重地理教育目标价值的表达，即把地理科学知识所具有的内在价值转化为对个人和社会实用的价值。西方国家的雇主及公众更愿意以一种经济（市场）的眼光看待教育课程，以实用性（外在价值）的多少来衡量一个学科的价值和重要性。所以教育者们在制定地理教育目标时，特别强调其实用性，使公众看到地理教育既能满足现代社会对人材的需求和个人发展的需要，还可以在调节社会公共问题方面发挥愈来愈大的作用，以此来改善地理教学条件，更好地实现地理教育的目标。

二、日本的中学地理教育

1989年，日本公布了改革中小学课程设置和新的学习指导要领。初中将在1993年起实行，高中将在1994年起实行。这次改革的基本目标是培养21世纪、能主动适应社会变化、具有多方面能力的人。

初中阶段，地理、历史、公民合称做社会。地理安排在初一和初二，每周各2课时。教学内容为：（1）世界及其各地区——地球仪与世界地图，世界的自然概况；亚洲，中国，朝鲜半岛，东南亚，南亚；西亚和非洲，西亚和北非，黑人众多的中部和南部非洲；西欧，西欧中部的英、德、法、瑞士、荷兰，南欧，北欧；原苏联和东欧各国；盎格鲁美洲，美国，加拿大；拉丁美洲；大洋洲；澳大利亚，新西兰。（2）日本及其各地区；（3）世界中的日本。

初三有理科，由物理、化学、生物、地学组成，每周3—4课时，还增加了每周1课时的理科选修课。地学在初三下学期讲授，从观察和实验入手，使学生掌握基础知识，如地球运动的规律，气压变化和天气，地震的震级和烈度，以及资源、能源，人和自然的关系等。选修课还可以进行专题研究，进行野外观察、实习。

日本高中分为社会科和理科两部分课程，高中三年必须读满80学分，才能毕业。

社会科分为必修课和选修课，必修课有“现代社会”和“世界史”。选修课有地理*A*（2学分）、地理*B*（4学分）、日本史*A*（2学分）、日本史*B*（4学分）。

地理*A*的学习内容为：（1）现代世界和地区；（2）世界上人类的生活、文化和交流；（3）现代世界的问题和国际协作。

地理*B*的学习内容为：（1）现代世界和地区——交通、通讯的发展和世界的联系，现代世界的国家和国家群，球面上的世界和地图，地理信息和地图；（2）人类和环境——人种、民族和国家，自然环境和地区性，人类生活与环境，世界的环境问题；（3）生活和产业——产业的选址和地区的改观，产业的国际化，城市、村落的机能和生活，产业、人口向城市集中和城市问题，行动空间的扩大和生活意识的变化；（4）世界和日本——世界的分区和地区，日本的地区性及其改变，国际化的进展和日本。

高中理科由“综合理科”、“地学ⅠA”（2学分）、“地学ⅠB”（4学分）、“地学Ⅱ”（2学分）以及物理（ⅠA、ⅠB、Ⅱ）、化学（ⅠA、ⅠB、Ⅱ）、生物（ⅠA、ⅠB、Ⅱ）组成。必修课是从“综合理科”和理、化、生、地（ⅠA和ⅠB）五部分中选择2部分；选修（6—8学分），但不能同时学同一学科的ⅠA和ⅠB。

地学ⅠA的主要内容为：（1）日常生活中的地学——自然风光，身边的矿物，建筑物和岩石；（2）天体运动与人类生活——时间与时刻，季节和历法；（3）资源与人类生活；（4）地球的活动与灾害；（5）地球与人类——地球的环境与人类，地球环境的变化与保护。

地学ⅠB的主要内容为：（1）宇宙中的地球，（2）地球的构成，（3）地球的历史。

地学Ⅱ的主要内容为：（1）地球的活动——地球的进化，地球的环境，日本列岛的变迁；（2）宇宙的构成，（3）课题研究——关于特定的地学事象的探究活动，关于自然环境的调查。

三、原苏联/俄罗斯的中学地理教育

原苏联重视中小学地理教学。1986年以前，苏联十年制学校中，5—9年级都开设地理课，10年级开设天文课。

1984年苏联决定实行向十一年制学校过渡，新的教学计划从1986—1987年开始实行，至1990年过渡完毕。在十一年制的学校教学计划中，地理课安排在6—10年级，各年级的课程名称和每周课时如表1-6：

原苏联十一年制学校除必修的地理课程外，在高中阶段（9

表 1-6

年级	六	七	八	九	十	十一
课程名称	自然地理基础	大陆和大洋地理	苏联地理（自然部分）	苏联地理（经济社会部分）	世界经济和社会地理	天文学
每周课时	2	3	2	2	2/1	1

—11年级）还设有地质学、地貌学和地图学、社会主义工业经济基本原理、社会主义农业经济基本原理等选修课。

1991年，苏联解体以后，各独立共和国的学校不再使用原苏联的学校教学计划。

作为原苏联的主要后继国——俄罗斯，在俄罗斯联邦的十一年制学校中，开设了一门新的地理课程——人类地理生态学。从一年级至十一年级连续开设。1—5年级（相当小学）每周3课时；6—11年级（相当中学）每周2课时。每年夏季安排10—14天的野外实习。

人类地理生态学的教学目的为：

（1）培养学生对生物界的感情，认识自然界及自然界中发生的过程；

（2）培养学生的生态学思维，会观察日常生活中的生态学问题；

（3）培养学生运用各种信息资料的能力，会使用测试环境污染程度的仪器；

（4）使学生会在实际生活中运用所学知识，理解当代复杂的生态形势，预测人类活动对自然环境影响的后果。

各年级的内容安排为：

一年级，“绪论”，主导思想是“哪里有生活，哪里就有爱”。主要任务是培养儿童对周围世界的兴趣。教会儿童注意观察周围能直接接触到的自然物，发现有趣的事和现象，在教师引导下思考及解答这些事物是怎样形成的问题，并作最简单的自然实验。

二年级，“地球的自然要素”，主要知识点有：

（1）宇宙中的地球。学习宇宙的基本知识，了解银河系、太阳系、行星等天体的起源，四季和历法等；

（2）地球外貌的形成，大陆和大洋地壳，地壳物质运动，地震和火山；

（3）海和洋的形成，水的性质和意义，了解水循环，从古至今人类对水的利用；

（4）地球的大气，空气受热状况，风、云、雪、雾，天气预报；

（5）地球上生命的起源和进化，生物的多样性、独特性和分布的广泛性；

（6）自然界所有事物之间的密切联系，珍惜、爱护环境的必要性。

三年级，“地球上的生命”，主要知识点有：了解生物界主要代表性类群，最有趣、最广泛分布的代表性生物，它们与环境的关系及对人类的影响，地球上生物的分布，人类活动对生物分布的影响，各自然带的动植物，高山的特殊条件，栽培植物和驯养动物，动植物对整个自然界和人类的意义，必须珍惜和合理利用生物资源。

四年级，“地球上的人们”，主要知识点是：人类的起源和发展，自然条件怎样影响人们的生活方式（采用假想在大陆旅行的方式）；认识世界上不同国家、民族的文化传统及特点，世界民族文化传统的多样性和文化趋同的共性。

五年级，“地球的自然界”。运用自然科学的理论知识，研究地球的各个圈层（地壳、水圈、大气圈、生物圈等），使学生得到自然要素之间相互联系、相互渗透的知识；并较深刻地认识自然界的主要规律，地理壳、自然综合体与生态系统等概念之间的关系；人类在自然环境中的地位，自然和人文景观。

六年级，“地球上的人类”。第一部分研究生命的起源和进化，人类的出现、发展与生物及非生物要素的关系。第二部分是作为生物圈组成部分的人类，自然条件怎样影响人类在地球上的分布，人和自然的相互关系，地球上各地区原始部落及其物质和精神文化特点；原始社会，自然景观中的人类，公元前17—20世纪各大陆的原始部落，大陆自然概述，物质和精神文化对自然的依赖性，在各大陆人地关系的表现形式和特点。

七年级，“地球的基本生态和地理规律”。主要研究全球范围内各自然要素相互作用的机制，相当详细地研究生物圈、生命物质的特殊作用、限制要素及其对生物分布的影响，研究地球景观壳和区域特征。

八年级，“历史地理”。内容是研究不同文明对自然的影响，自然在文明和国家命运中的作用。地球上最古老的文明，人类的起源，自然的变化，文明对自然的影响取决于人文发展的类型和方向。自然在文明命运中的作用。讨论当代全球文明发生的前提条件，了解弗·伊·维尔纳德斯克的人文圈（智能圈）学说。

九—十年级，“现代世界”。研究的中心内容是人文圈（智能圈）的发生和发展，讨论全球性和区域性的生态问题。为理解上述内容必须学习社会经济地理。主要研究现代文明的特点，从地理学的角度研究国家，进一步研究各自然要素之间相互影响的机制，以及人为因素影响下破坏自然生态平衡的问题。

这部分的知识结构是：①现代文明特点，全球问题；②国家类型，世界政治地图；③国际地域劳动分工和世界经济系统，科学技术革命的作用；④世界人口；地球上的自然资源；⑤国家组别和单独国家的概述：自然、人口、经济、物质和精神文化要素对自然影响的特点，生态问题的解决；⑥全球生态问题，生物化学循环的变化，能量流动的变化，自然和人类相互影响的哲学观点。

十一年级，“生态问题”。主要内容是模拟和预测人类活动对环境的影响后果，用过去和现今的实例研究全球生态危机的形势。

四、英国的中学地理教育

长期以来，英国中小学地理课程没有统一标准和统一的教学大纲，因而不同学校的地理教学，从课程设置、教学内容到教学方法等方面，都存在着很大差异。这种差异的存在不利于中小学地理教育的发展，如地理教学质量的评估，由于缺乏统一的标准而难以进行。70年代英国开展全国性的教育大辩论，全国统一课程成为公众关注的焦点之一，要求制订统一课程标准的呼声日益强烈。

1988年英国议会通过的《教育改革法案》，从1989年开始，公立中小学要实行国家课程。国家课程共有10门，分为核心课程和基础课程两大类，核心课程包括英语、数学和科学3门，基础课程包括现代外语、技术、历史、地理、美术、音乐、体育等7门。

1991年3月，英国政府正式颁布了《国家地理课程》（Geography in the National Curriculum）。它是英国中小学（5—16岁儿童）地理教学的重要指导文件，类似于我国九年义务教育的教学大纲。1991年5月，英国国家课程委员会公布了关于国家地理课程的教师指导文件，对于《国家地理课程》的有关内容进行了具体规定与说明。上述两个文件对于英国公立中小学地理教育的目的、要求和教学内容等做出了明确规定。

根据规定，在英国公立学校学习的所有5—14岁的学生都必须学习地理，课时占所有课程总课时的10%。14—16岁的学生要学习由地理与历史合并的一门课程，或由学生从地理或历史中任选一门。

指导文件明确提出了英国中小学地理教育的三个主要目的：第一，使学生了解地理知识；第二，培养学生的地理探索能力；第三，通过学习英国及与其它国家的关系，培养学生的辨别能力。《国家地理课程》对于能力的培养提出了具体的要求，对不同年龄和不同能力的学生有不同的要求，以适应广大学生的不同情况。例如，一开始学习地理时的要求是学生能够说出一些地理事物和地理名词、术语，然后，要求学生能描述一些地理事物或地理现象，进一步要求学生能够运用所学到的地理知识来解释和说明某一地区的地理特征，分析其形成的原因与可能产生的后果，分析各个地理要素之间的相互联系。对于一些能力较强的学生还可以培养他们解决实际问题、进行决策的能力，以及进行概括特征、综合归纳、评估相关政策与决策的能力等。

《国家地理课程》规定的英国中小学地理教育内容可分为五大部分（即五个要求达到的目标）：地理技能、区域知识与理解、自然地理、人文地理、环境地理。

根据规定，5—7岁、7—11岁、11—14岁、14—16岁为学生在校期的四个关键阶段，学生在每阶段末要参加统一考试，以检验学生学习状况和地理教学质量。上述五大部分为学生必学内容，每部分内容更具体地分解为10个水平层次（Levels），以适应不同年龄和不同能力学生的需要，如前4个水平分别做为7、11、14、16岁学生的基本要求。

就上述五大部分而言，地理技能（目标之一）要求学生掌握地图的使用和野外考察的技能，内容包括读图、绘制示意图和草图、解释地图与评价专题图，以及使用简单的仪器直接观测和记录天气。

区域知识与理解（目标之二）要求学生学习关于区域地理主要特征的系列知识和一些重要地区的地理情况。这部分内容既包括学生所在家乡（乡土）的区域知识，又包括其他地区以至国外的区域知识。水平1—3着重学习乡土地理知识、英国一些具有特色地区的区域知识，以及其他一些国家的区域知识。水平4—7主要学习当地、欧洲共同体国家、美国、前苏联和日本，以及一些发展中国家的区域地理知识。水平7—10主要学习当地区域知识、欧共体国家专题、发展中国家，以及国际贸易等区域地理知识。学习乡土地理自始至终，一直是区域知识与理解的重要内容，因为这一方面可以使学生了解并掌握当地的有关地理知识，另一方面可以通过乡土地理的学习使学生了解自然、人文和环境地理的原理。对于其它地区与国家区域地理知识的学习，注意选取有特色和代表性的地区，并鼓励学生将英国与其它国家的地理知识联系起来，加以对比，以提高学生对比、分析的能力。

自然地理（目标之三）主要介绍地球表面性质及其变化过程，使学生了解自然界各种地理事物及其特征。内容包括天气与气候（大气圈）；河流、流域、海洋（水圈）；地形（岩石圈）；动植物和土壤（生物圈）四个方面。

人文地理（目标之四）主要学习土地利用、人类居住、就业模式与经济，包括人口、聚落、交通运输、经济活动（初级、第二和第三产业）四个方面的内容。

环境地理（目标之五）通过学习自然环境和自然资源的知识，使学生了解合理利用自然资源的重要性，以及人类活动对自然环境产生的影响和后果。学习的内容主要包括三个方面，即自然资源的利用与滥用；各种环境的质量与弱点；保护与管理环境的可能性。

五、德国的中学地理教育

德国的中学有三种类型，这与世界上大多数国家不同。

德国实行6—18岁，共12年的义务教育。儿童6岁入小学，学制4年，小学毕业后，依据他们的能力，进入三种中学中的一种去学习。

主体中学（或称普通中学）学制5年（或6年），从主体中学毕业后，大部分学生进行职业培训，同时还上职业学校（2或3年）。实科中学学制6年（5—10年级），它介于主体中学或更高一级的文理中学之间。学生毕业后进入技术学校或进入为以后进入大学专科学校作准备的高级技术学校（2年），也可以在企业和国家公共机关作中级职员。文理中学（或称完全中学）以升大学为主要目的，学制9年（5至13年级）。文理中学的最后三个学年中（高级中学阶段），一般用讲座形式取代班级制，学生可以根据自己的兴趣选择讲座课程，这种讲座形式有利于学生从中学过渡到大学阶段。

除上述三种主要的中学外，还有一种模式是综合学校。这种综合学校集中了以上三种中学的形式，它的学制是6年（5—10年级）。此外，它还设立综合中学的高中阶段，像文理中学一样，开设讲座。学生可以根据自己的能力选择难度要求不等的讲座，和职业有关的课程也列入教学计划。综合学校的毕业证书在德国的各个州都得到承认。

在德国，兴办教育事业的权力在各州，而各州也都比较重视地理。现在德国共有16个州，每个州都有自己的教学大纲，三种中学又不一样，因此，在德国中学的每一个科目都有几十个教学大纲和多种教材。德国的地理教科书一般在封皮上都标明是供哪一类中学使用的。

由于培养方向不同，三类中学每周开设地理课的时数也有一些差别，以巴伐利亚州为例：

表 1-7

学校类型 \ 每周课时 \ 年级	五年级	六年级	七年级	八年级	九年级	十年级
主体中学	2	1	1	1	1	
实科中学			2	2	2	
文理中学	2	2	1	2	1	

三类中学不同的培养方向也必然反映到地理课的教学内容上，下表1-8是巴伐利亚州三种中学地理教学大纲的知识范围：

表 1-8

	文理中学	实科中学	主体中学
五年级	1.我们家乡的领域——辨认方向（约8小时） 2.巴伐利亚和德国地形的基本样式（约8小时） 3.南德表面形状的形成（约14小时，下只写数字） 4.德国农业利用的地区（14） 5.我们的城市及其周围地带（12）		1.我们的巴伐利亚州 2.城市及其郊区 3.交通 4.德国南部的疗养地 5.农业 6.自然的表面形态
六年级	1.德国工业（30） 2.中欧的度假地（12） 3.德国的海岸地带（14）		1.德国概况 1.海岸 3.工业 4.德国——欧洲的一个分裂国家 5.对德国的方位辨认
七年级	1.欧洲大陆——概貌 2.欧洲南部（意大利等）（5） 3.西欧（法国等）（5） 4.欧洲北部(挪威等)(5) 5.东欧的中部（波兰等）和南部（5） 6.转变中的欧洲（3）	1.地球概貌（5） 2.欧洲概貌（4） 3.欧洲自然和文化空间的特征和问题（34） 4.欧洲的结构（自然和经济、政治）	1.欧洲大陆概况 2.欧洲的气候和植物区域 3.欧洲的政治区域 4.欧洲的经济区域 5.对欧洲的方位辨认
八年级	1.热带和亚热带——自然空间的概貌（10） 2.印度作为发展中国家的典型	1.各个文化区的特殊结构和问题（黑非洲、地中海以东国家、南亚、中国和东南亚、拉丁美洲）（38）	1.世界概况 2.自然力对人类的危害 3.非洲——一个转变中的大陆 4.南亚和东亚地区的不同发展

续表

	文理中学	实科中学	主体中学
八年级	3.从中国和东南亚、拉丁美洲、黑非洲和地中海以东国家中各取一例看文化发达大陆及其地区的特有问题（32） 4.以一实例（规划）说明“南北矛盾”（6）	2.南北差异 3.地球上的气候带和植物生长带（10）	5.对世界方位的辨认
九年级	1.日本——现代化的工业国（5） 2.美国——苏联/后继国政治表现不同的地区的发展（16） 3.澳大利亚——在太平洋地区的意义和位置（4） 4.作为经济空间的世界（3）	1.美国（8） 2.俄罗斯和其他苏联的后继国（8） 3.日本（6） 4.德国（22） 5.在附近地区的调查（8） 6.地理科学项目（选择的内容）（4）	1.美国和苏联的世界霸权 2.南北差异——发展中国家和工业国家的比较 4.周围空间缩小的情况和其对人类所产生的影响

文理中学的高中阶段，即十一、十二、十三年级均有地理课，主要内容为：

十一年级：（共56课时）

（1）德国——①地形和政治划分；②德国的自然空间；③附带议题：地理科学理论的形成；④德国经济和社会福利地区；⑤德国在欧洲的地位。

（2）家乡地区的结构分析。

（3）参观旅行：就地学习和应用。

十二年级：（共56课时）

（1）欧洲——①欧洲概况；②欧洲地中海国家的空间利用和其结构；③阿尔卑斯山地区为旅游地和欧洲的过境区；④西欧的经济地区结构和相互关系；⑤转变中的东欧中部和南部。

（2）美国/加拿大与苏联/后继国：比较其大区域——①大区域的自然条件；②大地区的开发和利用：地理生态问题；③城市结构/城市化、变化情况、民族。

十三年级：（共44课时）

（1）第三世界——①热带和干旱的亚热带的自然潜力；②社会经济因素的作用；③经济利用的形式及其地理生态问题；④地区间的差异、发展的设想；⑤发展中国家在国际国家系统中的地位和关系：南北对立、发展策略、援助措施、世界经济秩序。

（2）亚太地区：发展条件和发展途径——①亚太地区的基本自然条件；②日本的工业发展；③亚太地区的其他发展道路；④亚太地区的发展对德国和欧洲的反作用。

三类中学知识点的深度与教学要求也存在差异。例如，主体中学和文理中学在五年级（相当于中国的初一）均有城市及其郊区的内容，但内容深度与教学要求处在不同层次上。

主体中学：**2. 城市和其郊区**

2.1　城市作为中心所起的作用，城市的特征，城市和郊区的紧密结合，巴伐利亚州的几个人口密度较大的地区

〔教学建议〕　记下城市的特征。用一张城市图来阐述城市的分区，如管理中心、工业和居住区、疗养地。做一些调查：我们城市中购物的人来自何处？我们地区的人到哪儿去购物？汇编“陌生的”汽车标志，如在停车房、大的停车场、商业街。在城市图上记下购物的可能地点，并记下其位置。利用一些统计数据和询问，来确定一个城市的另一些居住区，并把此制成卡片加以讲解，如机关、学校、医院、文化设施。利用一些统计数据（如乘车上下班的人）。有关地区的地图（如疗养地）和信息材料（如记事日历），解释城市和郊区的相互关系。讨论一个城市的供应和供应不足的问题。收集城市和郊区相互协作的原因。提出一些解决城市和郊区共同存在的问题的建议，如规划或利用一个大的业余休息场地。在巴伐利亚州地图上寻找各个人口密度较大的地区并与交通网联系起来。总结人口密度大的地区的特征，如在纽伦堡—菲尔特—埃尔兰根。通过利用一些统计数据和主题地图来比较乘车上下班人与巴伐利亚州各中心间的关系。

2.2　认识慕尼黑这个大城市的经济、政治和文化的作用

〔教学建议〕　根据学生已有的经验，向他们介绍和说明慕尼黑的吸引力，如从广告、图片、电话索引中。借助统计材料（居民数、交通收入）来对自己的家乡和大城市慕尼黑作一比较。解释慕尼黑作为巴伐利亚州首府的作用：经济财富的转运地，工业中心，交通枢纽，州议会和州政府的所在地，剧院和博物馆。

文理中学：5．我们的城市及其周围地带

学生以本城或邻近城市为例认识一座城市的外在形象、结构、作用和它与生存空间的关系，从而有能力分析简单的人与生活空间的关系，并将从本城所学到的城市地理基本知识合理地推广应用于其他城市。

本城和邻城 ——城市和特征 ——划分：旧市区、新建区/卫星城、重建区、工业/职业区 ——规划、重建 ——文物保护的意义（→U＝环境意识教育）	收集和应用有关历史、重要意义、著名建筑物、城市的布局、以及有关市区和规划、重建的打算的资料、文物保护的措施等；练习使用城市地图；授课过程，也可制作简单的卡片索引
本校、本城或毗邻城市的附属区	借助具体的实例使学生明白城市与周围地区的关系（行政机关、文化机构、个别零售点和服务行业的有效范围等；周围地区对城市的意义
巴伐利亚的中心地点 ——分类 ——州首府慕尼黑 ——另举一例	就大城市和小城市的“不同中心程度和所及范围”提问；指出自然空间条件、地理位置与发展居民点之间的关系；考虑学生的个人经历
柏林：从被分割的城市至联邦共和国首府（→G＝10历史10；→FR；	详谈当前电视、广播和报刊的报导（→ME＝媒介教育）

P＝和平意识教育、政治教育）

重要概念：旧市区、商业区、文物保护、服务行业、有效范围、在两地之间不断往返者、城市重建、城市周围地带、市区、中心地点

六、美国的中学地理教育

美国的学校教育在很大程度上属于地方性事务，联邦政府没有统一的中小学教学计划和各科教学大纲，教学计划由各州自订。

初中阶段的地理课包括在社会学科中。七、八、九年级的社会课，一般每周5课时，包括历史、地理、心理、经济、社会问题等课程，各州可自由设置。例如，俄亥俄州的地理课程设在初一和初二，初三为选修课，每周2—3课。初中教材有多种，由学校自己选用。

美国的高中阶段（十、十一、十二年级），地理是选修课程之一。美国高中的选修课，门数多达数十种，各校可自行选择设置，与日本有学分规定的选修课不同。美国的地理选修课程，有地球和宇宙科学、环境科学、经济地理等。

地理教育在美国中学未受到应有的重视，直到70年代中期，美国所有的州都没有把地理课作为独立的中学课程。但是通过地理学界的不懈努力，学校地理教育从80年代以来，正在逐步摆脱长期的困境。1984年，全国地理教育协会和全国地理学者协会组成的地理教育联合委员会制订了“小学和中学的地理教育纲要”。这一纲要提出了学校地理教育的一套新内容体系，因而被认为是“新学校地理”的开端，其核心是把位置、地方、联系、移动和区域作为中小学地理教育的五大主题，并且以此作为课程改革和师资培训的规范。

近些年来，学校地理教育已日益受到新闻媒介的广泛关注。许多州都已相继提出一系列旨在加强学校地理教育的措施。例如，俄克拉荷马州于1987年立法要求从1988年开始，七、八年级

所有学生都必须选修一门地理课。伊利诺斯州教育委员会已经把世界地理作为学校教育中最基本的五门课之一。俄勒冈州要求所有十年级学生学习两学期的全球研究课，其他州也采取了类似的措施。所有这些迹象表明，美国的学校地理教育正在发生积极的变化。

1991年，当时的美国总统布什在《美国2000年教育规划》中，已将地理作为国民教育的五门核心课程之一。

思考与练习

1. 从我国中学地理教育的发展过程，谈谈我国中学地理教育发展的特点和改革趋势。

2. 从世界主要国家中学地理教育的发展，小结一下世界主要国家中学地理教育的课程设置和主要内容，及发展趋势。

3. 比较中国与世界主要国家中学地理教育的发展概况，谈谈自己对中国中学地理教育发展的看法。

第二章　中学地理教学的任务和特点

本章重点　中学地理教学的基本任务和基本特点

第一节　中学地理教育的地位和作用

一、地理教育在中学学科教育中的重要地位

地理是普通中学的一门基础课程。在我国，国家规定在九年义务教育初中阶段和普通高中阶段开设地理课程，地理为学生必修科目。此外，高中还设有供学生选修的地理课程。通过地理课程的学习，学生可以获得一定的地理科学知识和地理基本技能，同时发展智力和能力，培养思想政治品德，促进德、智、体全面发展和素质的提高，为参加社会主义现代化建设或进一步接受高等教育打下良好的基础。

地理教育是中学教育的重要组成部分，属于中学教育中的学科教育。中学地理教学是中学地理教育的主要途径，是中学地理教育的核心与基础。从17世纪形成班级教学制度并在中学正式设置地理课程以来，地理始终作为必修课程被列入世界各国的中学课程计划，其教学内容、教学形式和教学方法也不断更新。随着科学技术的发展和经济的迅速增长，中学地理教育和教学的重要性更加显现，并日益为社会所重视。

中学地理教育的重要地位主要体现在以下几个方面：

（一）中学地理教育可以教育学生关心并谋求人类的持续发展

"持续发展"即"在满足当代人需要的同时，不损害人类后代满足其自身需要的能力"，已是人类面临的迫切问题和普遍关注的问题。"人类共同拥有一个地球"和"人类必须求得持续发

展”的口号已被联合国环境与发展大会所提出。为了求得人类的持续发展，必须深入研究人口的增长趋势和人类与环境、资源、经济、社会等方面的关系。这不仅推动了地理科学的发展，也深化了地理教育的主题。作为21世纪的公民，今后的中学生应该从经济、社会、生态和道德观念等方面，理解和认识人类所面临的全球性重大问题及应该采取的对策，知道如何正确处理人类与环境的关系，懂得既要发展又要生存，既要实现当代人的富足又要保证子孙后代的繁荣，既不能以环境和资源的破坏和部分人的贫穷为代价求得经济发展，也不能为了消极地保护环境和资源而致使经济和社会停滞等道理。而在中学教育的各个学科当中，地理学科是唯一的以人类的生存发展、人类赖以生存发展的地理环境、以及人类与地理环境的关系为基本教学内容的学科，因此在教育学生关心并谋求人类的持续发展方面有着其它学科所不可替代的作用。

（二）中学地理教育可以引导学生树立全球意识和正确的地理价值观念

随着社会主义市场经济体制的建立，我国要继续深化改革，扩大开放，不断加强与世界各国的友好往来，参加各个领域的国际合作，参与全球性的交流与竞争，使我国尽快成为一个发达的社会主义强国。因此，今后的中学生必须具有全球意识和正确的地理价值观念，如人地观、人口观、环境观和资源观等，才能参与国际交往、合作与竞争，才能迎接各种挑战。具有全球意识和正确的地理价值观念，应该是作为21世纪公民和新型建设人才的一种基本素质，而这方面素质的培养，在中学阶段主要依靠地理教育，特别是通过基础知识教学而体现出来的地理观念和地理思想方法来实现。

（三）中学地理教育可以促进学生成为德、智、体全面发展的合格人才

中学地理教育以传授地理基础知识和训练地理基本技能，开发学生智力和培养学生能力，进行思想政治和品德教育为根本目的，培养学生成为国家所需要的全面发展的合格人才。通过中学地理教育，学生可以认识本乡本土及全国地理环境的基本特征，了解世界和各国的地理概况，具备一定的地球和地图知识，初步掌握一些有关地理环境发展规律和人与地理环境关系的系统地理知识；可以学会阅读和使用常用的地图和地理图表，学会使用一些地理观测仪器，掌握辨别方向，收听天气预报，填绘简单的地图和地理图表，以及进行地理观测与调查的基本方法；可以培养学习科学文化的兴趣和正确方法，发展对地理现象和地理图像的宏观观察及微观观察能力，对地理事物的感知和想象能力，对地理特征和地理演变进行分析、综合、比较和归纳的思维能力，进而全面发展形象思维、抽象思维和直觉思维，逐步具有获取地理知识和解决地理问题的本领；可以了解我国国情，了解世界的现状和未来，增强国情观念、有中国特色社会主义观念和法纪观念，逐步树立爱国主义情感和科学世界观，提高审美能力和分辨是非能力，锻炼意志品格，养成良好的行为习惯。因此，无论传授的知识还是训练的技能，无论对智力因素的开发还是对能力的培养，以至思想政治和品德教育的广度及内含，中学地理教育都是与其它学科有显著区别的，是特殊重要而不可取代的。

（四）中学地理教育内容具有综合性和广泛联系性

按照传统的科学分类，各门科学分别属于自然科学和社会科学两大类别，唯有地理科学横跨自然和社会两个科学领域。按照新的科学分类，地理科学应成为一门独立的科学。与此相应的是，在中学各学科教育中，中学地理教育既不同于政治、历史等社会学科，也不同于物理、化学等自然学科，更有别于音乐、美术等艺术学科，是一门文、理兼及的综合性学科教育。与其它学科相比，中学地理的教育内容更具有综合性和广泛联系性。例如，当前中学生必须接受人口教育、环境教育、国情教育和国防教育，而这些教育的相当内容都与地理教育内容有密切联系，可以综合在地理课程之中；地球运动、天气变化、地壳变动和生态平衡等地理知识的获得需要具备一定的物理、化学和生物知识，对各国概况、生产布局和人文景观的认识和理解则需要一定的政治和历史知识。掌握一定的地理基础知识又是学好其它学科知识的必要条件，如学习历史需要了解我国和世界各国的地理沿革与概况，学习物理方面的一些运动定律需要了解天体和地球的运转规律，对于地球运动和地理事物演变的正确认识有助于科学世界观的形成。通过地理教育可以将多种学科的知识联系起来，互相沟通，提高学生的认识能力。

二、中学地理教育的主要作用

（一）使学生获得日常生活、生产劳动和进一步学习所必须的地理基础知识和基本技能

由于人类生存在地理环境之中，地理环境的变化影响着人们的日常生活。为了适应环境的变化，人们需要具备一定的地理知识和地理技能。例如，为了了解天气的变化，人们需要有关天气的知识，学会收听、收看天气预报；为了出差和旅游，人们需要有关交通路线和旅游景点的知识，学会查阅地图和交通时刻表；为了了解国内外时事，人们需要有关的政治地理和经济地理知识，学会记忆和在地图上查找地名；在日常生活中，人们还需要学会辨识方向和掌握时间等。

从事工农业生产和商业活动的人们，需要掌握本行业必须的地理知识。例如，从事农业生产，需要了解各地地理环境的差异及其对农作物的影响；从事工业生产，需要了解工业和交通的布局；从事商业活动，需要了解原料的产地和市场的分布。作为一名军人，应该具有军事地理知识。参加国际交流，必须知道有关国家的地理概况。无论何种职业，具备一定的地理知识都是从业人员的基本素质之一。

进入高等学校学习的学生也需要各方面的地理知识和技能。

一方面，地学类各个专业（包括地理、地图、天文、地质、气象、水利、环境和城市规划等）的学生当然要有充足的地理基础知识和基本技能；另一方面，随着改革开放的不断深入，其它专业如经济、贸易、外交、外语、政治和历史等，对于地理知识的需求也越来越大。

上述地理知识和地理技能都包括在中学地理教育和教学内容之中。学好中学地理课程有利于提高学生的文化素质，为他们长大以后独立生活，从事各种职业的生产劳动和继续学习深造打下良好的基础。

（二）使学生受到多方面的思想政治和品德教育

由于中学地理教育内容的综合性和广泛联系性，以及地理知识与社会实际关系密切，所以中学地理教育内容蕴含着丰富的思想政治和品德教育因素。通过中学地理教育可以使学生受到多方面的思想教育、政治教育、道德教育和个性心理素质教育，有利于培养学生的文明行为和健康情趣，提高学生的道德水准。

在学生的思想政治和品德教育方面，中学地理教育主要有以下作用：

1．使学生进一步了解家乡，了解祖国，正确认识我国的国情，激发爱国主义情感，努力学习，全面发展，立志作“四有”人才，长大报效祖国，振兴中华。

2．使学生进一步了解在中国共产党的领导下，我国社会主义建设所取得的伟大成就，激发热爱中国共产党，热爱社会主义新中国的情感，立志做社会主义事业的建设者和接班人。

3．使学生进一步理解党的基本路线的正确性，懂得要深化改革，扩大开放，优化产业结构，合理布局产业部门，发展同世界各国特别是同周边国家的友好关系，增强我国的综合国力，实现现代化的宏伟目标。

4．使学生进一步理解世界的物质性和物质的运动性，以及客观事物所具有的系统性、规律性、差异性和普遍联系性，相信科学，热爱科学，懂得科学技术是第一生产力，逐步形成科学的世界观。

5. 使学生进一步提高审美能力，领略和观赏地理环境的自然美和和谐美，鉴别和欣赏表现地理环境美的艺术作品，陶冶情操，培养健康情趣。

6. 使学生进一步增强法纪观念，养成关心人类的生存发展，珍惜资源，节约能源，保护环境的文明行为。

7. 使学生进一步锻炼意志品格，养成勤劳节俭，积极进取，自尊自强，开拓创新，明辨是非等良好的个性心理素质。

（三）使学生的智力得到全面开发，能力得以进一步发展

由于地理科学以地理环境及人类与地理环境的关系为研究对象，所以与其它学科的教育内容相比，中学地理教育内容有着明显的特殊性。通过中学地理教育，学生的各种智力因素都能够得到开发，认知能力和解决实际问题的能力都能够得以进一步发展。

在开发智力因素方面，中学地理教育主要有以下作用：

1. 学生要以各种地理事物和地理现象为感知对象，这些事物和现象多具有空间和时间跨度大的特点，有利于宏观观察力的开发。学生要经常阅读地图和其它地理图像，一般地说，各种地理图像都具有要素众多，色彩丰富，层次重叠等特点，有利于微观观察力的开发。由于地理事物、地理现象和地理图像的复杂性和形象性，通过对它们的观察，有利于有意注意和无意注意的开发，增强注意力。

2. 学生要记忆大量的地名和地理数据，许多地名和地理数据本身并没有什么意义，尤其是一些外国地名只是译音，因此要有较强的记忆力才能记住。通过多次重复来记忆地名和地理数据，有利于提高机械记忆力。通过分布规律来记忆地名和地理数据，有利于提高意义记忆力。这两方面都有利于记忆力的开发。

3. 学生要通过观察来感知地理事物和地理现象，进而形成各种地理表象。由于许多地理事物和地理现象难以被学生直接感知，所以在形成地理表象的过程中，以及把握地理景观特征的过程中，需要进行联想和想象，这有利于想象力的开发。

4. 学生要理解和掌握地理特征、地理规律、地理成因和地理原理，就要凭借想象和概念，进行分析、综合、比较、归类、抽象和概括等思维。在理解和应用地理知识的过程中，不仅要运用推理——论证的抽象思维，还要大量运用联想——想象的形象思维，有利于思维力的全面开发。

在培养能力方面，中学地理教育主要有以下作用：

1. 通过运用地图使学生记忆常用的地名和地理数据，认识重要地理事物的分布状况，培养学生的识记能力。

2. 通过对地理特征、地理规律、地理成因和地理原理的解释和说明，培养学生的理解能力。

3. 通过运用所学的知识解决一定的实际问题，培养学生的应用能力。

4. 通过地理知识与其他学科相关知识的综合与联系，实现多学科知识的融汇贯通和广泛迁移，形成更高层次的知识结构，使学生的认知能力和解决实际问题能力进一步深化。

第二节　中学地理教学的基本目的和基本任务

一、中学地理教学的基本目的

中学地理教育是对中学生进行地理教育的全部活动，主要由中学地理课堂教学、中学地理课外教学和中学地理课外活动三方面组成，其中中学地理课堂教学是整个中学地理教育的核心与基础。

中学地理教育目的是中学地理教育实践活动所要达到的结果，它反映出社会对中学地理教育的要求。中学地理教育目的是中学阶段全部地理教育活动的整体目的，主要指中学地理教学(包括课堂教学和课外教学)目的，还包括中学地理课外活动目的等。

（一）中学地理教学目的的作用

1．对学生发展的控制作用　教学目的确定了学生在教学活动中的发展方向和预期的结果。依据教学目的进行教学，就是为了控制学生的发展，避免学习的盲目性和自发性，使学习产生符合社会需要的结果。在有目的的教学活动中学生可以按照社会的需要发展，满足国家对学生素质的要求。因此中学地理教学目的体现了国家与社会对学生发展的控制作用。

2．对教学活动的指导作用　制定教学目的是完成教学活动的起点。教学目的对教学活动起着支配和指导作用。教学任务、教学内容、教学方法和教学手段的选择与确定，都要以教学目的为依据。教师必须根据教学目的组织各项教学活动。因此中学地理教学目的对中学地理教学活动具有指导作用。

3．对教学过程的优化作用　教学目的揭示了教学活动与学生发展之间的因果关系，从而反映出教学的基本规律。明确教学目的，认识并掌握教学目的，利于教师从总体上把握教学过程的客观规律，应用教学规律推进并完成教学过程，使教学过程达到优化。因此中学地理教学目的起着优化中学地理教学过程的作用。

（二）确定中学地理教学目的的基本依据

1．中学地理教学目的要服从于中学教育和教学目的　中学地理教学是中学教育和教学的组成部分，因此中学地理教学目的必须服从于中学教育和教学的总目的，即使学生在德、智、体诸方面全面发展，成为有理想、有道德、有文化、有纪律的社会主义建设者和接班人。具体地说，中学地理教学目的的制定，既要为学生进入高一级学校学习打下一定的基础，更要为学生直接从事生产建设作好必要的准备。

2．中学地理教学目的要紧密联系中学地理学科的实际　中学地理教学是以地理知识为基础进行教育的过程，因此中学地理教学目的必须紧密联系地理学科的实际，充分考虑地理教育和教学的功能与作用。在制定中学地理教学目的时，必须明确应使学生获得哪些基础知识，训练哪些基本技能，从哪些方面促进学生的智能发展，重点培养学生的哪些思想政治品德，使教学目的既不会因过高而无法实现，又不会因偏低而削弱教育功能。

3. 中学地理教学目的要符合学生的身心发展规律　中学地理教学是使学生全面发展的过程，中学地理教学目的能够控制和促进学生的发展过程。在确定中学地理教学目的时，应该充分考虑学生的身心发展规律，使教学目的切实符合中学生的认知水平和心理特征，使教学过程取得实效。

（三）中学地理教学的基本目的

1. 进行地理基础知识和地理基本技能教育　使学生获得比较系统的地理基础知识和基本技能，包括乡土地理、中国地理和世界地理知识，以及有关人类生存发展的环境、资源和人口知识，以利于中学生毕业后直接从事生产建设或进入高一级学校学习。

2. 开发智力和培养能力　培养学生学习地理科学和其它文化知识的兴趣与习惯，开发学生的多种智力因素，全面发展学生的形象思维、抽象思维和直觉思维能力，使学生逐步具有独立获取知识和解决一定的实际问题的能力。

3. 进行思想政治和品德教育　使学生了解中国国情，了解世界的现状和未来，认识人类所面临的人口、环境、资源和生存与发展等问题，提高审美能力和分辨是非能力，增强法纪观念，锻炼意志品格，逐步养成文明行为习惯。

以上三个目的相互联系，紧密结合，形成一个整体，体现了中学地理教育和教学为社会与国家培养合格人才的本质特征。中学地理教学的各个学段、各个单元和各章节的教学目的都应从属于这三个基本目的，包括这三个方面的要求，完整体现基本目的的精神。

（四）中学地理课堂教学目的的拟定

在进行中学地理课堂教学时，教师必须拟定每一节课的教学目的。拟定课堂教学目的应该注意以下问题：

1．中学地理教学目的必须包括基础知识和基本技能教育、智能教育和思想政治与品德教育三个方面，全面体现中学地理教学的职能。

2．认真钻研教学大纲和教材，明确本课的教学内容和教学要求，深入挖掘教学内容的智能因素和思想政治与品德教育因素。

3．根据教学大纲所规定的教学目标层次和本班学生实际，拟定切合学生程度的教学目的并写入教案。

4．教学目的的阐述要明确指明学生在学习本课以后能够做些什么，而不要表述为教师要教给学生什么，如“使学生能够运用气温曲线和降水柱状图判断气候类型”就比“教给学生判断气候类型的方法”表述得明确具体。教学目的所反映的教学结果应该是一节课确能见效的，如“使学生了解黄土高原水土流失的事实和原因”就比“通过黄土高原水土流失的实例使学生树立正确的环境观”更为直观。

5．在中学地理教学改革中，许多教师应用教育目标分类学和教学设计的理论，实行目标教学。教学目标是在较为概括、系统、整体的教学目的的基础上，对学生应该达到的学习成果或最终行为的明确阐述。确定教学目标，应该根据教学大纲的规定和学生实际，提出与各个知识点对应的基本技能、认知能力和思想政治与品德教育等方面的目标层次，进而指出与各个目标层次对应的学生应发生的行为变化。表述教学目标应该使用恰当的行为动词，规定行为变化的条件和环境，提出统一的质量标准，如根据“使学生知道东南亚的地理位置，记住10个东南亚国家的名称”这一教学目的，可以确定“全班学生在学完本课以后，均能指图说明东南亚地理位置的重要性，并在两分钟内至少说出8个东南亚国家的名称”的教学目标。

二、中学地理教学的基本任务

中学地理教学有向学生传授地理基础知识和基本技能，开发学生智力和培养学生能力，对学生进行思想政治和品德教育三个方面的基本任务。

（一）传授地理基础知识和基本技能的任务

1. 中学地理基础知识的类别　知识是系统化的人类经验，是对客观事物和现象的本质特征和本质联系的描述或解释，是人类对客观世界的反映结果。地理知识是人类在适应、认识和改造地理环境的长期实践中，积累起来的经验和认识。中学生学习的地理知识是地理科学知识最基础部分，称为地理基础知识，可分为地理感性知识和地理理性知识两大类。

（1）地理感性知识：反映地理事物外部特征和联系的知识，是人们通过对地理事物直接感知而获得的知识，又分为以下几种：

地理演变　反映地理事物外部运动变化和发展过程的知识，如昼夜更替、岩石风化、人口迁移、工业布局的演变等。

地理景观　反映地理事物综合景像的知识，如沙漠景观、热带森林景观、城市景观、农田景观等。

地理分布　反映地理事物空间位置的知识，如纬度位置、海陆分布、海拔高度、方向、坡向等。

地理名称　是对地理实体的指称，代表着某一特定的地理事物，简称地名，如亚洲、中国、北京、黄河、泰山等。

地理数据　是地理事物外部特征和相互关系的量化反映，如960万平方千米、海拔8 848.13米、森林覆盖率30%等。

（2）地理理性知识：反映地理事物本质特征和内在联系的知识，是人们对地理感性知识经过思维过程的整理加工后形成的知识，又分为以下几种：

地理概念　反映地理事物和现象一般的本质属性的知识，包括地理类别概念和地理区域概念。前者反映同类地理事物和现象的共同属性，如地形、气候、大陆、海洋等。后者反映一定地区内同类地理事物和现象的共同属性，如欧洲的气候、温带草原、日本工业布局、美国人口分布等。

地理特征　是对一定地区内地理事物和现象及性质的概括，如非洲的地形特征、中国的气候特征、新加坡的经济特征、五大湖工业区的环境特征等。

地理规律　反映地理事物和现象在发展变化中的必然联系的知识，包括地理分布规律和地理演变规律。前者反映地理事物和现象与空间位置的必然联系，如中国煤炭资源的分布规律、世界人口的分布规律、大陆自然带的分布规律等。后者反映地理事物和现象发展变化的必然趋势，如地球的水循环，喀斯特地貌的形成，城市化进程等。

地理成因　反映地理事物和现象的因果关系及地理特征和规律产生原因的知识。有些是已被实践检验过的科学理论，如大气降水的形成，黄河下游“地上河”的形成等。有些尚属于假说，需进一步验证，如太阳系的形成，板块构造学说等。

2. 中学地理基础知识的主要内容

（1）初中阶段的地理基础知识：地球和地图知识　地球的形状和大小、地球仪、地球的自转和公转、地球的五带、地图的用途、地图的比例尺、方向和图例注记、用地图表示地形的基本方法等。

世界地理知识　世界的陆地和海洋、世界的气候和自然景观、世界的自然资源、世界的居民、世界政治地图和分区、东亚、东南亚、南亚、中亚、西亚、北非、撒哈拉以南非洲、欧洲西部、欧洲东部和北亚、北美、拉丁美洲、大洋洲、南极洲等。

中国地理知识　中国的疆域、行政区划、人口、民族、地形、气候、河流、湖泊、资源、农业、工业、交通运输业、商业、旅游业、北方地区、南方地区、西北地区、青藏地区等。

乡土地理知识　学校所在省（自治区、直辖市）、县（市）的地理概况。

（2）高中阶段的地理基础知识：地球的宇宙环境　天体和天体系统、太阳和太阳系、地球的运动、地球在宇宙中的位置等。

自然地理环境　大气的组成、大气圈的结构、大气的热状况、大气的运动、大气中的降水、天气与气候、水循环、海洋水、陆地水、地壳的结构和组成、内力作用、外力作用、地形的变化、地壳的演化、生物圈、生态系统、生态平衡、自然带等。

资源和能源　土地资源、水资源、生物资源、矿产资源、常规能源、新能源、能源利用的前景等。

人文地理环境　世界和中国的人口和城市、世界和中国的农业生产和布局、世界和中国的工业生产和布局等。

人类和环境关系　环境和环境问题、协调人地关系等。

3．中学地理基础知识教学的主要任务　通过中学地理基础知识教学，应使学生具备一定的地球与地图知识，具备必要的乡土地理、中国地理和世界地理知识，了解地球的宇宙环境、自然环境和人文环境的概况，认识环境问题和人类与地理环境的关系。

在初中阶段，应使学生了解地球的形状、大小、运动状况及由此产生的一些自然现象，了解地图的基本特点，了解世界的海陆分布和地表形态，了解世界的气候和陆地自然带，了解世界的自然资源、居民和国家概况，了解世界各地区和主要国家的地理特征，了解我国的地理位置、疆域、政区、人口、民族、地形、气候、河流、自然资源等方面的基本情况，了解我国农业、工业、交通运输业、商业和旅游业的发展状况和布局变化，了解我国各地区、本省、本县的地理特征。

在高中阶段，应使学生了解地球的宇宙环境，了解大气圈、水圈、岩石圈、生物圈的结构和演变，了解自然资源和能源的类别、分布和开发利用，了解有关人口、城市、农业、工业的分布规律和演变条件，了解人类所面临的人口问题、资源问题、环境问题，了解协调人地关系的有效途径。

4. 中学地理基本技能的类别和主要内容　技能是顺利完成某种任务的一种活动方式或心智活动方式，包括日常所说的技能和技巧。技能按性质和特点的不同，可以分为动作技能和心智活动技能两类。动作技能是通过练习巩固下来的自动化的、完善的动作活动方式。心智技能是通过练习巩固下来的接近自动化的智力活动方式，是借助于内部语言在头脑中进行的认识活动的技能。地理技能是顺利完成地理认识活动和地理实践活动的动作活动方式和心智活动方式。中学生经过地理学习所训练的技能是地理技能中的最基本部分，称为地理基本技能，可分为地理动作技能和地理心智技能两大类：

（1）地理动作技能，包括填注和绘制地图及地理统计图表的技能，使用地球仪和一些简单地理仪器的技能，以及计算某些地理数据的技能。

（2）地理心智技能，包括判读地图和其它地理图像的技能，统计和计算地理数据的技能，以及进行野外观察和地理调查的技能。

5. 中学地理基本技能训练的主要任务　通过中学地理基本技能的训练，应使学生学会阅读和使用常用的地图和图表，使用地球仪和气温计、雨量计、指南针等简单的仪器，填注地图，绘制简单的地图和统计图表，统计和计算地理数据，进行地理观测、地理调查和野外观察。

在初中阶段，应使学生初步学会使用地球仪演示地球的运动和利用经纬网确定任一地点的位置，学会运用比例尺量算距离，学会野外定向和判别地图上的方向，初步学会识别常用图例和填写注记，初步学会判读两半球图、等高线地形图、分层设色地形图、地形剖面图、等温线图、等降水量线图、气温曲线和降水量柱状图、水系和流域图、资源分布图、人口分布图、政区图、民族分布图、工业城市和工业基地分布图、农作物分布图、交通线分布图、旅游资源分布图、国家和地区普通地图等等地图，初步学会判读各种示意图、素描图和景观图片，初步学会计算日、月、年的平均气温，计算人口自然增长率和人口密度，初步学会绘制简单的地图并在图上填写地名，运用给出的数据绘制曲线图、折线图、柱状统计图和扇形统计图，知道野外观察、天文观测和气象观测的基本方法。

在高中阶段，应使学生进一步巩固在初中阶段获得的基本技能，进一步学会观测天象，查阅气象资料，判读更为复杂的地图、示意图和统计图，调查河流的水文特征和地质状况，计算森林覆盖率和能源的消费构成，利用人口和经济增长指标绘制统计图表，对当地的人口、资源和环境状况及经济发展进行综合调查。

（二）开发智力和培养能力的任务

1. 能力、智力和智能　当代教育心理学认为，能力是个体将已有的知识运用于操作，以达到目标和完成任务的高级神经系统活动的潜在势能，是个体参与社会生活，保证个体在社会生活中存在和发展的功能系统。任何智力正常的人都具有一定的能力，包括观察能力、思维能力、想象能力、记忆能力和应用能力等组成的认识能力，以及运动能力、阅读能力、语言能力、写作能力等组成的行为能力。智力是认识能力的综合表现，由注意力、观察力、想象力、思维力和记忆力五个因素组成，是个体为达到目标和完成任务而应用知识对信息进行思维加工的可能性。因此，思维力是智力的核心，智力又是能力的核心。智力的开发是能力发展的基础。在能力的形成和发展过程中，智力才能够得以开发。由于智力和能力既有区别又有密切联系，有人主张合称为智能。

2. 中学地理教学可以全面开发学生的智力

（1）智力因素的性质和特点：注意是心理活动对一定事物的指向和集中，或者说是意向活动中意识的警觉性和选择性的表现。注意可以分为没有自觉目的的无意注意和有自觉目的的有意注意，有意注意又分为需要意志努力的意志注意和不需要意志努力的非意志注意。在学习过程中必须集中注意力，交替运用无意注意和有意注意来感知学习对象，获得广博而系统的知识。

观察力是在有目的有计划以及有思维积极参加的感知过程中，逐渐形成的一种比较稳固的认识特点。从生动的直观到抽象的思维，是学习的基本规律。运用观察力对事物进行观察，是学习的最初阶段。要想获得丰富的感性知识，就应当先进行认真的观察。观察方式主要有自然观察和实验观察、长期观察和定期观察、全面观察和重点观察、直接观察和间接观察、解剖观察和对比观察等。

想象是在现实的刺激下，人脑中旧表象的重新组合，以构造出事物新形象的过程，是形象思维的一个阶段或一种表现形式。想象可以分为没有自觉目的也不需要作出努力的无意想象和有一定目的并需要作出一定努力的有意想象，有意想象又分为根据现有的感知在头脑中构造实际存在的但从未见过的形象的再造想象，根据已有表象在头脑中构造前所未有的新形象的创造想象，以及指向人们所向往的未来的幻想。想象力能够增强学习的主动性，赋予学习的生动性，提高学习的创造性。

思维是人脑对客观事物间接的和概括的认识过程。通过思维，可以把握事物的一般属性和本质属性。一般认为，思维可以分为具体思维和抽象思维两大类。具体思维又分为凭借直接感知在实际操作中进行的动作思维和凭借事物的形象并以表象、联想和想象为基本形式的形象思维。抽象思维又分为凭借概念并以概念的判断和推理为基本形式的形式思维和凭借概念但以辩证逻辑为基本形式的辩证思维。近年来，又有科学家提出了思维的更高层次即直觉思维、灵感思维和顿悟思维等。思维是理解知识的必要的心理因素和巩固知识的重要心理条件。思维还是认知过程的核心。思维的主要方法有分析和综合、比较和归类、抽象和概括、系统化和具体化、归纳和演绎等。

记忆是对事物的识记和保持。识记可以理解为大脑皮层内信息的输入和获得。保持可以理解为大脑皮层内信息的编码和储存。记忆也可以分为无意记忆和有意记忆。有意记忆又分为不理解记忆对象的意义而进行强记的机械记忆和理解记忆对象意义并按照一定规律进行记忆的意义记忆。记忆可以使学到的知识短期地或长期地保留在头脑中，以便随时提取重现并加以运用。

（2）根据中学地理教学的特点全面开发学生的智力：在中学地理教学中，应当根据地理学科的特点，运用各种教学方法和教学手段，全面开发学生的各种智力因素。

通过对地理事物和地理现象的观察，对地图和图表的观察，对板图、板画和模型的观察以及对投影片、幻灯片和录像片的观察，引导学生学会科学的观察方法，能够运用各种观察方式进行宏观观察和微观观察。

发挥地理教学媒体多样性的优势，克服教学过程中单一形式传递教学信息的单调刺激的弊病，利用地图、图片、模型和声像媒体等具有的形象直观、色彩丰富、视听结合的特点，促使各种注意的及时转换，避免学生不必要的疲劳，以保持良好的学习积极性。

利用地理事物的形象具有生动直观和具体实际的特点，强化学生的感知和想象，重视再造想象和创造想象的共同发展，使学生能够根据语言、文字、图片和声像媒体想象到没有直接到达过地区的景观特征。要充分发挥地图的功能，利用地图发展学生的空间想象力、使学生能够根据地图想象出地理环境这一宏大空间中各种事物的位置和形象。

针对地理知识中地名和数据繁多的特点，强化学生的记忆力，同时引导学生善于运用规律记忆地名和地理数据，发展学生的意义记忆。

根据地理知识中形象和概念并重的特点，引导学生不仅注意推理和论证，更要注意联想和想象，使抽象思维和形象思维都得到发展，尤其应重视通过地理学习发展形象思维的重要意义，帮助学生逐步学会运用语言和文字描述、声像媒体和地图展开充分的形象思维和空间想象，进而提高认知能力。

3．在中学地理教学中培养能力的主要任务　通过中学地理教学，可以综合培养学生的认识能力和行为能力。由于中学地理教学过程是一个特殊的认识过程，因此中学地理教学应以培养学生的认识能力为主，特别是对地理事物和地理现象的宏观及微观的观察能力、对地理事物形象和地理环境特征的再造及创造想象能力、对地理事物空间位置和地域分布的空间想象能力、对地理名称、地理数据和地理分布的记忆能力、以分析、综合、比较和归类为主要方法的形象思维和抽象思维能力以及善于交替使用无意注意和有意注意进行学习的注意能力。在中学地理教学中，还应注意培养学生的行为能力，主要是阅读地图的能力、使用和填绘地图和地理图表的能力以及野外实践活动的能力，尽可能地培养学生运用所学知识和技能解决一定的实际问题。概括地说，中学地理教学在培养能力方面的主要任务是，使学生正确地观察地理事物、地理现象和地理图像，能够在头脑中形成正确的表象并善于联想和想象，对地理事物、地理现象、地理特征和地理成因进行科学的分析、综合、比较和归类，准确记忆一定的地理事实，运用地理知识和技能解决一些实际问题，在学习和活动中保持较高的注意力。这些任务贯穿初、高中两个阶段，需要反复地多次地培养。在初中阶段，应注重观察能力、直观想象能力、形象思维能力、记忆能力和有意注意的培养。在高中阶段，应加强空间想象能力、抽象思维能力、解决实际问题的能力和无意注意的培养。

（三）进行思想政治和品德教育的任务

1．思想政治和品德的发展是学生全面发展的重要方面　我国的教育方针明确规定：教育必须为社会主义现代化建设服务，必须与生产劳动相结合，培养德、智、体全面发展的建设者和接班人。这个方针将“德”即思想政治和品德放在全面发展的首位，是为了全面提高中华民族的素质，促进社会主义精神文明建设，保证我国的社会主义性质和方向，坚持党的基本路线，在21世纪实现我国社会主义现代化建设的战略目标。

《中国教育改革和发展纲要》明确指出：用马列主义、毛泽东思想和建设有中国特色的社会主义理论教育学生，把坚定正确的政治方向摆在首位，培养有理想、有道德、有文化、有纪律的社会主义新人，是学校德育即思想政治和品德教育的根本任务。因此，要按照不同学科的特点，把有关的德育内容分解、贯穿到各学科的教育和教学当中，促进学生的全面发展。

2．中学地理教学可以进行全方位多层次的思想政治品德教育　中学地理教学内容广泛涉及自然科学、人文科学和生产生活实际，具有丰富的德育因素。从德育内容看，《中共中央关于进一步加强和改进学校德育工作的若干意见》所提出的马克思主义基本观点教育、爱国主义教育、社会主义教育、价值观教育、中华民族优良道德传统教育、品德和个性素质教育等方面的教育内容，在中学地理教学内容中都有所体现。《爱国主义实施纲要》所提出的中华民族悠久历史和优秀传统文化教育、党的基本路线和社会主义现代化建设成就教育、中国国情教育、社会主义民主和法制教育、国防和国家安全教育、民族团结教育和“和平统一、一国两制”方针的教育也都涉及中学地理德育的基本内容。通过中学地理教学，学生可以理解一些辩证唯物主义的基本观点，从人类生存和发展的角度处理个人、集体、国家和国与国之间的利益关系，逐步树立科学的世界观、人生观和价值观；可以了解中华历代科学家对地理科学发展的重大贡献，体会中华民族悠久历史文化的伟大意义；可以了解新中国成立以来特别是改革开放以来，我国社会主义现代化建设的伟大成就，坚定社会主义信念；可以了解我国社会、文化、人口、资源等方面的历史和现状，看到我国发展的优势和差距、有利条件和不利因素，深刻认识我国国情；可以了解我国在人口、资源、环境等方面的政策法令，增强法制观念；可以了解我国是一个统一的多民族的国家，懂得加强民族团结和巩固国防的重要意义，努力维护国家主权和领土完整，按照“和平统一、一国两制”的方针实现祖国的统一。因此，中学地理教学有利于对学生进行全方位的思想政治和品德教育。

德育过程是教育者有目的地施加影响，使一定社会的品德规范转化为受教育者个体品德的过程。任何一种品德都包含知、信、情、意、行等心理要素，即道德认识、道德信念、道德情感、道德意志和道德行为习惯的全面发展，才能形成某种品德。因此，德育并不等于思想教育或政治教育，而是思想教育、政治教育、道德教育、个性心理素质发展和品德能力培养诸方面的总和。由于中学地理教育和教学内容具体生动，教学手段多种多样，富有感染力，对人口、资源、环境等问题的认识又直接关系到学生的社会行为，所以中学地理教学中的德育方面可以促进学生的道德认识、道德信念、道德情感、道德意志和道德行为习惯的全面发展。通过中学地理教学中的德育，不仅可以使学生逐步掌握辩证唯物主义的一些基本观点，逐步树立科学的世界观和坚定的爱国主义信念，更能使学生激发民族自尊心和自豪感，增强热爱中国共产党、热爱社会主义和热爱祖国的情感，陶冶热爱自然美和环境美的情操，养成遵纪守法，履行公民义务，保护资源与环境的文明行为习惯，具备自力更生、艰苦奋斗的精神和坚强的意志品质。因此，中学地理教学可以对学生进行多层次的思想政治和品德教育。

3. 在中学地理教学中进行思想政治和品德教育的主要任务　通过中学地理教学，应使学生受到爱国主义教育、国情教育、党的基本路线和有中国特色社会主义教育、科学世界观教育、道德行为规范和法制纪律教育以及个性心理素质教育，引导学生逐步树立正确的思想政治观念，理解并拥护党的路线、方针和政策，懂得遵守社会公德，逐步形成良好的意志、品格、情感和品德能力。在初中阶段应注重道德情感的熏陶感染和道德行为习惯的养成。在高中阶段应加强道德认识和道德信念的树立。

（初、高中地理德育的主要内容及序列安排见本书第五章）

（四）中学地理教学三项基本任务的相互联系

1．中学地理教学的三项基本任务是统一的整体　传授地理基础知识和地理基本技能、开发智力和培养能力、进行思想政治和品德教育这三项任务，构成了中学地理教学基本任务的统一整体。从根本上说，中学地理教育的本质决定了这三方面必然统一。为了促进学生的全面发展，使之成为国家和社会所需要的合格人才，必须规定并且完成这三方面的教学任务，以满足国家和社会的需要。地理基础知识和基本技能的获得，与智力的开发和能力的培养，以及思想政治和品德的提高和发展又有着密切的内在联系，能够同步和协调发展，保证了三项基本任务的完整统一。

2．传授地理基础知识和地理基本技能是发展智能和提高思想政治品德的基础　地理基础知识和地理基本技能之间有着密切的关系。形成地理基本技能需要具备一定的地理基础知识，训练地理基本技能必须在学习地理基础知识的过程中进行。具有一定的地理基本技能，又是学习和应用地理基础知识的必要条件。学生能力的培养要以学习地理基础知识和训练地理基本技能为基础，并在掌握地理基础知识和基本技能的过程中逐步提高。也正是在这样的过程中，学生的各种智力因素和其它心理因素才得以开发。离开了地理基础知识和基本技能教学，就谈不上开发学生的智力和培养学生的能力。思想政治和品德教育同样要以地理基础知识和基本技能为基础。只有深入挖掘教学内容的德育因素，以学生能够理解的知识作为德育素材，思想政治和品德教育才能够切合实际，取得实效，避免空洞说教。

3．开发智力和培养能力是掌握地理基础知识和地理基本技能以及提高思想政治品德的必要条件　在中学地理教学过程中，学生要参与多种形式的教学活动。只有具备一定的智能，才能掌握地理基础知识并形成地理基本技能。智能越高，学习的效果越好。为了完成教学任务，教师不能简单地依靠“灌输”，必须充分开发学生的智力和培养学生的能力，调动学生的积极性，使他们生动活泼地主动地学习。思想政治和品德的提高同样离不开智能的发展。道德观念的形成依靠一定的认识能力，道德情感、道德意志、道德行为的养成都需要各种智力因素的参与和各方面能力的作用。

4．进行思想政治和品德教育是掌握地理基础知识和地理基本技能以及发展智能的重要保证　通过思想政治和品德教育，可以锻炼学生的意志品格，形成正确的学习目的，激发强烈的学习动机，具备克服学习困难的毅力，还可以使学生逐步形成科学的世界观和价值观，能够以正确的观点认识和理解复杂的地理事物和地理现象，并将所学的知识和技能运用于实践。在思想政治和品德教育过程中，学生的各种智力因素都能够得到开发，认识能力和行为能力都能够得到发展。从根本上说，传授地理基础知识和地理基本技能以及开发智力和培养能力，都是为了使学生成为合格的社会主义建设者和接班人。要想达到这个目标，不仅需要学生有才，更需要学生有德。进行思想政治和品德教育，就是为了使学生具有科学的世界观和人生观，具有坚定正确的政治方向，具有高尚的道德品质，成为全面发展的人才，为报效祖国而充分发挥自己的聪明才智。

5．在中学地理教学中要注意三项任务的相互联系，全面完成教学任务　在中学地理教学中，教师应改变传统的教育和教学观念，注意纠正把教学过程视为单纯讲授知识过程的错误认识，全面完成知识、技能、智能和德育诸方面的教学任务。教师应深入钻研教学大纲和教材，按照教学大纲的规定和学生的实际，确定各章节的基础知识教学要点和基本技能训练要求，挖掘教材中的德育因素，确定各章节的德育内容，同时还要根据教学大纲所规定的教学目标层次，结合学生实际进一步确定知识、技能、智能和德育诸方面的教学基本标准，按照识记、理解、应用等不同层次的认识能力的要求设计教学过程，使教学过程符合学生的认知规律，真正落实基础知识和基本技能教学，并引导学生在道德观念、道德情感、道德意志和道德行为等方面有所提高。

第三节　中学地理教学的基本特点

一、地理知识内容的广泛性和地图在教学过程中的重要性

（一）地理知识内容的广泛性

中学地理教学的知识内容非常广泛。从地理知识所涉及的地域范围看，小到本乡本土，大到整个地球以至宇宙空间；从地理知识所涉及的物质和现象看，既有生命物质又有非生命物质，既有自然现象又有社会现象。中学地理基础知识是一个范围宏大，内容广博的系统：

有关地球结构和运动状况及地球的宇宙环境的知识，与地球概论、天文学和地球物理学的知识相关。

有关地图的知识，与地图学和地形测量学的知识相关。

有关中外自然地理和地球自然环境的知识，与地貌学、地质学、气象学、气候学、水文学、土壤学、生物学和自然地理学的知识相关。

有关中外人文地理和地球人文环境的知识，与资源地理学、人口地理学、城市地理学、工业地理学、农业地理学、交通运输地理学、旅游地理学、经济学和环境科学的知识相关。

由于中学地理知识内容的广泛性，在中学地理教学过程中应该广泛联系实际，特别是：

1．联系乡土地理　在一般情况下，中学生所能够直接观察到的地理事物就是生活居住的地方，就是乡土地理环境。因此，乡土地理知识就成为学生感知地理事物，建立真实的地理表象的基础。在中学地理教学中，除了要专门讲授乡土地理知识以外，还应随时联系乡土地理实际，开展力所能及的乡土地理实践活动。这样不仅可以培养学生的学习兴趣，也利于学生了解家乡，增强热爱家乡的感情。

2．联系生活实际　许多地理知识直接关系着人们的日常生活。在中学地理教学过程中，应该注意密切联系学生的生活实际，运用地理知识加以科学的解释，如天气的变化与预报、旱涝灾害、农时节气、交通路线、旅游景点等，以便引导学生热爱科学，提高认识能力。

3．联系时事政策　许多地理知识涉及我国的基本国情和世界局势的变化，正确认识我国国情和世界局势又必须了解党和国家的有关政策和法令。在中学地理教学中，应该引导学生关心时事政策，及时收听新闻和阅读报纸，运用地理知识理解和分析国内外大事，掌握党和国家的政策。这不仅有利于地理知识的学习，也可以受到思想政治教育。

4．联系相关学科知识　如前所述，地理学科与多种学科的知识有着密切关系，学好地理需要一定的数学、物理、化学、生物、历史和政治等知识。在中学地理教学中，应该运用相关学科的知识帮助学生理解地理知识，如运用化学知识解释喀斯特地貌的成因，运用物理知识解释地球的运动规律等。对于学生尚不具备的相关学科知识，教师应予以适当补充。例如，初一地理涉及了气压、空气饱和等物理知识，涉及了垂直、斜交等数学知识，而此时学生还未学习物理与几何课程，这就需要教师深入浅出地予以讲解。

知识内容的广泛性必然给中学地理教学带来很大的影响：

1．开拓学生的视野　学习地理知识利于使学生形成对自然界和人类社会的完整认识，开拓学生的视野。地理知识与学生的生活实际联系密切，易于引起学生的学习兴趣，激发学生的学习动机，调动学生的学习积极性，使学生生动活泼地主动地学习。

2．促进知识的迁移　学习地理知识利于学生综合运用多学科的知识，加深对多方面知识的理解，形成高层次的知识结构，最终实现地理知识和其它学科知识的广泛迁移。这种迁移是开发学生智力和培养学生能力的必要条件。

3．推动教学改革　广泛的地理知识使地理教学有着与其它学科教学不同的特点，即特别适宜使用各种现代化教学手段。电化教学手段在中学地理教学中得到比较普遍的使用，并取得了显著效果。但是地理知识的庞杂也会增加学生的困难，容易使学生陷入"死记硬背"，失去学习兴趣的困境。这就促使教师必须进行教学改革，改进教学方法，以减轻学生负担。

（二）地图在教学过程中的重要性

在中学地理教学过程中，地图具有特殊重要的地位。地图既是地理教材的有机组成部分又是经常使用的教学用具。地图教学既是中学地理教学最重要的方法又是中学地理教学的基础内容。大量运用地图是中学地理教学过程的重要特征之一。地图在中学地理教学过程中的重要性，概括地表现在以下两个方面：

1．地图既是学习地理的主要工具又是地理知识的重要来源　地理环境的空间宏大，学生在课堂内很难直接进行观察与研究。地图将地理环境这一宏大客体，用一定的数学方法缩小并绘制在平面上，可以帮助学生观察、认识和分析地理事物和现象。

地理环境由多种要素组成，各个要素又存在着错综复杂的联系。许多地理特征往往被表面现象所掩盖，不易被发现。这些问题都增加了地理教学的困难。地图则根据教学的需要，运用符号和注记来概括和表现地理事物和地理现象的本质特征及内在联系，为学生确定地理事物的位置，把握地理事物的特征，分析地理现象的成因和各要素之间的联系，揭示地理分布和演变规律提供了方便。

许多地理演变过程的时空跨度大，使学生无法直接观察和了解。地图能够很好地超越时间和空间的障碍，清楚地反映出不同时间和空间序列地理环境的演变过程，帮助学生深刻理解地理成因、地理规律和地理原理。

2. 地图能够全面反映地理知识的广泛性、综合性和区域性　地图将地球表面三维空间中的地理事物和地理现象，绘制在大大缩小了的一个平面上，是一种经过一定抽象和概括的形象。因此，地图可以在一个较小的空间内表现出多种地理事物、地理现象、地理特征、地理规律和地理演变过程，反映出地理知识的广泛性。

地图有多种类别，可以根据学习的需要，用专题地图或普通地图表现单一地理要素的特征或各个地理要素的总体特征，揭示地理事物和地理现象的内在联系以及地理要素之间的复杂关系，反映出地理知识的综合性。

地图所表现的内容总是有一定的空间范围的。地图可以准确地显示地理事物的空间位置和不同地域范围内的地理环境特征，还能够对比显示不同地区地理特征的差异，反映出地理知识的区域性。

由于地图在中学地理教学过程中有着重要的不可缺少的作用，教师必须认真研究地图教学的特点、方法和功能，充分发挥地图在中学地理教学中的作用，取得良好的效益。

二、地理事物及其认识方法的综合性

（一）地理事物的综合性

地理科学的一个显著特点是，所研究的对象即地理事物具有很强的综合性，具体表现在：

1. 地理环境的组成要素形成一个统一的整体　地理环境的各个组成要素，包括自然要素和人文要素，相互联系，相互影响，相互制约，相互渗透，有机结合，形成一个统一的整体。因此，任何地理事物和地理现象都不是孤立的和静止的，而是与其它事物和现象存在着动态的联系。例如，地球的自然环境是在地球的宇宙环境、大气圈、水圈、岩石圈和生物圈相互作用下形成和发展的，自然地理环境的特征和演变是地球运动与地貌、气候、水文、土壤、植被和动物等要素共同作用的结果，地球的人文环境是由政区、人口、聚落、工业、农业、交通运输业、科技和文化等因素综合而成的。

2. 地理环境在人类与自然的共同作用下发展变化　自从人类出现以后，自然环境就受到人类活动的深刻影响。今天，地理环境已经深深打上了人类活动的烙印，自然环境和人文环境已经形成一个密切联系的不可分割的整体。例如，人类活动对于气候、地形、水文、土壤和生物的分布与演变都起着重要作用；自然环境的变迁也制约着人类活动，甚至使人类受到惩罚。由于人类活动范围的日益扩大，人与地理环境的关系也日趋复杂。人类从地理环境中取得必要的生存空间，获得资源和能源，从而保证了人类的生存发展。人类又影响和改造着地理环境，同时向地理环境排放越来越多的废弃物质，使地理环境趋于恶化，因而又制约了人类的发展。如果不能正确处理人类与自然的关系，就可能使地理环境越来越不利于人类的生存发展。

（二）对地理事物认识方法的综合性

在认识地理事物的本质特征时，必须注意地理事物的综合性。例如，认识某一地区的自然地理特征，必须全面考虑地貌、气候、水文、植被和动物等要素的特点；认识某一国家的人文地理特征，必须注意资源、人口、民族、城市、工业、农业、交通和文化等方面的状况。对于某一要素的分布和运动规律，也要充分考虑其它因素的影响。例如，对于河流的水文特征，必须从地貌、气候、土壤、植被和人类活动等方面加以分析。把握对地理事物认识方法的综合性，应该注意以下几点：

1，找出地理环境各组成要素的内在联系，充分认识地理事物和地理现象的相互关系　要按照辩证唯物主义观点，运用客观事物的系统性和联系性法则认识地理事物，从地理环境各组成要素的内在联系入手，认识和解释地理事物和地理现象的相互关系。例如，在解释各种气候类型的成因时，应该分析纬度的高低、距海的远近、地形的变化、洋流的寒暖以及大气环流的形势对气候的影响，再综合出气候类型的特点；在说明工业布局的特点时，应该分析原料、能源、交通、市场、科技、环境及农产品供应等方面的条件，再综合出工业布局的类型。

2．从人类与地理环境关系的角度，认识和总结地理事物和地理环境的发展规律　按照科学的人地观来认识和总结地理事物和地理现象的发展规律，是研究地理科学和学习地理知识的重要基点。对于纷纭复杂的地理事物和地理现象，只有从人地关系的角度加以科学的分析和综合，才能找出其客观规律。例如，对于森林资源的认识，只有从人类需要的角度来认识，才能明确森林不仅可以提供多种物质产品，还是一种重要的环境资源；滥伐森林的危害和提高森林覆盖率的意义，也只有从人类活动的角度来认识才能够正确理解。

（三）在中学地理教学中要重视分析-综合方法

分析-综合方法是一种常用的重要思维方法。分析就是把事物的各个部分、各个方面和各种属性分解开来，一一加以考察的思维方法。综合就是把事物的各个部分、各个方面和各种属性合为一体，进行总体考察的思维方法。分析和综合是密切联系，不可分割的。只分析，不综合，就会只见树木，不见森林。只综合，不分析，又会只见森林，不见树木。任何学科的知识，包括地理学科的知识，都是既有一定的整体结构又有各个组成部分。因此在教学过程中总要把分析和综合结合在一起进行思维，既可以先分析后综合，也可以先综合后分析。

在学习地理知识的过程中，学生要通过分析地理事物的空间分布状况和地理要素及地理现象之间的关系，揭示地理事物和地理现象的空间分布和演变规律，综合地理环境的整体特征和区域特征，从而发展思维能力，学会系统地全面地看问题的方法。因此，在中学地理教学中应特别重视分析-综合方法。

在中学地理教学过程中，运用分析-综合方法应注意以下几点：

1．按照事物的逻辑顺序进行分析　分析问题必须注意事物的系统性和层次性，按照逻辑顺序进行分析。例如，在分析四季更替的原因时，应按照这样的顺序进行：地球在自转和公转—地球自转时地轴的方向固定不变—地球的赤道面和公转轨道面有23.5度的夹角—太阳直射点在南北纬23.5度之间来回移动—地表各地所受太阳光热的多少不同—季节变化。

2．抓住各要素之间的主要矛盾　影响事物特征有多种因素，其中必有一个主要因素，它对事物的影响就成为形成事物特征的主要矛盾。在综合事物的整体特征时，必须抓住这一主要矛盾。例如，影响农作物分布的因素很多，但气候是主要因素，所以在理解农作物分布规律时，应主要考虑气温、积温、降水、蒸发等方面的原因，把农作物的分布区域与温度带和干湿地区等联系起来。

3．根据学生的心理特征灵活地运用　不同年龄的学生有不同的理解能力，对不同的事物可以有不同的认识方法，应根据教学的实际，灵活运用分析-综合方法。例如，关于外力作用，可以先综合后分析，即先说明外力作用对地表形态的改造，再分别说明风化作用、侵蚀作用、搬运作用、沉积作用和固结成岩作用在改造地表形态中的作用；也可以先分析后综合，即先分别说明风化作用、侵蚀作用、搬运作用、沉积作用和固结成岩作用对地形的影响，再完整说明外力作用对地表形态的作用。

三、地理事物的区域性和运用比较法认识地理事物的重要性

（一）地理事物的区域性

地理科学的另一个显著特点是，所研究的对象即地理事物具

有明显的区域性，具体表现在：

1．任何地理事物和地理现象都存在于一定的空间范围之内，具有特定的地理位置　地理环境是一个空间概念，它是地球表面的一个特定的空间。各种地理事物和地理现象都存在于这个空间之中，并且由于空间位置的差异可以划分为不同的地区。例如，从自然的角度有洲、洋、自然带、地形区、气候区、流域、草原区等等的划分，从人文的角度有国家、城市、农村、经济区、工业区、旅游区等等的划分。这些区域都有一定的界线和范围，具有特定的地理位置。每个区域内的地理事物和地理现象都存在着特殊的内在联系，并与其它区域互相影响。区域内的地理要素相互作用，综合成一个相对独立的整体，形成独特的区域地理特征。

2。不同区域的地理特征具有明显的差异性　由于所处的地理位置和人类生活方式的不同，不同区域的地理特征表现出明显的差异。例如，由于纬度位置的不同所造成的热量条件差异，以及海陆位置的不同所造成的水分条件的差异，自然环境存在着地带性差异，可以划分为自然带。这是地理环境在自然方面的基本差异。在此基础上，由于地形、气候、水文、生物的不同主导作用，各地区的自然条件明显不同；由于生产方式、社会制度、民族习惯、文化风情的差异，各国各地区的人文景观也明显不同。只有认识到地理环境的地区差异性，才能正确地布局产业部门，扩大交流的范围，加强国际合作。

（二）运用比较法认识地理事物的区域性和差异性

在认识地理事物的本质特征时，同样要注意地理事物的区域性。对于任何地理事物和地理现象，都要首先考虑其空间位置和范围，都要以它们所在的地理区域为单位进行研究。区域特征和区域差异是认识地理事物和地理现象时应着重研究的问题，即深刻理解一定地域范围内的地理环境的整体特征，通过比较了解不同地区的地理环境特征的相似和差别之处。

比较法也是一种常用的思维方法，即把各种事物加以对比，以确定它们之间的相同点和不同点。通过比较鉴别，可以更深刻地理解地理事物的本质特征。运用比较法认识地理事物的区域性和差异性时，应该注意以下几点：

1. 准确把握地理事物的空间位置和空间分布规律　认识地理事物首先要确认其空间位置。地理学所说的空间位置主要包括数理地理位置、自然地理位置和人文地理位置。数理地理位置主要指经纬度位置。自然地理位置主要指海陆位置、海拔高度和所处的自然带或自然区。人文地理位置主要指政区位置和经济区位置。例如，认识中国，首先应知道中国所在的半球、大洲，在五带中的位置，所临的海洋，四至点的经纬度，以及周边的国家。这是了解我国国情的基础。任何地理事物的空间分布都有一定的规律，因此还要根据其位置特征找出分布的规律。例如，中国的水稻主要分布在秦岭—淮河以南，青藏高原以东，说明水稻适宜在热带和亚热带的湿润地区生长，这是由水稻的生物特性所决定的。在确认地理事物的空间位置和空间分布规律时，应该注意与同类事物加以比较，如关于中国的位置可以与同纬度国家或东亚其它国家的位置进行对比，关于水稻的分布规律可以同小麦的分布规律进行对比。

2. 从人类活动的角度把握地理事物的区域性　应该重视从人类与地理环境关系的角度，认识并掌握地理事物的区域特征，避免单纯的描述和罗列事实。要从人类发展和环境保护等方面，对地理事物的区域特征进行分析、综合及评价，提出相应的对策。例如，日本的工业区具有临海分布的区域特征，要想真正理解这一特征的本质，必须从岛国位置、人多地狭、矿产和能源贫乏、海外市场、科技发达和重视教育等方面加以分析和评价，才能形成正确的认识。从人类活动的角度认识区域特征，可以选择人类活动方式有较大差异的地区进行比较，如关于产业布局的问题，应注意以出口加工工业为主的国家和以原材料及初级产品出口为主的国家的对比。

3．通过比较和归类找出地理事物的差异性　归类是与比较密切相关的一种思维方法，即按照一定的标准把事物分门别类，使知识形成系统。科学的归类有利于加深理解，巩固记忆，掌握事物的本质属性。地理事物的差异性从根本上说是本质属性和特征的差异，而要把握本质属性和特征又必须对事物进行比较和归类。地理事物常以某一方面特征的不同分为各种类型，如地貌类型、气候类型、河流补给类型、土地类型、工业布局类型等。这些类型又都与区域划分有着密切关系，如各种气候类型都有特定的分布范围。认识地理事物时，常通过比较找出事物的差异性，再通过归类掌握事物的本质特征，并确认其分布地区。例如，对于亚热带季风气候的认识，可以通过与地中海气候、热带季风气候和温带季风气候的比较，了解其各月气温状况及降水量的变化，再通过类型的归属，综合这种气候类型的特点、成因和分布规律。

（三）在中学地理教学中要重视地理事物的区域性、差异性和运用比较法

中学地理教学内容涉及大小不同的地理区域，从全球整体环境、世界、大洲、大洋、国家、地区，直至本乡本土。掌握一定的区域地理知识和形成正确的空间观念，是学好地理的基本条件。因此，在中学地理教学中必须重视学生空间观念的形成，以及运用比较法认识地理事物的区域性和差异性。在这方面要注意以下几点：

1．充分发挥地图的功能，使学生形成正确的空间观念　中学地理教学的重要任务之一，就是使学生逐步形成正确的空间观念。这种空间观念应该是完整的和立体的，包括地球在宇宙空间的位置、地理事物在地球表面的位置、地理事物和地理现象所处的地球圈层和地理区域。一般地说，引导学生确认地理位置、地理区域的界线和范围，想象地理事物的立体形象，是中学地理教学过程中要首先解决的问题。地图对于形成正确的空间观念有特殊的功能。通过观察地图，学生不仅可以了解地理位置、界线和范围，还可以根据平面形象想象立体形象，发展特殊的形象、抽象并重的思维方法，促进学生能力的发展。

2．按照科学方法进行比较和归类　对地理事物进行比较和归类时，要帮助学生掌握比较与归类的方法和法则。在比较时，要注意新知识与旧知识的比较，新知识与新知识的比较，旧知识与旧知识的比较，以及理论与事实的比较，要遵循由已知到未知、由具体到抽象、由近及远的原则。要了解不同地理事物和地理现象的分类标准，通过形式和功能的归类，认识同类地理事物的共同属性，理出地理事物的层次与结构。

思考与练习

1．如何理解中学地理教育的重要地位和重要作用？

2．中学地理教学的基本目的是什么？

3．中学地理教学有哪些基本任务，是怎样相互联系的？

4．简要说明中学地理教学的基本特点。

实习作业

任选一章初中地理教材，拟定章、节的教学目的。

第三章　中学地理教学原则

本章重点　中学地理教学的基本原则及其贯彻

第一节　中学地理教学原则的作用和依据

一、教学原则和中学地理教学原则

（一）教学原则

教学原则是教学工作所应遵循的基本要求，是人们根据教育目的、教学过程的客观规律以及长期以来教学实践的经验教训而制定出的，对教学活动的基本要求和指导原理，是教师为顺利有效地进行教学活动所必须遵循的准则。按照不同的适用范围，可分为一般教学原则和学科教学原则。

中学教学的一般教学原则是根据中学教育目的、中学教学过程的普遍规律而制定的针对各学科教学活动的基本要求和指导原理，是适用于中学一切教学活动的教学准则。由于教学目的和教学实践的课题不同，教育家的哲学观点和对教学规律的认识不同，所制定的教学原则也就不同，所以古今中外的教育著作中提出的教学原则纷繁不一。新中国成立以来，我国教育界在总结教学实践经验，批判地继承古代教学原则遗产的基础上，根据社会主义学校的教学目的和马克思主义教学论所揭示的教学过程的客观规律，提出了以下一些中小学一般教学原则：

——科学性与思想性统一原则。

——理论联系实际原则。

——教师主导作用与学生主动性结合原则。

——传授知识与发展智力统一原则。

——系统性原则。

——直观性原则。

——巩固性原则。

——量力性原则。

——统一要求与因材施教结合原则，等等。

学科教学原则是对单独学科教学活动提出的基本要求和基本原理，是教师进行该学科教学时所应遵循的准则，是将一般教学原则与单独学科特定的教学目的、特殊的教学规律相结合而制定出来的。因此其适用范围只限于指导某一学科的教学活动。这种指导具体而直接，是学科教学活动必须遵循的。中学地理教学原则就属于学科教学原则。

（二）中学地理教学原则

中学地理教学原则是根据中学地理教学过程的特点而制定的，它不仅反映中学教学的一般规律而且也反映中学地理教学的特殊规律，是合理有效地进行中学地理教学的基本指导原理。我国地理教育界对于中学地理教学原则的研究方兴未艾，综合起来看有以下原则：

1．套用的一般教学原则有：

——德智体结合的原则。

——形成学习动机的原则。

——理论联系实际的原则。

——实行启发式教学的原则。

——运用直观手段的原则。

——课内外相结合的原则。

2．地理学科特有的原则有：

——阐明人地关系的原则。

——反映地理联系的原则。

——体现区域差异的原则。

——运用地图教学的原则。

——联系乡土地理的原则。

（三）中学地理教学的基本原则

任何学科的教学原则都不宜过多，以免造成教师难以掌握，在教学过程中难以体现的弊病。根据教育科学的发展状况，结合我国地理教学的实际，有些专家提出了中学地理教学的若干基本原则，其中比较成熟的有两个体系：

1. 传统的使用时间较长的基本原则体系：

——以正确的人地关系理论为指导的原则。

——地理原理与地理事实材料统一的原则。

——重视建立地理空间观念的原则。

——充分利用地图的原则。

——广泛应用乡土地理知识的原则。

——课内外相结合的原则。

2. 综合考虑中学地理教学规律、教学特点和地理教学原则的历史性而确定的基本原则体系：

——体现地理教育多功能的原则。

——利用地理内容广泛性和生动性的原则。

——以人地空间关系为主线的原则。

——地理事实与原理并重的原则。

——以综合思维和比较思维为主的原则。

——坚持启发式和用图分析的原则。

这两个基本原则体系是密切联系并有所深化的。其中人地关系和原理与事实并重两个原则是相同的。以综合思维和比较思维为主及坚持启发式和用图分析两个原则是重视地理空间观念和充分利用地图两个原则的深化与提高。体现地理教育多功能及利用地理内容广泛性和生动性两个原则是广泛应用乡土地理知识及课内外相结合两个原则的扩充和发展。广大教师应结合自己的教学实践，在教学过程中应用和检验上述原则。

为了使广大教师更好地学习本课程，我们在本书中重点讨论中学地理教学的四个基本原则，即以人地关系为主线的原则、充分利用地图和其它地理直观教具的原则、广泛应用乡土地理知识的原则及课内教学和课外教学相结合的原则。

二、中学地理教学原则的重要作用

中学地理教学原则是对中学地理学科教学的各方面、各要素和各环节都有指导和调控作用的法则。制定中学地理教学大纲和编写中学地理教科书要以中学地理教学原则为理论依据，组织中学地理课的教学内容和进行中学地理课堂教学设计要遵循中学地理教学原则的基本要求，检查中学地理教学效果和评价中学地理教学质量也要以中学地理教学原则为主要标准。

（一）制定中学地理教学大纲和编写中学地理教科书的理论依据

中学地理教学大纲要阐明中学地理教学基本原则，对如何贯彻这些基本原则做出明确的规定。例如《九年义务教育全日制初级中学地理教学大纲(试用)》以上述四个教学原则为基础，明确提出了要在教学、编写教材、教学评价和成绩考查中注意地理知识传授、能力培养和思想品德教育三者的统一，加强直观教学，积极开展地理实践活动，并对学生在学习地理知识、发展认知能力和提高思想政治品德等方面所应达到的基本标准做出了具体的规定，特别要求教师要有计划、有步骤地指导学生阅读地图，掌握运用地图解释地理问题的一些方法，使学生养成读图和用图的习惯，形成空间观念，培养学生在地图上独立获取新的地理知识的能力。

中学地理教科书的编写，也要在内容选取、体系安排、栏目设置及文字和图像的表述方式上全面体现中学地理教学的基本原则。例如，各种版本的九年义务初中地理教材与原统编教材相比都有了明显的改进。各套教材都加强了思想政治品德方面的内容，有的教材还系统介绍了著名的中国地理学家和我国古今在地理科学方面所取得的重大成就；各套教材都着力设计了有关学生读图和用图的指导和训练，北京教材还尝试将课本与地图册合为一本，增设了“地理图像知识”的系列内容；各套教材都在课文和插图之外，设置了“读一读”、“想一想”、“做一做”或“读图”、“阅读”、“思考与练习”等栏目；各套教材都注意以人地关系为主线来组织教学内容，尤其是在区域地理内容方面，改变了传统的明显分为自然地理和人文地理两大部分，先自然后人文按要素或部门一一罗列的表述方式，突出了从人类活动的角度对地理环境开发利用的研究与评价。

（二）设计和完成中学地理教学过程的基本要求

教师对中学地理教学过程的设计，以及对这一过程的实施、调控以至顺利完成，都必须遵循中学地理教学原则，按照这些原则的要求，对教学目的、教学任务、教学内容、教学形式、教学方法和教学手段加以统筹安排。这样才能够使中学地理教学过程科学而有效，使中学地理教学改革向纵深发展。例如，遵循体现地理教育多功能的原则，教师就可以明确中学地理教学有着传授地理基础知识和基本技能、开发智力和培养能力、进行思想政治品德教育三种功能，每一阶段、每一单元及每一节课都必须确定这三方面的教学目的，组织这三方面的教学内容，全面完成这三方面的教学任务，克服单纯传授知识的观点，改变在一部分教师中还存在的对地理教育多种功能缺乏统筹考虑的现象；遵循以人地空间关系为主线的原则，教师就可以引导学生从人类生存发展的角度研究考察地理环境，对地理环境的优势和不利条件做出全面评价，逐步形成科学的人地观、资源观和环境观，进而形成全球观念和地理价值观念，避免简单记忆地理事实和地理概念，改变中学地理教学中还比较严重的死记硬背的现象；遵循坚持启发式和用图分析的原则，教师就可以明确启发式是教学原则而不仅仅是一种教学方法，在教学过程中注意学生的主体地位，强化地图教学，运用地图传授地理基础知识，训练地理基本技能，培养学生的形象思维和抽象思维能力，进行思想政治品德教育，纠正注入式的“满堂灌”的教学方式，改变重课本文字轻地理图像的倾向；遵循地理事实与原理并重的原则，教师就可以充分利用多种多样的地理事实来说明地理规律和地理原理，注意使学生加强对各类地理事物不同特征的感知，在具备充足的感性知识的基础上再进行记忆和理解，及时使感性知识上升为理性知识，同时注意以科学理论为指导来认识地理事物和地理现象，克服只注重事实记忆不重视原理分析的有“地”无“理”或者只注重概念和原理的讲解而忽视对地理事实和地理现象进行充分感知的有“理”无“地”两种错误倾向；遵循以综合思维和比较思维为主的原则，教师就可以更好地体现中学地理教学所具有的综合性和区域差异性的特点，着重培养学生运用分析-综合和比较-归类的思维方法认识地理事物的特征、规律、成因及原理，发挥中学地理教学在培养学生思维能力方面的优势；遵循地理内容广泛性和生动性的原则，教师就可以根据地理知识所具有的广泛联系性的特点，运用乡土的、中国的、世界的、课内的、课外的以及相关学科的知识来完成中学地理教学任务，充分调动学生的学习积极性，引起他们对地理课程的学习兴趣，激发其学习动机，增强学生的实际活动机会，改变一部分地理课枯燥乏味的状况。

（三）检测和评价中学地理教学的主要标准

随着教育科学的发展，对于教学效果和教学质量的评价都不再限于只看学生的考试成绩，而是直接考察教学过程的科学性，按照一定的指标对教学过程的整体以及教学过程的各个因素和各个方面给予评判。相当一部分学校试行用分项量化指标组成的教学评价方案来检测和评价学科教学。例如，北京市就统一制定了中小学各个学科的课堂教学评价方案。从各地制定的中学地理教学评价方案可以看出，中学地理教学原则是检测和评价中学地理教学的主要标准，突出表现在各评价方案都要求中学地理教学必须完整体现中学地理教学的三项功能，教学目的必须包括知识、技能、能力和德育各个方面，教学内容必须以人地关系为主线，教学方法和手段必须优先考虑地图的运用，教学过程必须符合学生的认知规律，必须有充分的学生活动，课堂气氛要活跃，学生要有浓厚的兴趣等等。以中学地理教学原则为主要标准的教学评价方案的试行，又有利于中学地理教学原则的深入贯彻，二者相辅相成，互相促进。

三、中学地理教学原则产生的依据

（一）中学地理教学原则的产生

中学地理教学原则必须正确反映中学地理教学的客观规律，切实起到宏观指导和调控作用。因此其产生绝不是人们主观臆想出来的，而是受多种因素制约，经长期教学实践，从客观实际中总结归纳出来的。一般来说，中学地理教学原则产生的基础是中学地理教学的特点和规律以及教学实践。此外，它既是中学地理教学自身的产物，又必须符合一般教学原则。因此原则产生以后，还需经过教学实践的进一步检验才能确立。

（二）中学地理教学原则产生的主要依据

1．中学地理教学的特点和客观规律　教学原则是对教学过程的本质特征和教学的基本规律的概括与总结，是客观规律见之于主观认识的产物。因此，教学原则必须符合教学特点和教学规律，中学地理教学原则当然必须符合中学地理教学的特点和规律。从以上叙述可以看出，中学地理教学的基本特点，如地理知识的广泛联系性、地理知识及认识方法的综合性、地理事物的区域差异性及比较法的重要性和中学地理教学对地图的依赖性等，在中学地理教学原则中都有所反映。根据各国各地区中学地理教学的不同特点，中学地理教学原则也存在着很大的差异。例如，大量采用个别教学、现场教学和计算机辅助教学，虽然符合地理教学规律，在国外也相应地被作为教学原则，但在我国还无法普遍推行，就不如强调启发式教学原则和充分利用地图的原则更有现实意义。

2．中学地理学科的教学实际　中学地理教学原则必须立足于地理性。简单地在一般教学原则之前加上“地理”二字，并不能成为地理教学原则。在中学地理教学中，应该灵活地运用一般教学原则，而不能简单套用一般教学原则。只有那些经过中学地理教学实际检验的，确属地理学科特色的理论与规律，才能提炼成中学地理教学原则。例如，使学生建立地理空间观念是地理学科的特有任务，感性知识在学生认知过程中的重要性是比数学、物理等学科更为明显的，在中学地理教学原则中都应有所体现。

结合地理学科的实际，还意味着要区别地理教学和地理科学的不同要求。例如，地理科学强调理论方面的高度与深度，地理教学则要求充分考虑学生的年龄特征，地理科学要使用精确的地图和各种科学研究方法，地理教学则主要运用概略的教学地图和训练基本技能等。

3．一般的教学原则　中学地理教学原则应该正确反映一般教学原则的科学原理。例如，体现地理教育多功能的原则就是科学性和思想性统一原则及传授知识和发展智力统一原则的具体化，以人地关系为主线的原则就是系统性原则和科学性原则的具体化，地理事实与原理并重的原则就是理论联系实际原则的具体化，坚持启发式和用图分析的原则就是启发式原则和直观性原则的衍化。

（三）正确认识中学地理教学基本原则

如何正确认识中学地理教学原则，是教师必须予以足够重视的问题。为此，试以前述中学地理教学基本原则体系之二为例，对有关的中学地理教学基本原则作一阐述。

1．体现地理教育多功能的原则　针对中学地理教育功能的全面性和多样性而提出，反映中学地理教育内容包括丰富的知识教育、智能教育、德育和美育因素。这些因素相互紧密结合，不仅利于学生掌握地理基础知识，而且利于学生训练基本技能，发展能力和提高思想政治品德。地理教育又有明显的特点，例如可以使学生了解中国的地理国情，接受人口教育和环境教育，知道有关资源和环境的法律常识。总之，地理知识非常广博，地理认知过程涉及各种智力因素，地理教育密切联系实际，德育和美育内容十分丰富，具有德、智、体全面教育的功能。

2. 利用地理内容广泛性和生动性的原则　针对中学地理教学内容的广泛性和生动性而提出，反映中学地理基础知识极其广泛，贴近学生生活实际，有利于综合运用多种学科知识，容易引起学生的好奇心。在中学地理教学中，可以恰当运用地理趣闻引起学生的兴趣，激发学生的学习动机。地理信息的传播媒介众多，学生不仅可以通过地理课学习地理，还能够通过课外多种渠道获得地理知识，满足学生的求知欲。因此，尽管地理课的作用未得到应有的重视，但是广大学生仍然喜欢学习地理课程。教师应提高自身的素质，善于利用地理学科固有的趣味性，吸引学生上好地理课，但要防止庸俗化和猎奇。

3. 以人地空间关系为主线的原则　针对地理研究方向的人地空间相关性而提出，反映中学地理学科从空间角度研究人地关系的特殊功能。空间（环境-区域）观念仍然是现代地理学的核心，其中空间位置、空间分布和空间关系是对地理知识起组织作用的基本观念，人地关系、区域观念和生态环境等都属于空间观念组织系统中的基本概念。地理学科的确立和发展，必须以空间观念为基础，才能保持独立地位。在传统的中学地理教学中，曾经有过区域地理不讲人地关系，自然地理很少涉及人的活动，经济地理不分析自然条件等倾向，都是有违这一原则的。以人地关系为主线，就要以科学的人地观为指导，不仅揭示人地相关作用，而且指出人类能够协调人地关系，并且随着历史的发展增长这种协调能力。要全面理解和贯彻这一原则，既要突出人地关系又不能忽视空间分布，海内外一些地方受形式主义教育观的影响，地理考试题目不考真实区域只考模拟区域的方式是不可取的。

4．地理事实与原理并重的原则　针对地理事实材料的实用性和浩繁性而提出，反映中学地理教学内容包括大量的事实材料，这些事实材料需要学生直接加以识记。地理学科的这一特点，不同于数学、物理学科只要理解和记忆一些基本概念、定理和法则，就可以灵活地进行演绎练习，举一反三。在演绎地理原理时，必须注意区域差异，坚持具体问题具体分析，类比推理也要注意取例是否真实。利用知识结构有效迁移地理知识时，要分清矛盾的主次，突出区域特征。列举众多的地理事实往往令人生厌，进行比较和归类，分析其成因则会使人烦中生趣。在学习地理区域知识之前，使学生掌握一定的基础性理论是学好地理的重要条件。由于区域差异的存在，如果不以地理事实为解决问题的基础，空谈地理原理仍然是没有用处的。事实与原理并重，还要求理论联系各方面的实际，同时借重其它学科知识解释地理现象。

5．以综合思维和比较思维为主的原则　针对地理事物和地理现象的广泛联系性和区域性而提出的，反映中学地理教学过程中学生思维能力的培养要以综合思维和比较思维为主。对地理事物和地理现象的综合分析，是针对地理空间要素和地理环境因素的，是在特定的区域范围内进行的，这是与其它学科的综合分析不同之处。地理学习中的综合分析十分复杂，要充分考虑多种条件。例如，地形是影响气候的因素之一，考虑地形对气候的影响时，既要考虑海拔与气温的关系又要考虑海拔与降水的关系。在对地理事物和地理现象进行分析综合时，尤其要注意主导因素，注意主导因素所造成的质和量的不同。对地理事物和地理现象的比较，主要是综合性区域比较，并非只是单因素的比较。横向的比较是建立在纵向分析综合基础上的，分析综合又赖于通过比较找出主导因素。地理学习中的观察、想象、记忆、判断和推理都要在分析综合与比较的共同基础上才能进行。

6．坚持“启发式”和用图分析的原则　针对中学地理教学内容表述形式的图文结合性而提出的，反映中学地理教学易于使学生“发现”知识的特点和地图在教学中的重要地位。启发式是教学原则而不是教学方法，许多教师对此有所误解。在选择教学方法时，都要考虑方法的启发性，贯彻启发式原则。启发式教学，是教师使学生随教学过程的深入，不断进行思考，不断加深理解的过程。在中学地理教学中强调启发式教学有以下原因：

（1）事实材料众多，注入式教学势必使学生感到枯燥难记，需要让学生自己去“发现”。

（2）有些地理原理，特别是一些人文地理原理，仅凭课本文字，或一看就懂，实际并未理解，或很难看懂，无法理解，这都需要学生深层次的思考。

（3）根据我国中学地理教学的实际，还不能实行国外的个别化教学和活动化教学，故仍以提倡启发式教学为宜。

在中学地理教学中，启发式教学以谈话法为主，同时运用地图进行启发。地图是地理教学的主要工具和地理知识的重要来源。用图来传递地理教学信息，比用文字更直观。所谓用图，指的是分析地图和进行地图作业。用图不仅是只用图示，还要将地理图像和课本文字结合起来，反复进行图文转换。

第二节 中学地理教学的基本原则

一、以人地关系为主线的原则

（一）原则的提出和适应范围

该原则是根据科学性和思想性统一的一般教学原则，为体现人地关系这一地理科学的基础理论及其对中学地理教学的指导意义，反映辩证唯物主义的人地观而提出的。这个原则适应于教学指导思想的确立、教学目的的确定、教学内容的选择、教材的编写和教学过程的设计。

（二）人地关系理论对中学地理教学的重大指导功能

人地关系理论是地理科学的基础理论。这一理论不仅影响着地理科学的发展，而且对中学地理教学也有直接的指导作用，是中学地理教学思想和教学观念的核心部分。例如，对“地理环境决定论”的错误评价和过分宣传，“人定胜天”观点，都曾对中学地理教学产生过不良影响。只是在确定了辩证唯物主义的人地关系理论在我国中学地理教学中的指导地位以后，中学地理教育和教学才进入了新的发展时期。

辩证唯物主义的人地关系理论系统阐明了以下观点：

1．人和地理环境都是由物质组成的，是客观世界发展到一定阶段的产物。它们的发展规律和相互关系都是可以为人类所认识的。

2．人和环境之间的关系既是对立的又是统一的。人类和环境有着各自不同的发展规律，存在明显差异，但是人类必须在环境中生存、繁衍和发展，与环境紧密联系，无法分割。

3．人类从环境中获得必要的生存空间、物质和能量，又向环境排放废弃物质。

4．随着人口的增多和人类活动范围的扩大，人类对环境的影响和改造能力越来越大。这些影响不全是对人类有利的，而且许多是有害的。

5．环境的变化既满足了人类生存的需要，又因其恶化而威胁着人类的发展。这种威胁日益严重，已经引起了人类的普遍关注。

6．为了人类的持续发展，必须深刻了解人类和环境的发展规律及人地关系，促进人类与环境的和谐发展。

上述观点直接影响着中学地理教学的目的、任务、内容和方法。从目的和任务方面看，根据人地关系理论，不仅要使学生认识地理环境的特征，而且要使学生认识人类和地理环境的关系，形成全球意识和环境价值观念，提高适应、保护和改造环境的自觉性与能力。从内容方面看，地理基础知识、基本技能、智能和德育因素的选择与安排，都应纳入以人地关系为基本线索的教学体系之中。从教学方法和教学形式方面看，必须相应地改革单纯传授知识的死记硬背，应重视智能的培养，活跃思维，加强实践，采用灵活多样的教学形式。人地关系理论对于中学地理教学的影响是极其深刻的，带有根本性和全局性的意义。

（三）以人地关系为主线原则的主要意义

1．促进了教学观念的转变　中学地理教学改革从根本上说是教学观念的转变，只有转变教学观念才能全面落实各项教学任务，才能确定最科学最符合社会需要和学生特征的教学内容，才能整体优化教学过程。在当前的变革时期，中学地理教学改革的关键就是树立以人地关系为主线的教学指导观念，在教学内容、教学过程、教学方法和教学手段的设计和运用时，都要突出从人类生存和发展的角度对环境特征的分析和评价。

2．改变了教材的编排体系　传统的中学地理教材是要素和部门罗列式的，即所谓的“地理八股”。新编的各版初中教材都注意了以人地关系为主线，改革了教材体系和体例，具有便教利学，有利于更新观念，提高认识，使地理环境的演变被更好地理解，接受地理科学的最新成果的特点。例如，对于日本、新加坡等国教学内容的编排，改变了以往先自然后经济，位置、地形、气候、生物、工农业、交通运输、城市、首都一一罗列的体系，突出了人类对地理环境的认识和利用，着重说明了如何利用地理优势和克服资源不足的困难，使经济和社会迅速发展的原因，及从中吸取的经验教训。

3．丰富了德育内容　突出人地关系的科学理论，丰富了中学地理教学的德育和美育内容。例如，对于学生正确思想观点的树立，不再是笼统地提辩证唯物主义观点的全面灌输，而以科学的人地观、人口观、环境观和资源观为核心，强调全球意识和地理价值观的形成，从人地关系角度来认识自然和社会。这又有利于学生对自然美和社会美的体验，对人地和谐美的理解，从而大大增强了中学地理教学的美育价值。

（四）原则的贯彻

《九年义务教育全日制初级中学地理教学大纲（试用）》明确指出：确定教学内容要以环境-资源-人类活动为线索，正确阐明人地关系。要使学生懂得协调人类发展与环境的关系，初步树立正确的资源观、环境观和人口观。在教材编写和实际教学中，广大地理教师和地理教育工作者必须落实这些要求。

教师要以人地关系为主线的原则制定教学目的，确定教学任务，分析教材和组织教学内容，设计和实施教学过程，通过不断的实践落实这一教学原则。

二、经常运用地图及其它地理直观教具的原则

（一）原则的提出和适应范围

经常运用地图及其它地理直观教具的原则是直观性的一般教学原则在地理教学中的运用，是为了加强对学生认知能力和解决实际问题能力的培养，考虑到地图和其它地理直观教具是地理认识活动和地理实践活动不可缺少的手段而提出的。这个原则适应于选择中学地理教学内容，编写中学地理教材，确定教学方法，组合和运用教学媒体，优化教学过程等方面。

（二）地图和其它地理直观教具的主要功能

1．进行地理学习的主要工具　各种地图（包括转化为投影片的地图、示意图、景观图和地理图表）和其它地理直观教具都有明显的直观特点，能够帮助学生在课堂内感知宏大的地理环境中的复杂地理事物、地理现象、地理景观和地理演变过程，解决地理事物、地理现象和地理演变所具有的空间方位广，时间跨度大，难以直接感知的困难，是现阶段中学地理教学最主要的教学用具。

2．获取地理知识的重要源泉　各种地图和地理直观教具能

够表示地理分布规律，解释地理特征及其成因，阐明地理原理，使学生感知的地理感性认识上升为理性知识。地图本身就是一种经过抽象化的特殊形象，几乎可以图解各种地理理性知识。因此，要想全面掌握地理知识，必须依赖各种地图和直观教具，这已被实践所检验。

3．开发学生各种智力因素和培养学生多方面能力的基本手段　地图和地理直观教具是地理教学最基本的手段，地图更是传递地理教学信息的最有效、最重要的媒体。它们可以促进学生观察力、注意力、想象力、思维力和记忆力的全面开发，综合培养学生的形象思维和抽象思维能力，还可以培养学生运用地图和地理图像解决实际问题的能力。

4．进行地理德育的有效形式　运用地图和其它地理直观教具进行地理德育，具有形象直观的特点，利于克服单纯说教的缺点，可以直接陶冶学生的情感，引导学生的行为，其导向功能比语言文字更为明显。

关于地图和地理直观教具的功能，本书其它章节还要详细论述。

（三）经常运用地图和其它地理直观教具原则的重要意义

1．促进中学地理教材的改革　中学地理教材主要由课文系统、图像系统和作业系统构成。传统的中学地理教材一向以课文叙述为主，图像只起印证作用。为了在教材中真正体现本原则的作用，许多新编教材大大增加了地理图像的容量。新的北京版初中地理教材还试行课本和地图册合一的形式，同时增设“地理图像知识”的系列栏目，将有关地图的教学内容显性化。

2．促进中学地理教学过程更加符合学生的认知规律　受传统教学观念的影响，一些教师在地理教学中仍然以语言和文字为主要的信息传播媒体，只重课文而忽视地图和直观教具的运用，这势必造成照本宣科和“满堂灌”的出现。这样的教学过程完全背离了先充分感知事实再深入分析理解，从感性认识出发经过思维上升为理性认识，最后在理解的基础上加以记忆的认知规律。要想使教学过程符合学生的认知规律，不能离开地图和地理直观教具的运用。

3. 促进中学地理教学过程的整体优化　中学地理教学过程的整体优化是提高中学地理教学质量的根本途径。整体优化就是从教学过程的整体出发，综合考虑教学目标、教学内容、教学方法、教学手段和课堂教学结构的全面改革，并且对教学过程和教学效果做出及时的科学的评价。在中学地理教学过程的整体优化中，教学手段的选择和运用是一个重要方面。此外，以多媒体组合教学为主要内容的教学设计能够促进教学过程的整体优化，这也离不开地图和地理直观教具的选择和运用。

（四）原则的贯彻

《九年义务教育全日制初级中学地理教学大纲（试用）》明确提出：教师要有计划、有步骤地指导学生阅读地图，掌握运用地图解释地理问题的一些方法，使学生养成读图、用图的习惯，形成空间观念，巩固所学的地理知识，培养学生在地图上独立获取新的地理知识的能力。应该尽可能利用图片、模型、标本等直观教具，运用投影、幻灯、录像等电化教学和计算机等现代化教学手段，以加强地理教学的直观性。一些简单的教具，教师可组织学生共同设计、制作，以培养学生的动手能力。对于这些要求，广大教师应予以充分重视。

中学地理教材的内容和形式要有变革，突出地理图像的地位，真正作到图文紧密结合，尽可能用图像说明问题，从根本上落实地图教学。

有关部门应重视地理教学软件的建设，加大对软件建设的投资，及时制作实用的地图、模型、投影片、录像片和计算机软件，给广大地理教师提供方便。

中学地理教师要努力学习地理教育科学理论，转变教学观念，尤其要重视形象思维、教学过程优化和教学设计等理论的研究与应用，结合教学实践，运用这些先进的理论，使地图和地理直观教具的应用更为科学有效。

三、广泛应用乡土地理资料的原则

（一）原则的提出和适应范围

广泛应用乡土地理资料的原则是根据理论联系实际的一般教学原则，为了适应普通中学地理要为当地建设培养人才的需要，考虑到乡土地理知识是学生能够直接获得的地理知识，家乡的地理环境是学生易于直接观察的地理环境而提出的。这个原则主要适应于教学内容的选择、教学方法的选择和实施、以及教学形式的确定。

（二）乡土地理资料的多种功能

乡土地理资料除了是区域地理知识的重要组成部分，还具有以下功能：

1．强烈的德育功能　爱国主义教育是中学德育最重要的内容，学生对祖国的热爱往往是从深刻认识自己的家乡开始的。人们对自己的家乡总有一种质朴的热爱之情，这几乎是各个民族都具有的心理特征。对家乡和祖国的热爱之情经过引导和教育，可以升华为民族的凝聚力、自豪感和责任心。通过乡土地理资料的学习，能够使学生亲身感受家乡的地理环境特点，了解家乡的现状、变革和未来，激发学生为建设家乡和建设祖国而贡献力量的热情和决心。通过乡土地理资料的学习，学生还可以进一步认识我国国情，接受现实的政策法规教育。

2．提供丰富的智能因素　地理知识具有空间上的广阔性、时间上的无限性和内容的综合性等特点，这些与学生实践的局限性、学习方式的封闭性和知识基础的有限性形成尖锐矛盾。广泛应用乡土地理资料，能够在一定程度上解决这些矛盾。乡土地理资料可以将抽象的地理概念、地理规律和地理原理与身边的地理事物和现象结合起来，有利于学生对知识的理解。乡土地理教学还为学生创造了理论与实践相结合的机会，有利于将知识转化为技能和能力。乡土地理的实践活动尤其有利于学生通过解决社会实际问题，提高创造性能力。

3．有利于学生心理品质的全面发展　学生在学习过程中，除了存在着智力因素的差异外，还表现出兴趣爱好、情感意志和态度气质等方面的差别。这些智力因素以外的心理品质同样影响着学生的发展，需要加以培养，即一般所说的非智力因素的培养。学生心理品质的全面发展直接影响着学习效果，一般所说的非智力因素的有效开发，可以在很大程度上弥补智力因素的不足。

乡土地理资料直接取自大自然和社会，与学生生活有着直接的关系，能够有效地激发学生的学习欲望，引起他们的学习兴趣和爱好，进而体验到地理知识的价值。通过学生的实践活动，使学生主动获得乡土地理资料，对于学生情感意志的培养，严谨学风的形成，科学态度的树立都是很有实效的意义。通过乡土地理教学实践，学生的心理品质能够得到全面的发展。

4．加强地理美育　乡土地理资料可以使学生通过地理环境的真实形象，直接感受自然美和社会美，是最为生动具体的美育过程。乡土地理资料的美育价值，不仅在于名山大川的风光美，更在于普普通通的山野家乡之美，即苏霍姆林斯基所说的："尽力要使每个学生……到那些无名的、偏僻的角落，因为正是这些东西的独特美构成了祖国之美。"乡土的自然美可以有效地熏陶和感染学生的审美情趣。乡土的社会美又包括了人格美、行为美、生活美和劳动美等多方面内容，同样是一个潜移默化的美育过程。

（三）广泛应用乡土地理资料原则的重要意义

1．反映了教育观念的转变　基础教育的根本目的是使大多数学生成为具有良好素质的全面发展的合格人才，其中大部分学生要直接参加家乡和祖国的社会主义建设，只有一小部分进入高一级学校学习。因此，基础教育是素质教育而不是"应试"教育。

广泛应用乡土地理资料进行教学，最直接地体现了地理学科为社会主义建设服务的方向，能够促进学生热爱家乡，热爱祖国，立志投身于家乡建设，以报效祖国，振兴中华；同时又为大多数学生特别是农村学生参加家乡建设提供了一定的知识和技能。

2．反映了教学观念的转变　由于中学地理教学的主要形式仍然是课堂教学，因而教学环境比较封闭，学生掌握地理知识过多地依赖于死记硬背。这就使得地理学科的特点难以充分体现，地理教学过程难以最大限度地符合学生的认知规律，在很大程度上抑制了学生的学习积极性。

乡土地理资料密切联系实际，乡土地理教学突出了学生的实践活动。这都为学生将理论联系实际创造了有利条件，使学生能够有机会发挥自己的才能，发展自己的兴趣爱好，培养良好的个性。通过乡土地理教学，还能够促进教学形式和教学方法的改革，尝试开放式的地理教学。

3．反映了人才观念的转变　广泛应用乡土地理资料进行教学，有利于学生充分表现自己的知识和能力水平，发挥自己的个性和特长。乡土地理教学的实践活动又有利于学生情感、意志、态度等心理品质的锻炼。通过乡土地理教学活动，教师可以从知识、能力、品德、个性品质等方面全面培养和评价学生，改变以分数衡量人才质量的错误做法。

（四）原则的贯彻

《九年义务教育全日制初级中学地理教学大纲（试用）》对于乡土地理教学有着明确规定：初中地理教学要使学生获得乡土地理基础知识，乡土地理是中国地理教学内容的组成部分，乡土地理教学有明确的教学时数并列入教学计划，乡土地理主要讲述本县（市）地理，教学内容应密切联系乡土实际，注重实践活动。对于这些规定，各级教育行政部门、各学校领导和广大地理教师都应不折不扣地执行，使乡土地理教学落在实处。

在整个中学地理教学中，教师应注意随时联系乡土地理知识，尽可能地利用乡土地理资料来说明问题，帮助学生加深感知，加强理解，通过身边的实例了解理性知识的内含，又能够将所学的知识运用于实践。

积极改革乡土地理教学方法，尝试以课外教学为主的教学方式，引导学生运用所学到的地理知识和技能进行乡土地理考察和调查，组织学生开展以乡土地理为内容的地理课外活动，直接获取乡土地理资料。

四、地理课内教学和课外教学相结合的原则

（一）原则的提出和适应范围

地理课内教学和课外教学相结合的原则是根据理论与实践相结合及因材施教的一般教学原则，考虑现代地理教学的重要任务是传授知识、训练技能与智能培养、德育的协调统一，教学形式与教学过程的结构都应适应这一重要任务，同时还要通过地理实践活动激发学生的学习动机和引起学生的学习兴趣而提出的。这个原则适应于组织教学内容，设计和实施教学方法，改革中学地理教学过程的结构。

（二）地理课外教学和课外活动的主要功能

中学地理课外教学是为了完成教学大纲所规定的教学任务，在课堂以外进行的教学活动，是中学地理教学的一种重要形式。中学地理课外活动是学生在教师的指导下进行的地理实践活动，是一种特殊形式的地理教育教学活动。

中学地理课外教学和课外活动有以下主要功能：

1．拓宽知识和发展智力　通过课外教学和课外活动，可以使学生巩固在课堂学到的知识和技能，进一步扩大学生的知识领域，满足学生对课本以外知识的追求，同时帮助学生直接感知地理事物，形成真切的地理表象，从而为科学的认知奠定基础，有

利于智能的培养。

2．激发兴趣和提高道德认识　课外教学和课外活动突破了课堂的局限性和封闭性，教学形式活泼，教学活动多种多样，能够满足学生的好动心理和参与意识，利于发展学生的个性和特长，因而能够激发学生对地理科学的浓厚兴趣。通过各种实践活动，学生可以直接感受地理环境和人类社会中的美好事象，陶冶热爱家乡、热爱祖国的高尚情操，提高思想道德品质。

3．因材施教和培养人才　通过课外教学和课外活动，可以重点培养一些热爱地理，立志投身于地理事业的学生，帮助他们掌握更多的地理知识，成为有用的地理人才。地理课外教学和课外活动多为群体活动，有利于师生之间和学生之间的合作与交流，培养学生的交往能力和合作精神。地理实践活动需要学生自行完成一定的任务，解决一定的实际问题，可以锻炼学生的意志和毅力，体会到自身的价值，逐步形成健康的独立的人格。这些都有利于学生素质的完善和提高。

（三）地理课内教学和课外教学相结合原则的重要意义

1．有利于地理课程的延伸和拓展　地理课堂教学（包括必修课和选修课）、地理课外教学和地理课外活动构成了地理课程的完整体系。现代教育科学认为，课程不应局限在教室之内，其内容已向书本之外拓展，其活动场所已向教室之外延伸。地理课外教学和地理课外活动都有别于“师讲生听”的课堂教学，其基本特征是一“活”二“动”。“活”就是气氛活跃，知识活泼，方法灵活；“动”就是学生活动多，要动眼、动嘴、动手和动腿，进行各种实践操作。这类活动型的课程有利于地理教育的整体改革。

2．有利于课内外两个学习领域的知识相互促进和相互迁移　通过课外教学和课外活动，学生可以丰富和完善课内学到的知识；通过课堂教学，学生又可以在课堂上加深对课外知识的理解。例如，学生在课堂上学习了城市气候的“热岛效应”以后，就可以实地观测城区的气温和郊区的气温变化，通过亲自比较，真正领会“热岛效应”的含义。又如，学生一般都知道南极洲是世界最冷的地方，但不了解其原因，通过课堂教学就可以明白其中的道理。

（四）原则的贯彻

《九年义务教育全日制初级中学地理教学大纲（试用）》明确要求：教师应根据地理学科特点，积极组织学生开展地理活动，一是与地理课堂教学内容有关的、全班学生都应参加的野外观察、地理调查或参观活动，这部分活动应由教师制订计划，学校统一安排，每学期应不少于一次；二是根据条件和学生的爱好，组织他们阅读地理课外读物，观看地理影片和地理电视节目，制作教具，举行地理晚会或专题讨论会，开展地理知识竞赛活动，进行天象观察、气象观测、地震预报、环境监测等活动。各级教育行政部门、各学校领导和广大地理教师应统筹安排，予以落实。

采用集中和分散相结合的方式，组织学生进行地理观察和地理调查。地理观察可以地形和地质观察、气候要素观察、天象观察为主。地理调查应以居民点调查、工矿企业调查、农村调查、环境状况调查为主。

结合乡土地理教学，综合描述乡土自然景观，记录河流水情，收听天气预报，了解乡土资源、人口、土地、生态环境的状况，宣传有关计划生育、保护资源、保护环境的政策法规等等，明确为建设家乡贡献力量的途径。

在课堂教学设计中要确定与地理课外教学和课外活动相呼应的教学内容，在地理课外教学和课外活动中也要确定与课堂教学相呼应的活动内容。围绕学生的兴趣，知识的重点和难点，以及学生学习中的薄弱环节来协调两方面的安排。

思考与练习

1. 中学地理教学原则的产生依据和重要作用是什么?
2. 中学地理教学的基本原则有哪些，在教学中如何贯彻?

实 习 作 业

谈谈你对中学地理教学原则的理解和认识。

第四章　中学地理教学大纲和教材

本章重点　中学地理教材分析的方法，初中地理教材分析。

第一节　中学地理教学大纲

一、中学地理教学大纲的性质与作用

（一）中学地理教学大纲的性质

教学大纲由国家制定，反映国家在一定时期对学科教学的统一要求。中学地理教学大纲是根据中学课程计划所规定的中学地理课程的目的、任务而编写的教学指导文件。它以纲要的形式具体规定了中学地理课程的体系、结构、基础知识和基本技能，规定了教学中能力培养、思想政治及品德教育的范围、深度，同时规定了教学的一般进度和对教学方法的基本要求。中学地理教学大纲是国家根据不同时期社会经济发展的需要、地理科学与教育科学发展水平而制定的，因此有时间性，是不断发展变化的，需要不断地进行修订。

新中国成立以来，国家先后颁布、修订了若干次中学教学大纲，中学地理课程安排也不断变化。

1956年教育部颁发《中学地理教学大纲》（草案），1957年修改后正式实行。这个大纲主要是学习苏联的教育体系和地理内容结构，规定高初中共开设5门地理课程：初一自然地理、初二世界地理、初三中国地理、高一外国经济地理和高二中国经济地理。全国文科高考招生，必须考中外经济地理。这个大纲明确指出：中学地理教学任务，是要把一定范围的地理知识教给学生，并且使他们获得一些实际的技能和熟练技巧，帮助他们形成辩证唯物

主义的世界观，使他们受到爱国主义和国际主义的教育，能以无限忠诚献身于伟大祖国的社会主义建设事业，献身于保卫世界和平事业。

1963年教育部颁发《全日制中学地理教学大纲》（草案）。这个大纲规定初一开设中国地理，每周三课时，高中一年级开设世界地理，每周三课时。这个大纲还将原来初中自然地理部分内容放到中国地理准备知识中，同时加强了乡土地理的要求。高中世界地理要求比较系统地了解地球和宇宙、地球的运动、地球内部构造和地表形态、大气和气候、植被和土壤、人类和地理环境内容。

1978年，教育部颁发《全日制十年制学校中学地理教学大纲》(试行草案)。这个大纲规定：初中一年级开设中国地理，初中二年级开设世界地理，高中不设地理课。1987年，国家教委颁发《全日制中学地理教学大纲》。这个大纲规定：初中地理以区域地理为主，着重讲空间分布和区域差异，高中地理以系统地理为主，着重讲地理环境的基本理论和规律，以及当前人地关系方面出现的问题和解决这些问题的途径。

1988年，国家教委颁发《九年制义务教育全日制初级中学地理教学大纲》(初审稿)。这个大纲保留了1987年大纲的有益部分，又有不少改革和创新。1992年国家教委审查通过了《九年义务教育全日制初级中学地理教学大纲》(试用)（以下简称“义务大纲”)。高中地理课程目前仍使用1990年国家教委颁发的《全日制中学地理教学大纲》(修订本)。

（二）中学地理教学大纲的作用

教学大纲由“说明”和“本文”两部分组成。前者说明了本学科的教学目的、要求、教学内容的确定原则、教学内容的安排、教学中应注意的问题等等。后者系统安排本学科的知识体系、教学内容和教学要求。“义务大纲”还对初中地理教学基本设备和教学用图作了说明。

中学地理教学大纲的作用有如下几点：

1. 加强中学地理教学的计划性和统一性　中学地理教学大纲是国家颁布的具有强制性的指导文件。国家通过中学地理教学大纲，对中学地理教学内容和要求作了具体的规定，以保证全国范围内地理教学水平的基本统一，保证教学质量。

2. 中学地理教学大纲是编写中学地理教材的依据　中学地理教学大纲规定了中学地理课的具体教学内容、内容安排、教学要求、教学进度。教学大纲的各项要求在很大程度上是通过教科书（教材的主体）来体现的。因此应根据教学大纲对编写教材的要求和每一知识点的教学要求来编选教材。

3. 中学地理教学大纲是教师进行教学的依据　中学地理教学大纲的“说明”部分明确了教学内容的确定和安排、教学中应注意的问题，“本文”部分具体规定了教学内容和教学要求。因此，大纲为教师制定教学计划、安排教学内容、确定教学目标、设计教学方法提供了基本依据。认真学习和钻研大纲，是教师进行中学地理教学的基础。

4. 中学地理教学大纲是教学评价的依据　根据中学地理教学大纲规定的中学地理教学目的、任务、教学具体要求等方面的内容，可以对教师的教学工作作出符合实际情况的评价。

5. 中学地理教学大纲是成绩考核的依据　中学地理教学大纲所规定的教学内容的各项具体要求（必学内容），是学生必须达到的最低标准。高中会考、初中会考、平时的学生成绩测定都要依据这个标准进行。

二、九年义务教育初中地理教学大纲的结构与内容

目前，初中地理教学所使用的《九年义务教育全日制初中地理教学大纲》（试用），是由国家教委根据九年义务教育初级中学课程计划的要求制定的，是初中地理教学的具有纲领性的指导文件。

（一）九年义务教育全日制初级中学地理教学大纲的结构

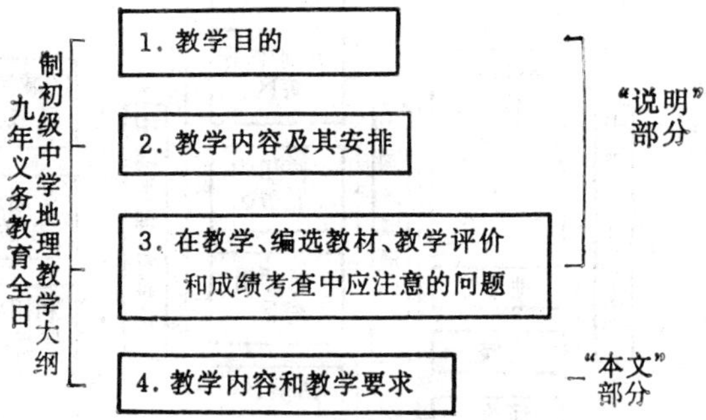

图4-1

“义务大纲”的“说明”部分规定了初中地理学科的教学目的和任务，对初中地理教材的编选、地理教学原则和教学方法提出了基本要求。“本文”部分对初中地理教学内容、知识体系作了具体安排，对各教学内容要点的知识教学、基本技能训练和能力培养以及思想教育提出了明确而具体的要求。

（二）九年义务教育全日制初级中学地理教学大纲的内容

“义务大纲”和原大纲相比，在内容上更全面、更完善，要求上更具体。下面仅叙述“教学内容和教学要求”中有关教学内容、知识体系安排、教学要求上的变化。

图 4-2 、图 4-3 是原大纲初一、初二地理知识体系和结构

图 4-4 、图 4-5 是“义务大纲”初一、初二地理知识体系和结构

从图中可以看出，“义务大纲”与原大纲相比，在教学内容及体系安排上有较大变化，主要体现在：

1. 精减多、难、深的教学内容，体现素质教育的要求　“义务大纲”减少了区域地理知识内容。世界地理出现的地名由原来的 448 个减少到现在要求学生记住的 288 个。中国地理部分由原来 8 个区精简综合为 4 个区。这就减轻了学生负担，体现了素质

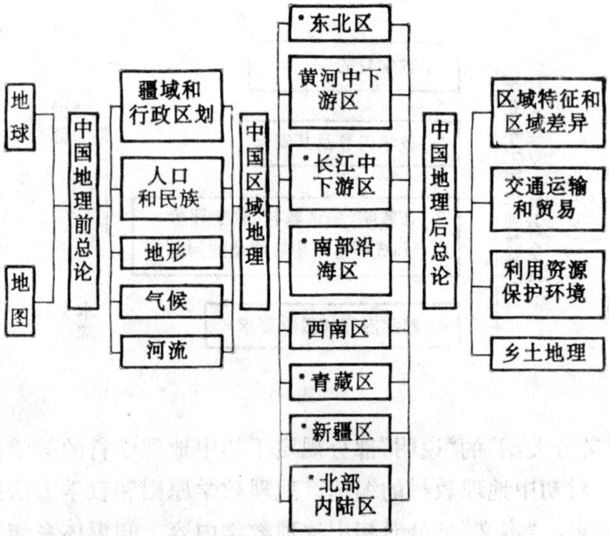

图4-2 原大纲初一地理知识结构（*为选学内容）

教育的要求。

2．减少知识结构层次，更新教学内容，适应改革开放的需要 按“义务大纲”要求，区域地理减少了结构层次，主要体现在：世界地理的知识结构由四个层次改为三个层次。原大纲世界地理部分包含四个层次，即世界地理概况、各大洲地理概况、洲内各地区地理概况、主要国家地理概况。“义务大纲”改为三个层次，即世界地理概况、13个大区、主要国家地理特征。这种划分方法表面上看减少了层次，避免了不必要的重复，减少了区域地理知识量，更重要的是原大纲区域划分是以自然地理内容为基础划分的，“义务大纲”13个大区是根据自然地理和人文地理两方面特点综合考虑划分的，且侧重于人文地理特点。另外，区域地理增加了有关自然资源，中国工业、中国农业、中国商业和旅游业等内容，中国地理区划由原来讲8个区改为讲4个区。这种变化，符合现代地理学的科学思想，符合改革开放的需要，符合义务教育

- 世界地理概况
  - 世界的大洲和大洋
  - 世界的气候
  - 世界的居民和国家
    - 世界区域地理和主要国家地理
      - 亚洲
        - 东亚—日本、朝鲜、蒙古
        - 东南亚—新加坡、印度尼西亚（越南等五国选讲）
        - 南亚—印度（尼泊尔、巴基斯坦选讲）
        - 西亚—伊朗、伊拉克（阿富汗等三国和地区选讲）
      - 大洋洲—大洋洲的国家—澳大利亚（新西兰选讲）
      - 非洲
        - 北部非洲—埃及
        - 西部非洲—尼日利亚
        - 中部非洲—扎伊尔
        - 东部非洲—坦桑尼亚
        - 南部非洲—南非
      - 欧洲
        - 南欧—意大利（罗马尼亚、南斯拉夫选讲）
        - 西欧—英国、法国
        - 北欧—瑞典
        - 中欧—瑞士、德意志联邦共和国、德意志民主共和国
        - 东欧—苏联
      - 北美洲
        - 加拿大和美国—加拿大、美国
        - 墨西哥、中美洲和西印度群岛—墨西哥、中美洲、西印度群岛
      - 南美洲—巴西、智利和阿根廷—巴西、阿根廷（智利选讲）
      - 南极洲
    - 世界的陆地自然带、海洋和交通

图4-3　原大纲初二地理知识结构

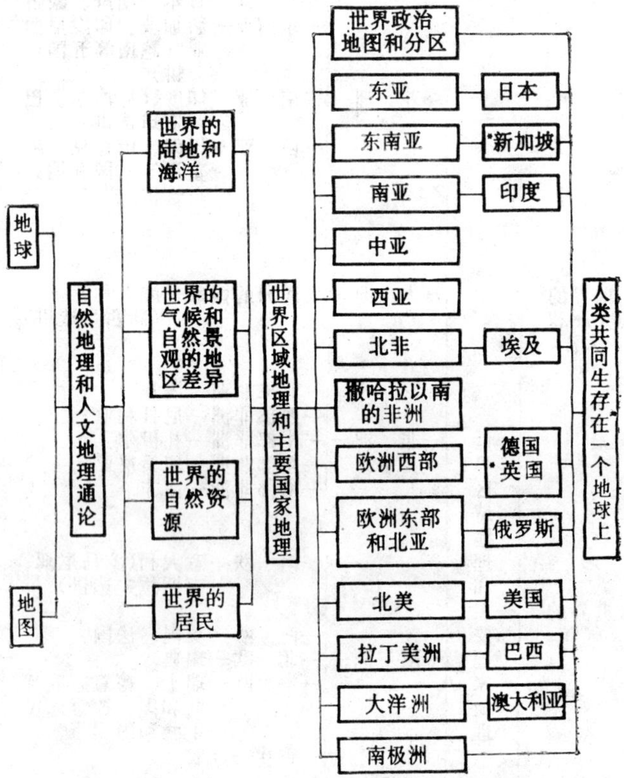

图4-4 “义务大纲”初一地理知识结构（*为选学内容）

培养合格公民的需要。

3．区域地理（中国地理及世界地理）由“总—分—总”的结构体系改为“自然环境—自然资源—人类活动”的新体系 原大纲是以自然地理为重点，然后展开地理分区内容，地理分区内容琐碎、庞杂，教学内容为地形、气候、河流加物产、城市的地理要素的简单堆砌，体现不出自然环境与人类活动的关系。“自然环境—自然资源—人类活动”的新体系表现在整个区域地理包括了自然环境、自然资源、人类活动三方面内容，同时表现在教学材料的组织上将自然环境、自然资源与人类活动紧密结合。这种变化不仅仅是编排体系的变化，而且反映出人们认识上的飞跃，体现出人类正确地认识自然环境，合理地利用自然环境和自然资源进行人类活动的人地关系，反映出教育为社会主义现代化服务的指导思想。

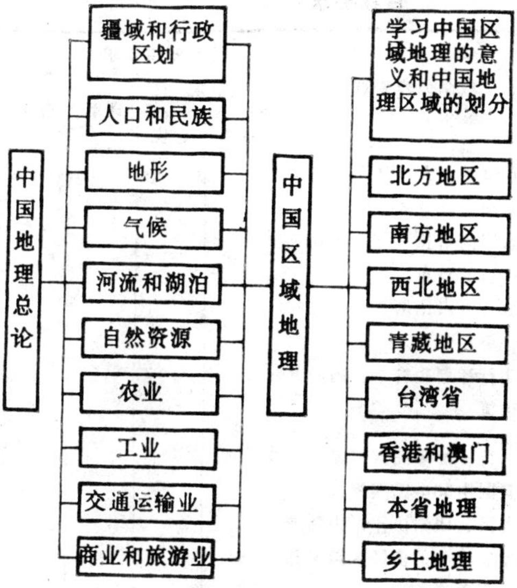

图4-5 “义务大纲”初二地理知识结构

4. 教学内容顺序由“先中后外”变为“先外后中” 遵循由整体到部分的原则，区域地理的编排顺序变为讲完地球和地图知识后，按世界地理、中国地理、本省地理和乡土地理的排列顺序，表明大纲编写者对区域地理教学倾向于“先外后中”。

大纲明确指出：“本大纲所列教学内容要点的顺序，编写教材时，编者可以自行组合和调整”。因此，“义务大纲”成为第一个具有较大灵活性的大纲，“一纲”为“多本”的实现提供了可能。

5. 地理知识教育、能力培养和思想教育有了分层次的、明确而具体的要求 “义务大纲”对知识教学、基本技能训练和能力培养、思想教育各方面的教学目的和教学要求有了分层次的、明确而具体的要求。大纲首先叙述了初中地理总的教学目的，然后进一步表述了地球和地图部分、世界地理部分、中国地理和乡土地理部分的教学要求，最后对章、节、知识点的教学内容和教学要求以双项细目的表格形式清楚地展现出来（如表 4-1），为地理教

表4-1 “义务大纲”中国地理“中国的人口和民族”一章的教学目标要求

教学内容要点	知识要求				基本训练要求
	识记		理解	应用	
	知道	记住			
1.世界上人口最多的国家					1.学会阅读我国人口分布图，说明我国人口分布的特点。 2.学会运用人口资料，计算学校所在地的人口密度和人口自然增长率。
全国人口总数		✓			
人口的增长	✓				
人口的分布	✓				
城乡人口比例	✓				
华侨和侨乡	✓				
实行计划生育是我国的基本国策			✓		
2.统一的多民族国家					1.初步学会阅读我国民族分布图，说明我国民族分布的特点及主要少数民族的分布地区。 2.通过收集资料或调查，说明建国以来我国少数民族生活和生产的变化。
我国由56个民族组成。		✓			
各民族团结协作，为缔造和发展统一的多民族国家都作出了贡献	✓				
汉族和少数民族的人口比例和分布	✓				
我国的民族政策			✓		
*汉语（普通话和方言）					
汉文和少数民族语言文字的分布特点					

思想教育要求

1.使学生了解我国人口方面的国情，懂得人口的增长要同经济、社会的发展相适应，从而提高对我国人口政策的认识。

2.使学生认识我国是一个统一的多民族的国家，各民族为祖国的统一和发展都作出了巨大的贡献，提高对我国民族政策的认识，树立各民族一律平等、互相尊重、团结友爱，共同维护祖国统一的观点。

师确定教学目标提供了直接的、明确而具体的依据，增强了大纲的可操作性。这是义务大纲较原大纲最突出的变化或特点之一，也是在各科义务大纲中地理大纲独有的特色。

“义务大纲”中的知识教学要求，明确分出三个层次（四种要求）并落实到每个知识点。“知道”和“记住”同属于“识记”层次，同属于感性认识阶段。前者偏重于对地理事物的概念和分布的要求，后者偏重于对地理事物的名称和数据的要求，并且必须记住，落实到地图上。“识记”层次的要求必须在一定程度理解的基础上“知道”和“记住”，切忌死记硬背。“理解”层次的要求较“识记”层次有质的区别，是对地理事物的理性认识。例如“识记”要求的“褶皱”的概念，只要能够从感性上加以认识，知道褶皱是发生弯曲的岩层就可以了，至于为什么会发生褶皱，受力情况如何，则不需要了解。“理解”层次的“火山”概念要求则不同，不仅要知道什么是火山，还要清楚火山是怎样形成的，形成时的力的来源等等。“应用”层次的要求，在对于地理事物的形成、分布规律、地理特征等的认识上，同“理解”层次并没有什么区别，只是在运用方面的要求高一些，包括灵活掌握一部分地理基本技能和运用所学知识，对一些地理事物和地理问题进行判断、分析、比较的能力。如“应用”层次的“用经纬线定方向”，要求学生既能理解用经纬线定方向的意义和原因，又能够在经纬网上正确判断任何一个地点的位置。这个过程既是对学生读图分析等地图能力的检验，又考察了学生判断、比较等地理思维能力。可以说，知识的要求蕴含了对学生的基本技能训练和能力培养不同层次的要求。这就是我们常说的在知识教学的同时要注重启发学生智力，培养学生能力。

基本训练要求和地理知识教学紧密结合，明确而具体地提出了对学生基本技能训练和能力培养的要求，主要是围绕运用地图能力（读图、填图、绘制简单地图和图表、读图分析能力）和地理思维能力两项内容进行。基本训练要求分为“初步学会”和“学会”两个层次。“初步学会”要求学生在教师指导下完成基本训练内容，“学会”要求学生独立地完成训练要求。对于初中地理教学内容，初一“初步学会”比重大一些，对学生的基本技能训练和能力培养的要求层次较低，也就是说更多的是要求在教师指导下完成训练要求；初二“学会”比重大一些，也就是说基本训练要求较初一提高了，很多内容要求学生独立完成。另外，初中地理基本训练要求的两个侧重点是对学生读图、填绘地图的要求和地理思维能力的要求。

思想教育要求和原大纲相比，强调对学生进行辩证唯物主义教育、爱国主义教育和国情国策教育。对思想教育的要求，从低层次到高层次用了解、认识、懂得、受到、树立等来表述。

三、初高中地理教学大纲的分工和联系

初高中地理教学大纲在知识教育、基本技能训练和能力培养、思想教育三方面的教学目的是一致的，但是侧重点有所不同。高中地理教学目的是在初中地理教学基础上更高层次的要求。

在知识教学方面，初高中地理教学大纲都是从人地关系的主线出发，强调人类活动与自然环境、自然资源的关系，但是侧重点有所不同。"义务大纲"强调知识的基础性，主要从区域地理角度出发，用世界地理、中国地理、乡土地理等事实材料，使学生认识世界上（包括中国和乡土）不同国家和地区的居民如何利用当地自然条件、自然资源发展生产，以及所出现的环境、资源、人口问题。高中地理强调知识的系统性，是按地理学科系统的形式，使学生获得有关人类赖以生存的地理环境，以及有关人类与地理环境关系的基础知识和基本原理，了解不同地区应如何合理利用自然和保护环境，协调好人类与环境的关系。

在基本技能训练与能力培养上，初中阶段主要把地图和地理图表方面的技能训练放在首位，侧重地理观察、记忆、想象能力的培养。高中的技能训练和能力培养更侧重于运用地图、图表去分析问题和解决问题，侧重于地理思维能力的培养。

思想教育的内容在中学地理阶段主要包括科学世界观教育、爱国主义教育和国情教育、党的基本路线和有中国特色的社会主义教育、道德规范教育、个性心理素质教育等等。初高中思想教育的内容基本是一致的，但是由于两个学段的学生知识水平和心

理特征有很大差异，思想教育的深度和侧重点有所不同。在教学中应与所学知识密切结合，由浅入深，寓思想教育于知识教学中。初中可突出爱国主义和国情教育及道德品质的养成教育，高中应重视科学世界观教育及政治思想观点的教育，体现出思想教育的阶段性、连续性和层次性。

第二节　中学地理教材

一、中学地理教材的含义

（一）狭义的中学地理教材

一般所说的中学地理教材指中学地理教科书，是根据中学地理教学大纲编选和组织的具有基础知识、基本技能，智能培养，思想政治品德等教育功能的知识体系。它具有一定范围和深度，也具有一定的权威性。

（二）广义的中学地理教材

广义的中学地理教材指教师指导学生学习地理的一切教学材料，包括中学地理教科书、地图册、填充图册等师生兼备的书本材料及教师根据教学需要所使用的地理直观教具和其它教学媒体（包括挂图、投影片、录象、计算机等等），其中中学地理教科书是教材的主体和核心。

二、中学地理教材在教学过程中的作用

（一）中学地理教材是学生学习发展的重要基础

中学地理教材容纳了一定数量的适合学生学习发展的地理科学知识，党和国家在新形势下对社会主义合格公民和人才的要求。教学大纲所规定的中学地理教学目的都是通过中学地理教材来体现的。因此，中学地理教材有很强的思想性和科学性。学生在学习过程中要依赖教材进行学习活动：观察、记忆、思考、复

习、练习等。例如，学生上课时要根据教师要求阅读教科书中的有关图像和文字，记忆重要学习内容，观察教师在课堂上使用的直观教学媒体，如挂图、投影片、模型、录象等。学习完一段教学内容后，要根据教师要求在教科书或填充图上作练习，进行复习等。在这一过程中，学生获得了知识，训练了技能，能力和智力得以发展，思想品德水平得以提高。因此，中学地理教材成为学生获得全面发展的重要基础。

（二）中学地理教材是教师进行教学活动的基本保障

教师在教学活动中，要受到地理教科书的约束和限制。首先要分析、取舍、增删教科书的知识内容，分析教材的知识结构和组成，选取教科书中适合学生特点和本校学生实际的知识内容，补充教学需要的地理知识素材。同时，教师要借助于地理教材开展教学的双边活动，以此激发学生的学习兴趣，启发学生思维，发挥教师的主导作用，达到教学目的。可以说，没有中学地理教材，教师的教学活动无法或很难开展，师生的双边活动难以实现。

三、教师对中学地理教材的掌握和运用

教师掌握与运用中学地理教材的过程可分为两个阶段：一是教材分析阶段，二是运用教材进行教学阶段。

（一）教材分析阶段

教材分析阶段是掌握与形成地理教材的阶段，其过程是了解教科书的知识内容；对教科书的结构体系加以分析，找出知识的内在联系，形成教材知识体系；分析教材在知识和技能教育、智能培养、思想政治品德教育三方面的具体要求。这一过程是地理教学活动的基础和关键。在正确的教材分析基础上，地理教学活动才得以轻松自如，学生才可能掌握正确的学习方法并积极思维，教师才能充分发挥主导作用并使教学达到最优的效果。

例如讲到东南亚，教科书分三节表述，第一节介绍东南亚的

地理位置和自然环境，第二节居民和经济、第三节新加坡。本章知识结构为（图 4-6）：

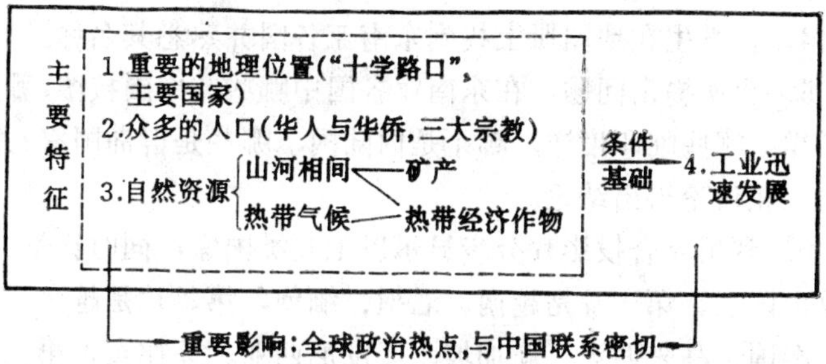

图 4-6

经过对教材知识结构的分析，理清了本章知识之间的内在联系，明确了本章教学的重点内容，找出了需要补充的知识背景，形成东南亚一章的教材知识体系，为运用教材进行教学奠定了基础。

（二）运用教材进行教学阶段

运用教材进行教学阶段是教师在教材分析的基础上，形成教学结构，设计教学方法，开展教学活动的过程。在这一过程中，教师要根据学生反馈的情况及时调整教学，提高对教材的再认识。

如对东南亚一章中“东南亚主要国家”这一知识点，“义务大纲”要求达到“识记”（“记住”）层次。在教材分析的基础上，教师设计教学方法，使学生对东南亚的 9 个国家的名称“落实到地图上，并在有关的问题中识别它们”，真正达到“记住”的层次。对这一内容教师运用教材进行教学可采取以下教学方法和手段：

1．出示挂图《东南亚政区》和《马六甲海峡的航线》，说明东南亚与世界海运的密切关系，进而说明东南亚地理位置的重要性。

2．引导学生在地图上找出马六甲海峡两岸的国家有印度尼西亚、马来西亚和新加坡。

3．提出问题：东南亚还有哪些国家？然后教师在地图上指出各国并说出其名称。

4．让学生在地图册上找到东南亚各国并熟悉其名称。

5．再次提出问题：在东南亚各国中哪些与中国接壤，哪些临太平洋，哪些临印度洋，哪个是内陆国，哪些是群岛国家？并让学生互相讨论得出结论。

6．利用复合投影片分步显示以上几类国家，同时让学生依次说出国名。第一片是越南、老挝、缅甸，第二片是越南、柬埔寨、泰国、马来西亚、新加坡、印度尼西亚、菲律宾，第三片是缅甸、泰国、马来西亚、印度尼西亚，第四片是老挝，第五片是菲律宾、印度尼西亚。

7．让学生在填充图上填注各国名称，互相检查。

8．出示空白投影片《东南亚政区图》，让学生上台指图，口头填注，其他学生观察纠正。

第三节　中学地理教材的分析方法

一、教师进行教材分析的基本条件

（一）要具备一定的专业知识水平

地理教师要具备一定的地理专业知识和相关学科的知识，才能灵活掌握中学地理教学内容的内在联系，才能较深刻地分析和理解教材。国家规定初中地理教师应具有高等师范专科地理教育专业的文化水平。

（二）要有现代教育学和中学地理教学法理论的指导

教材的分析过程，主要是依据现代教育学和中学地理教学法的理论，分析、评价、处理地理教材的过程。具体说，就是在教学理论的指导下，了解教材的结构、组成、知识联系，分析教材的教育功能，并研究提高教材教育功能的具体办法。因此，没有正确的教学理论指导，就无法进行正确的教材分析。例如，在发展学生智力，启发学生思维的正确思想指导下，才能充分发掘教材中的智力内容。因此，地理教师要不断地了解现代教育理论和教学法的新动态和新成果，并将其应用于教材分析和教学活动中。

（三）要有正确的教材分析方法

中学地理教材的分析方法可分为纵向分析和横向分析两种。纵向分析，指从整体到局部，从概括到具体的过程，即先从宏观入手，了解教材的整体结构、特点和功能，再步步深入，直至剖析到章、节、知识点的内容。横向分析，指同一层次知识内容的横向比较和联系。教材的纵向分析是一个可以逆转的过程。在这一过程中，整体的、概括的教材分析是局部、具体教材分析的基础和前提，因为只有在了解了教材的整体结构、特点和功能之后，才可能对局部教材进行正确的分析，而对局部、具体内容的分析、总结、归纳，反过来会加深对教材整体功能、特点的认识。例如，对于教材的基本训练要求，首先要进行整体分析，明确教材需要进行的基本训练的总体要求，再将这些要求分配于各单元、章、节、课中，然后对局部教材的基本训练要求做具体分析，以便对总体要求有更清晰而深刻的认识，并可完善和调整总体要求。

教材的纵向分析和横向分析的过程是互相联系、穿插进行的。在教材的纵向分析过程中，要展开横向联系，在横向联系之后，要继续进行教材的纵向分析。例如，分析、归纳了初中地理教材的整体结构、功能、特点之后，就要进行教材各部分知识之间横向关系的分析，然后，再按教材的纵向分析方法，进行各章知识之间相互关系的分析，再分析每一章知识的结构、特点、功能……

由此看出，教材的整体分析和局部分析是相对而言的。为了表述方便，教材分析以整体分析和局部分析两大块内容来叙述。

在这里，教材的局部分析主要指章以下的教材分析。

二、中学地理教材的整体分析方法

（一）背景分析

在进行教材的整体分析之前，一定要通读一遍教科书，了解地理教科书涉及的主要内容，再开始进行教材的整体分析。

一部教材是一定时期社会、经济环境的产物。在教材分析中了解教材的时代背景必然会加深对教材的理解和认识，有利于对教材的进一步分析和评价。

教材的时代背景可以包括很多方面，如国家现行有关教育的法律、政策和文件，国家和地方的经济形势和动态，地理学和教育科学的最新观点和理论等等。由于教材是依据教学大纲进行编写的，教学大纲又是根据国家一定时期社会经济发展的需要及地理学与教育科学发展水平制定的，所以说，地理教学大纲是教材时代背景的浓缩。例如，“义务大纲”中确定教学内容的几条原则即反映了教材的时代背景。“从培养社会主义公民的需要出发”，反映了国家对义务教育培养社会主义合格公民素质的要求；“以环境-资源-人类活动为线索，正确阐明人地关系”，则表明目前世界乃至中国出现了环境、资源、人口问题甚至是危机，迫切需要年轻一代去了解如何面对和解决这些危机，懂得协调人类发展与环境的关系，树立正确的环境观、资源观和人口观。这是中学地理教学重要的使命。“有利于启迪智能和参加社会实践活动”，表明社会对培养跨世纪人才的要求，也表明了中学地理教学不能单纯传授知识的现代教育观念，显示教材内容不再是知识内容的简单罗列，而是为了利于发展学生的智能，培养学生分析问题、解决问题的能力。

由于教学大纲和教材具有相对的稳定性，而社会、经济和科学技术在迅猛发展，教师还要随时了解国家政策和形势的变化，明确社会对地理学科的新的要求，随时补充和修正地理教材在新时期的功能。同时，要学习教育理论和实践的新经验、新成果。只有这样，教师才能够形成正确的教育思想和观念，并在这种正确思想指导下，更全面、准确地分析、评价和处理教材，开展教学活动。

（二）教材知识结构分析

教材的知识结构指教材（主要指教科书）各组成部分的排列顺序和组织形式。这种排列顺序和组织形式反映了教材内容间的逻辑联系。对教材知识结构的分析，有助于教师把握知识的脉络，了解各组成部分之间的关系，认清教材的整体功能，为正确处理教材提供依据。例如，九年义务教育初一地理教材知识体系和结构（人教版）如图 4-4（教科书与大纲不同之处是将“西亚”、“北非”并为一章）。通过这张图，可以清晰地看出初一地理教学内容的知识脉络，并可分析出教材各部分之间的关系，确定每部分教材在整体教材中的地位和作用。

经过分析可以看出初一地理知识分为三部分内容：地球和地图、自然地理和人文地理通论（简称“通论”）、世界区域地理和主要国家地理（简称“区域”）。它们在整体教材中的主要作用和各部分之间的关系主要是：

1．地球和地图的知识和技能是学习“通论”和“区域”内容的基础，由于人教版教材将中国地理安排在初二，因此，地球和地图的知识和技能是整个初中地理内容的基础。另外，“通论”和“区域”中有一些地球和地图部分中没有出现或没有展开的内容，如地形图、气温曲线降水柱状图等，在学习这一部分内容时要大量运用地图去获得知识、分析问题和解决问题。在这一过程中既发展了学生的智力，运用地图的技能也不断熟练和提高。因此，“通论”和“区域”内容是地球和地图内容的扩展和深化。

2．“通论”既是自然地理和人文地理的一般原理和规律，也是“区域”的概述。

3．“通论”到“区域”是由一般到个别的演绎过程，“通论”是对“区域”的归纳和概括。这一由整体→局部的编排顺序，既表明自然地理和人文地理知识的基础性，也展示了自然环境—自然资源—人类活动的线索。同时，为学生在“区域”中运用地球、地图知识和“通论”知识提供了方法和指导。有了这几点的基本分析，教师就会明确：在教材的具体分析中要不断扩展学生的地图知识；将自然地理和人文地理知识作为基础，以地图知识和技能为工具，使学生学会区域地理的分析方法，包括从概括到具体的演绎、从具体到概括的归纳、理论与实践的结合、人地关系的分析等等。

（三）教材整体教育功能分析

在教材知识结构分析的基础上，根据教学大纲所规定的初中地理教学目的和各部分内容的教学要求，确定整体教材在基础知识和基本技能教育、智能培养、政治思想品德教育等方面的主要内容和教育功能。

例如图4-7，通过教材整体教育功能的分析，地球和地图及世界地理部分的基本技能训练要完成如下要求：

1．初步学会阅读和使用太阳系示意图及地球形状和运动状况示意图，观察和使用地球仪。

2．初步学会阅读、使用和填绘政区图、地形图，会画简单的轮廓图。

3．初步学会阅读和使用气候要素分布图、气温曲线和降水量柱状图。

4．初步学会阅读和使用自然资源分布图。

5．初步学会阅读人口增长曲线图、世界人口分布图和世界人种和语言分布图。学会计算人口自然增长率和人口密度。

又如，地球和地图部分的能力要求可重点放在以下两点：

1．正确观察有关地图、图片并参考有关数据，想象出地球的形状和大小，及地球自转和公转的状况。

2．正确观察地图上的比例尺、方向和图例，准确记忆地图上

- 人地关系 → 建立正确的环境观
  - 自然环境→人类
    - 有利的一面
    - 不利的一面
  - 人类→自然环境
    - 按照自然规律→因地制宜 保护改造
    - 违反自然规律→牺牲环境 掠夺破坏

- 资源问题 → 建立正确的资源观
  - 数量
    - 既注意绝对数量（储量、分布）
    - 又注意相对数量（人均数量）
  - 利用
    - 合理利用、保护
    - 掠夺式利用破坏
  - 前景
    - 资源数量的有限性……不盲目乐观
    - 生产潜力不断扩大提高……不消极悲观

- 人口问题 → 建立正确的人口观
  - 社会发展→制约着人口发展
  - 人口发展
    - 适度→加快社会发展
    - 过多过少→延缓社会发展
  - 数量
    - 过快过多、过慢过少 → 都带来一些问题
    - 适度→与社会发展、环境资源相协调
  - 素质
    - 提高
    - 较差

- 国家种族问题 → 建立正确的全球观
  - 国家不论面积大小、人口多少、政治制度有何不同、经济发达与否，地位应是平等的。和平共处五项原则
  - 种族无优劣之分
  - 吸取别国经验，扬弃别人之短
  - 日益开放的现代世界，人与自然，人与人之间交往空前增多，日趋频繁

图4-7

的方向和常用图例，想象地理事物的空间位置和基本形象。正确观察地形图和地形剖面图，想象地势起伏和地形变化状况。

再如，初高中地理德育的主要内容具体应有以下几方面：

1．爱国主义和国情教育　包括正确认识我国地理国情的教育、各民族团结平等的教育、热爱祖国和振兴中华的教育。

2．党的基本路线教育和有中国特色的社会主义教育　包括社会主义祖国伟大成就的教育，党的基本路线和新时期改革开放的教育。

3．科学世界观教育　包括辩证唯物主义基本观点的教育、科学的人地观、人口观、资源观和环境观的教育。对于人地关系、资源问题、人口问题、国家种族问题的分析，如图 4-7 。

4．道德规范教育　包括法纪教育、文明行为教育。

5．个性心理素质教育。

三、中学地理教材的局部分析方法

（一）分析局部教材知识的内在联系

地理事物是相互联系的，各自然要素及自然要素与人类活动之间是相互作用和相互影响的。教材由于表述的需要，将这些相互联系的地理事物分开叙述，形成教材知识内容的排列顺序。但是，这种排列顺序并不能完全反映知识内容的内在联系。通过教材分析，教师要把握知识之间的内在联系，以便于在教学中能够反映出这种联系，使学生避免死记硬背的现象，灵活地运用知识，培养能力。

分析知识的内在联系主要从概括章、节、课的知识结构和组成入手，可以用表格、框架图、纲要信号、文字的形式表述。

首先，要对章的知识结构和组成进行分析。例如，义务教材“世界的陆地和海洋”一章，分三节内容表述，第一节“大洲和大洋”，第二节“陆地地形和海底地形”，第三节“地形的变化”。从教材表面看不出这三节知识之间的内在联系，教师经过细致分析后可以总结出本章的知识结构，见图 4-8 。

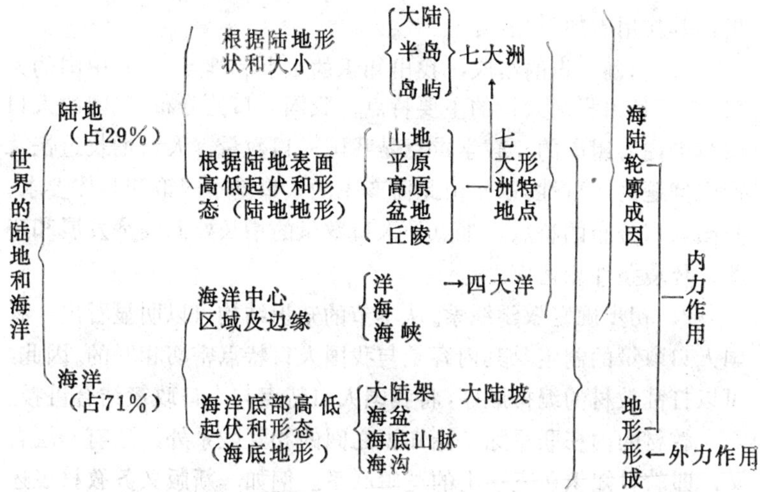

图4-8

从这张表中，可以清晰地看出本章知识的内在联系，为教师组织教材，决定教学顺序和线索提供了依据。

其次，教师要分析节和课的知识结构和组成。如义务教材“中国的人口和民族”中的“中国的人口”一节，首先明确“义务大纲”确定的知识点：全国人口总数、人口的增长、人口的分布、城乡人口比例、华侨和侨乡、实行计划生育是我国的基本国策。在此基础上，分析知识间的内在联系，如图 4-9 。

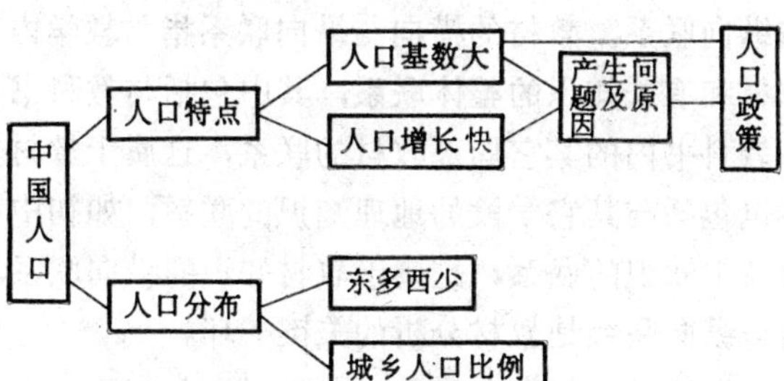

图 4-9

分析小的教学单元的知识结构和组成，是对教材更细微的剖析，其作用有如下几点：

1．明确知识的组成，找出知识的重点和难点。如“中国的人口”一节是由我国人口的主要特点、我国人口的分布、我国的人口政策等内容组成的。教学重点是我国人口数量、人口增长过快及产生问题的严重性、以及由此而产生的人口基本国策和具体要求、我国人口分布的特点。难点是人口数量的增长要同经济发展和资源、环境条件相适应。

2．初步确定教学线索。从本节的知识结构可以明显看出，我国人口政策的制定及其内容是与我国人口特点密切相联的。因此，可以打乱教材的编排顺序，将我国人口特点与人口政策结合讲授。

教材的内在联系除了指知识之间的相互联系外，还有一层含义，即教材知识在表述上的逻辑联系。例如，新版义务教材表述改变了过去教材将知识内容简单罗列的表述方式，注意学生的身心特点，用图像、文字作为知识的载体，规定了多种多样的活动内容，如观察、思考等等。知识内容的排列或为从感性到理性的升华，或为从个别到一般的归纳，或是从概括到个别的演绎，从实践到理论，再将理论用于实践，教材的组织既反映了知识的联系，又符合学生的认识规律。

（二）分析局部教材知识的横向与纵向联系

在分析教材知识内在联系的基础上，要进一步分析教材知识的横向与纵向联系。教材的横向与纵向联系指与教学内容相关的各局部教材和有关知识的整体联系，其中包括与教科书以外的补充材料、教科书内的其它局部教材的联系，这属于教材知识的横向联系，也包括与其它学段的地理知识的联系，如初中教材知识与小学和高中知识的联系，这属于教材知识的纵向联系。教材知识的横向与纵向联系是教材分析的关键一环。

教材知识的横向与纵向联系主要有以下几方面：

1．与其它局部教材的联系：如“世界的自然资源”一章与

“世界气候”一章的联系，加拿大和美国的联系，等等。

2．与学生实际生活经验和认识水平的联系：包括学生的知识基础分析、学生认知水平分析、学生对生活实际的了解等等。既要用学生实际生活经验解决新问题，又要应用所学的知识去指导实践。如讲高中地理要与初中地理联系起来；讲中国的气候可以和学校所在地的气候联系起来；学完地形形成的知识让学生解释一些自然现象；等等。

3．与其它学科的联系：如高中地理讲到地壳结构可以和化学的元素周期表相联系。

4．与科学技术、教育理论、国际国内政治、经济的发展相联系：如讲到自然地理通论知识时，可以补充科学新发现和新学说，以扩大学生视野；讲到日本和澳大利亚时，可联系亚太经济合作；等等。

（三）分析局部教材的教育功能

我国目前有不同版本的义务教材，是为了适应不同地区、不同层次学校和学生的需要。因此，一部教学大纲的教学要求与各版本教科书以及不同地区和层次的学生实际情况有一定差距。因此，教师要认真学习大纲，努力钻研教材，随时了解学生，使教材、学生的情况与教学大纲的要求协调起来。使大纲中教学内容的教学要求更具体和实用。局部教材教育功能分析的结果是形成一个与其它章节及总体教学目的相联系的，为教师自己所使用的教学目标系统。

对于各章、节、课，尤其是节和课的基础知识和基本技能要求、能力要求、政治思想品德教育要求的分析要明确而具体。

例如，关于义务教材“中国的人口”的知识内容，对一般学校的学生和教学条件，教学目标可以确定为：

1．知识要求：【识记】知道我国人口增长、人口分布的基本国情，记住中国人口的总数；【理解】计划生育的基本国策是解决我国人口问题的出路。

2．基本训练要求：【学会】运用人口资料计算人口密度和人口自然增长率，阅读人口密度图，分析我国人口分布的特点，学会综合两个图像（我国每年新增人口的消耗占当年新增财富的百分比、我国资源总量和人均占有量在世界的位次图），总结我国解决人口问题的出路是一定要实行计划生育的基本国策。

3．能力要求：运用有关地图和资料，分析我国人口分布特点，说出我国人口增长过快产生的人口问题，分析计划生育的基本国策是解决我国人口问题的出路。

4．思想教育要求：通过对我国人口国情的了解，树立危机感，提高对我国人口政策的认识，从而树立正确的人口观。

第四节　初中地理教材分析

目前，国内已有几种不同版本的初中地理教材，包括根据“义务大纲”编写的人教版、北师大版、沿海版和内地版教材；有根据本地区其课程改革实验中的地理课程标准编写的上海版和

表4-2　各种版本义务教材的情况

版　　本	课程名称	大纲	开本	印　刷
人教版（面向全国大多数地区，适合一般水平学校使用的“六、三”制、“五、四制”教材）	地理（1—4册）	国家教委制定的义务教育地理教学大纲	16	黑白、双色两种
北师大版（面向全国大多数地区，适合一般水平学校使用的“五、四”制教材）	地理（1—4册）		32	黑白
沿海版（主要面向经济文化比较发达地区和办学条件较好的学校）	地理（1—4册）		16	双色套印
内地版（面向经济文化基础比较薄弱的边远地区，农牧区和山区，以及教学设备较差学校）	地理（1—4册）		32	双色套印

续表

版　　本	课程名称	大纲	开本	印　刷
上海版 （九年一贯制和十年一贯制课程改革实验教材）	自然地理 世界地理 中国地理	自行制定的地理课程标准	16	自然地理彩色，其余双色套印
浙江版 （单科课程到综合课程的实验教材）	社会 （1—2册）		双32	彩色

浙江版教材，教科书的基本情况见表 4-2。与这些教科书配套的有地图册、填充图册，有的出版了音像制品，使义务教育初中地理教材更加完善，在教学中发挥更大的功能。不同版本的教材适合不同地区、不同水平、不同学制的学校。初中地理教材已改变了过去“大一统”的局面，走向多样化。无论哪种版本的教材，在教育目标和选材原则上应该是一致的。在这里，我们主要讨论根据“义务大纲”编写的初中地理教材(北京版教材未列入)。

一、初中地理教材的教育目标和选材原则

“义务大纲”明确规定：“地理学科是义务教育初中阶段必修的一门基础课程。它以地理科学知识为基础，结合能力培养、思想教育于一体，对于学生德育、智育、体育的全面发展，民族素质的提高，将起到重要作用。学生学好地理课，可为参加社会主义建设和进一步学习文化科学知识，打下必要的基础。”这反映了义务教育地理课的基础性、全面性和实用性，决定了初中地理教学不是应试教育，而是为了培养社会主义合格公民的素质教育。初中地理教学应使学生在基础知识和基本技能、能力、思想政治与品德教育等方面都得到发展，并且使所学知识尽可能与社会实际结合起来。

依据教学大纲的规定，初中地理教材力图体现知识内容和教学要求的基础性、全面性和实用性，改变了以往教学内容过多、

过深和表述呆板的教材模式，紧密联系生产和生活实际，在知识内容中蕴含了大量的智能因素和德育因素。内容及形式生动活泼，符合学生的身心特点。

例如，初中地理教材减少了世界区域地理的知识层次，中国地理区划由八个区改为四个区，减少了必讲知识点的数目，同时更新了教学内容，大大加强了人文地理和社会实践的内容。通过课文、阅读地图及各种图表的要求和“想一想”、“做一做”、“读一读”等栏目的设置，激发学生的学习兴趣，训练学生的基本技能，使学生的观察、想象、思维能力有所提高。教材还包含了大量的德育内容，使德育在地理教学中顺理成章、水到渠成。

（一）初中地理教材的教育目标

“义务大纲”明确规定了初中地理的教学目的是：

1．使学生获得有关地球、地图的初步知识，世界地理、中国地理（包括乡土地理）的基础知识。

2．使学生学会阅读和运用常见地图、地理图表，以及填绘简单地图和图表的技能；培养学生对地理事物的观察、记忆、想象、思维等能力，以及运用所学知识分析一些地理问题的能力，并初步具有自学地理的能力。

3．使学生受到辩证唯物主义教育、爱国主义教育、国情和国策教育；培养学生实事求是的科学态度和不断追求新知的精神；初步树立正确的资源观、环境观、人口观，懂得要协调人类发展与环境的关系；培养学生具有一定的审美能力和分辨是非的能力；树立胸怀祖国、放眼世界，把祖国建设成为具有中国特色的社会主义现代化强国的雄心壮志。

初中地理课的基础性、全面性、实用性能够帮助我们对初中地理的教学目标有比较准确的理解和把握。

对于学生获得有关地球、地图、世界地理、中国地理、乡土地理基础知识的要求，教学目标的出发点不在于要求学生死记多少地理知识，而是要求学生记住一些地理基本知识。掌握这些地理基本知识的根本目的是为了应用。

对于基本技能训练和能力培养的要求，要求学生具有基本的地理技能和能力，能够阅读常见地图和图表，填绘简单地图和图表，运用所学知识和地图、图表分析、判断一些具体问题，如天气闷热时知道此时空气湿度较大，可能要下雨；在地形图上和实地判断地形类型等。还要通过地理知识教学和技能训练使学生的观察力、想象力、记忆力、思维能力和创造能力得到提高。

对于德育的要求，教学目标的重点应放在使学生初步形成正确的地理观念，初步掌握分析问题解决问题的辩证方法，如讲到我国自然资源，应对我国水、土地、矿产等资源的国情有比较正确的了解和认识；讲到世界的人口，在了解世界人口现状的同时知道如何看待和解决人口问题。

（二）初中地理教材的选材原则

面对浩如烟海的地理科学知识，初中地理教材选择教学材料时所遵循的原则是：

1. 从培养社会主义公民，提高民族素质的需要出发　为了体现教育面向现代化、面向世界、面向未来的战略思想以及义务教育的基础性，初中地理教材应该选择那些为培养社会主义跨世纪合格公民所必须的教学内容，着眼点在于提高民族的素质。如现行教材中选择有关地球、地图的初步知识和世界地理、中国地理的基础知识并与生活实际相结合，力求学以致用。要使学生对自己生存的环境（大到宇宙、地球、国家，小到本乡本土）有个初步的认识，初步树立正确的资源观、环境观、人口观，懂得要协调人类发展与环境的关系，能够理解和解释简单的自然地理与人文地理现象，同时掌握一些基本的地理技能，以适应将来参加社会主义建设的需要。

2. 以环境—资源—人类活动为线索，正确阐明人地关系　环境、资源和人类活动不是孤立发展的，它们之间有密切的关系。自然环境和资源为人类的生活和生产提供了物质条件和场所，人类活动又无时无刻不在作用于自然环境，环境的改变，又对人类社会发生影响。因此，中学地理教学通过人地关系这一线索选择和组织教学内容。反映在教材中，先以总论的形式，讲述人类生活的自然环境、自然资源及人文环境的状况及主要问题，并体现自然因素和人文因素相互影响、相互作用的关系，如人口的分布与自然条件的关系，城市人口过多所带来的环境问题，环境对人种形成的影响等等。然后，在世界区域地理中，围绕人类的活动展开知识内容，用大量的事实体现和印证人地关系，说明世界各地区和主要国家（包括中国）的环境、资源状况及人们是如何处理与环境之间的关系的，提出值得我们借鉴的经验，指出出现的人口、资源、环境问题以及解决的办法。如日本资源缺乏、地狭人稠，但是他们利用丰富的人力资源和科技优势，以及岛国多港湾的特点，依靠海运，大力发展了出口加工业，使本国经济高速发展。又如，新加坡这个领土面积很小的城市岛国是如何利用优越的地理位置，通过吸引外资，发展转口贸易和出口加工业，同时又是如何利用本国自然风光和人文景观，发展起旅游业的。再如，讲到中国的长江，改变了传统教材以河流本身为线索，从源头上、中、下游讲到入海口的知识体系，紧扣河流与人地关系的主线，抓住长江的水利和水患两方面的特征，找出治理与综合开发的办法，既将长江各段的水文特征融于其中，使学生获得有关长江的知识，同时又使学生清晰地了解人与河流的关系，人类应如何利用长江、改造长江。

按照人地关系的内容进行选材，使学生理解了地理环境各要素的发展变化的规律，明确人类活动与地理环境对立统一的关系，同时使学生了解当前人类社会面临的资源、环境、人口等重大问题，知道人类应如何面对这些问题，总结人类社会已有的经验和教训，做到理论和实践的结合，有利于学生将来参加社会主义建设。

3．广度和深度要适当，适合学生的身心特点　初中地理教材教学内容的广度和深度要从我国的国情出发，符合初中学生的生理和心理特点，教学内容不能过多、过深，图像要简明扼要，文字要生动有趣，并多给学生动手动脑的机会。目前，已出版的各版本义务教材都考虑了不同地区、不同学校和学生的具体情况，使教材的深度和广度适合本地区的具体情况，在选材上尽量与学生的生活贴近，通过学生读图、思考等活动，使学生动手、动脑，完成从感性到理性的认识过程。

教材的广度和深度是否适当，还表现在教师在处理教材内容时要根据本校和学生的具体情况来进行再组织，使教学内容与学生的接受能力相一致。

4. 注重基本技能训练和能力培养，寓德育内容于知识教学内容中　教材要将大纲要求的基本技能训练的内容分散到各章节的知识中去，知识内容要与基本技能训练的内容相结合。例如，在各章节中都有“读图”、“想一想”、“做一做”的内容，让学生亲自动手写、动手练、动脑想，使学生提高了地理技能和能力，同时又能用所掌握的地理技能去研究和解决新问题。

教材中的许多感性材料，如图表所显示的信息、课文中的地理事实、“读一读”的内容都是非常好的德育素材。如从东亚地区众多的地理特征中，选择东亚从沿海到内陆自然条件的变化与农业生产的差异这一地理事实，让学生从中认识到人类生产与地理环境的关系；讲到中国的人口，不是孤立地看中国人口的总数，而是通过中国人口和世界人口总数及几个主要国家人口数量的对比的数据，以及我国每年新增人口的消耗占当年新增财富的百分比以及我国资源总量和人均占有量在世界的位次的事实材料，达到“使学生了解我国人口方面的国情，懂得人口的增长要同经济、社会的发展相适应，从而提高对我国人口政策的认识。”的教育目标。教材中有大量的思想教育素材，需要教师去挖掘，并用正确的观点去指导学生。

5. 理论联系实际，有利于学生参加社会实践　教学内容的选择要与学生的生活和生产实际相联系，安排有利于社会实践的内容。可以把一些自然现象、社会现象、国际形势、学生生活等方面的内容与地理教学内容联系起来，也可以安排一些地理实践方面的内容，如天象观测、气象观测、地震预报、环境监测等。一方面增强学生的感性认识和学习地理的兴趣，如讲水陆受热不同时，联系夏天的中午和晚上对水温和沙石温度的不同感觉；讲矿产资源时，让学生说一下常见物品那些是由矿物加工制成的；另一方面增强教材内容的实用性，让学生感到学习地理是有用的，为今后参加社会实践活动打下基础，如讲地形时，联系当地的地形状况，进行野外测绘；讲气温时，联系当前全球变暖的趋势以及由此展开的讨论，进行气温观测等等。

二、初中地理教材的结构体系

初中地理义务教材由地球和地图、世界地理、中国地理三部分内容组成，教学内容的重点和顺序安排和以前教材有所不同。

以前教材的重点内容放在分区，着重区域特征的描述。义务教材重点放在总论，大大删减了分区分国的内容，突出地理环境的整体性和综合性。

有的教材先讲中国地理，后讲世界地理，由近及远，由初一到初二，随着学生年龄的增长，生活阅历的丰富，知识视野的扩大，教材内容所涉及的范围和深度逐步增加，北师大版教材采取了这种编排方法，其教材的知识体系和结构如图4-10。有的教材按照大纲的体系也就是先世界后中国的顺序组织教材内容。这样安排有两点好处，一是符合从整体到部分的认识规律，“先见森林，后见树木”，所学区域越来越小，越来越具体，需要学生用前面所学的规律性知识，分析局部地区的自然和人文地理特征，有利于学生地理思维能力的发展，使他们提高分析问题、解决问题的能力；二是这样安排可以将一些地理原理、地理成因等规律性知识同世界地理概述部分结合起来讲授，突出地理环境的整体

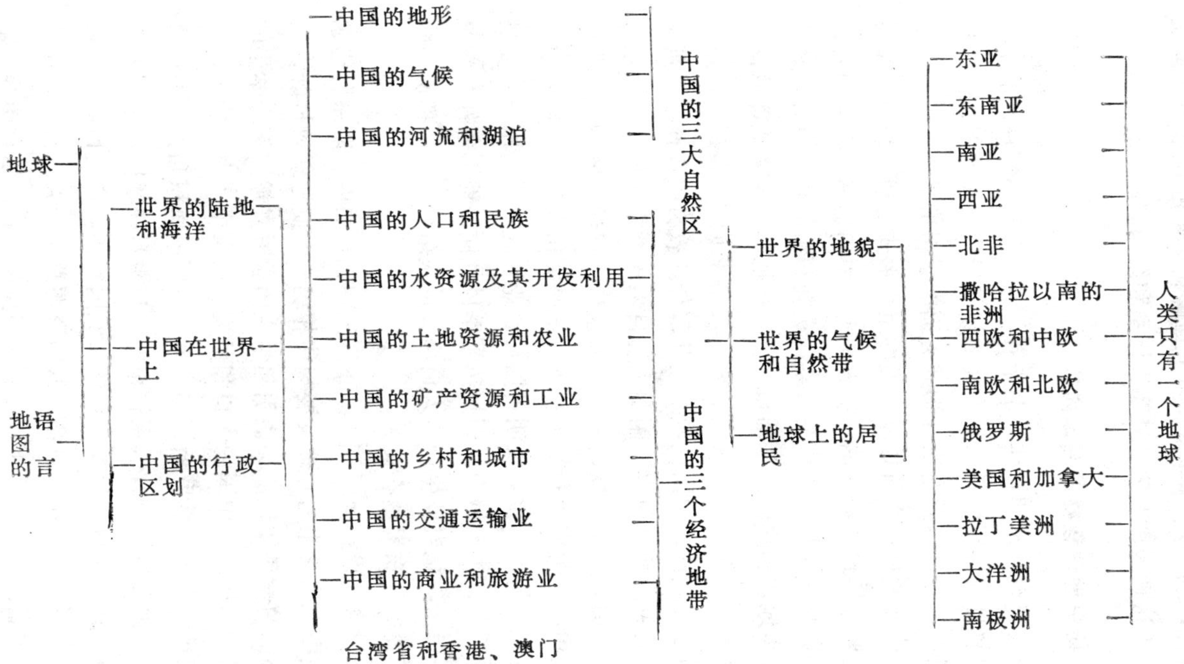

基础知识→承上启下→中国自然地理、人文地理基础知识→区域总结→世界地理概况→世界分区、分国地理→全书总结

图4-10　北师大版义务教材知识体系和结构

性和综合性，更有利于学生从整体上理解和掌握知识。例如人教版教材采取了这种编排方法，其知识体系和结构如图4-2，图4-3。

三、初中地理教材的基本内容

初中地理教材从知识体系上来看，存在三种不同性质的组织形式，即教材内容在学科体系方面的组织形式，在地理认知过程方面的组织形式，以及在表述形式方面的组织形式。

初中地理教材在学科体系方面的组织形式是通过教科书来表现的，主要包括地球和地图、世界地理、中国地理三部分内容，以环境、资源、人类活动作为线索，选择和组织教学内容。教学内容可分为地球和地图的基础知识、自然地理和人文地理通论知识、世界区域地理和主要国家地理、人类共同生存在一个地球上、中国地理总论、中国区域地理几部分。教材中选择了大量与人地关系有关的教学内容，阐明人与自然环境相互作用、相互影响的关系。例如关于印度，并不按照地形、气候、物产、工业部门和工业中心的内容进行简单排列，而是突出介绍了印度人地关系方面的几个特点：世界文明古国、农业发展与人口压力、发展中的民族工业、主要城市，即把热带季风气候、地形条件与农业生产联系起来，把农业生产与人口增长过快结合起来，把矿产的分布和工业区的布局结合起来。

义务教材与以往教材相比，重视地理知识的内在联系所构成的逻辑顺序，同学生的心理发展规律相统一，使地理教材既讲授了学生必需的学科知识，又能引起学生的学习兴趣，符合学生的认识规律。例如，“中国的人口和民族”一章中“中国的人口”一节，安排了中国与俄罗斯、加拿大、美国的面积和人口的比较柱状图；中国各省、自治区、直辖市的人口数量柱状图；中国的人口密度图；我国人口的增长折线图；我国每年新增人口的消耗占当年新增财富的百分比示意图；我国资源总量和人均占有量在世界的位次示意图；晚婚五年使一百年可少生一代人示意图等7幅地理图表；安排了两个“读一读”栏目，第一个“读一读”主要将中国人口现状和世界人口状况作一形象化的比较，第二个“读一读”简单介绍了我国70年代以来实行计划生育政策的显著成绩；安排了一个“做一做”，要求学生根据人口资料算出各地人口密度，并比较东部沿海两省和西北内陆两自治区的人口密度大小。而旧教材“中国的人口”的内容只有一幅中国人口分布图，其余是对我国人口状况的文字叙述。对比新旧教材中相同的教学内容可以发现，义务教材的表述符合学生的认识规律，主要有如下优势：

1. 改变了从概念到概念的表述方式　从各种图表、示意图及地理事实材料等感性材料入手，注重让学生自己经过观察、分析、思考获得知识；

2. 注重学生基本技能的训练，注重能力培养，要求学生动眼去观察，动脑去思考，动手去计算。在这一过程中学生的读图技能和观察力、想象力、地理思维能力都得到了提高。

3. 注重与学生生活密切相关的知识的引进，寓德育于知识教学中　旧教材没有引入我国的人口政策的内容。面对我国严峻的人口形势，如何去解决，学生并不清楚。因此，对我国人口方面的国情并没有一个全面的了解和认识，可以说，地理教育并没有发挥应有的功能。而义务教育注重与学生生活密切相关的知识教育，在这一过程中学生明确了如何去看待一些问题，自己应如何去做。从整体来看，初中地理教材基于初中学生好奇、好动、求知欲强、爱好广泛的身心特点，教材内容和文字生动有趣，形式活泼，引入了大量的地图、景观图、示意图、漫画和生动的地理事实材料，安排了“读图”、“想一想”、“做一做”等小栏目，使学生对学习地理有浓厚的兴趣，在眼、手、脑的积极参与中使学生完成从感性到理性的认识过程，学到知识，增长能力。

无论是学科知识还是认知过程，都是通过教材的图像和文字来表述的。图像和文字在教材中穿插进行，发挥不同的作用。地图、示意图等各种图像的知识和技能是地理基础知识和基本技能的重要部分。同时，各种图像中包含的大量的地理信息，是学生获得知识，分析问题、解决问题的工具。在整个初中地理教学中，地图能力的培养是循序渐近、由低到高的过程，并贯穿始终。不容忽视的是，教材中出现的一些空白的图表（如教科书中练习、填充图册等），要求学生填绘，或按一定要求完成练习，目的是使学生掌握填绘图表技能，在头脑中形成必要的地图表象。对这些图像，教师要充分引起注意，有目的、有计划地加以选择、补充，并让学生独立完成，使其发挥应有作用。

教材文字部分从表现形式上主要包括：课文主体内容、"读图"、"想一想"、"做一做"、"读一读"等栏目，选学课文、每章节后的练习、章后所附资料等。地理学科内容主要是通过课文主体表述出来的。小栏目等其它部分的表述形式也包含有一定的学科知识，但是主要是从学生的认知角度来考虑的，是为了激发学生的兴趣，增加学生动眼、动脑、动手的实践机会，有利于学生观察力、想象力、思维能力和创造能力的提高。

"读图"的内容，主要是对学生地图能力的训练，如在图上找出地理事物的位置、分布，读图分析、计算简单的问题等等，如通过读"世界年降水量的分布图"，使学生初步学会从图上确认世界不同地区的年降水量，了解世界降水的地区差异，同时使学生应用前面所学过的地图知识解决本节课的问题，初步学会阅读有关降水量的分布图的方法。又如，讲到印度的农业，通过阅读、对照"印度年降水量的分布图"和"印度农作物的分布图"，使学生初步学会读图分析印度主要农作物与自然条件的关系，既培养学生从地图上获取知识、解决问题的能力，也促使学生认识人与自然的关系。"读图"的要求，在初中低年级主要是在教师指导下完成。随着学生运用地图能力的不断提高，要由学生独立完成。

"想一想"主要是将实践内容和理论知识联系起来，将新知识与旧知识联系起来，将自然环境、资源和人类活动联系起来，提出问题，引起学生的思考，一方面加深了学生对所学知识的理解和记忆，同时有利于学生智能的培养。例如，讲到降水的季节变化时，提问："学校所在地一年之中那个季节多雨？那个季节少雨？"学生回答后，问"为什么呢？"；讲到大气降水，提问："在阴冷潮湿的天气里，把湿衣服晾在外面，为什么不容易干？"；讲到气候的影响因素，问"英国伦敦位于50°N以北，冬季海港不结冰，而俄罗斯的符拉迪沃斯托克，位于40°N以北，冬季海港却封冻了，为什么？"启发学生去思考，自己得出结论，加深了对所学知识的理解。又如讲到土地资源的分布，提问："面积较大的耕地多分布在什么地区？"，通过学生读图分析和回忆得出结论，使旧知识和新知识联系起来，使学生感到学到的知识不是一盘散沙，而是于生产和生活有用的知识。

"做一做"、章节后的练习等内容要求学生动脑、动手独立完成，是对所学知识的检测，是知识的再现、迁移和灵活运用的过程，以完成大纲在地理知识和技能方面的要求。其表现形式，或以习题形式出现，或为地理活动内容。如讲到比例尺，"做一做"要求学生"在北京市地图上，利用直线比例尺，量算北京与天津的直线距离"；讲到风向，要求学生用竹杆系上纸条，根据纸条的飘动来辨别风向。

"读一读"的内容主要是为了扩大学生的视野，获得感性知识，增强学习地理的兴趣，如讲到印度，介绍印度的风俗；讲到南极洲，介绍南极的垃圾如何处理等。有的"读一读"的内容与教材的重点内容相联系，如讲到世界的人口，设"读一读"，说明世界人口的增长趋势。

四、使用初中地理教材应注意的问题

（一）明确初中地理教科书的作用

如前所述，地理教科书是狭义的地理教材。它是地理学科教学内容的主要载体，但并不是全部教材内容。学生不能对书本死记硬背，教师也不能照本宣科。要注重地理教材的整体功能。不能忽视用其它教学手段来传递教学信息。

（二）对地理教科书进行分析和处理

教材内容与学生认识之间总会有一定的差别。教师切不可对教材不加任何分析，对教材功能不作考虑，简单地以教材安排的知识内容顺序为教学的顺序。如讲到我国三大平原，教学目标要求是“知道三大平原的分布和特点”。教材中按先后顺序有东北平原示意图、华北平原示意图、长江中下游平原示意图、水乡的河网示意图，最后安排了一个“想一想”，提出三个问题，东北平原的地形有什么特点？华北平原为何又称黄淮海平原？为什么长江中下游平原为“水乡”和“鱼米之乡”？如果按照教材的顺序和内容组织教学，教学的过程即是依次说明了三大平原的地形特点后，提出三个问题，对本节课内容加以检验和复习。这样的教学过程比较单调，学生易感觉平淡、枯燥，而且教科书中并无中国地形图，学生对三大平原的分布也就不能达到“知道”的水平。如果对教材稍加处理，将三大平原地形特征进行比较，并采用一张三大平原复合投影片，以突出三大平原的位置，讲课中再适当联系气候知识，使学生学到了知识，也学到了学习方法，增长了能力，避免了死记硬背。

（三）注重小栏目的处理

要注重对小栏目的处理，在分析教学目标的基础上，考虑用不同的栏目解决不同的问题。不断变换读、想、做的形式，使学生动眼、动手、动口、动脑，充分得到活动。不要局限或拘泥于教材中几个栏目的内容和形式，而应根据实际需要，大胆取舍或重新编排、加工甚至是再创造，精心设计好栏目和出现的最佳时机。

“读图”是地理教学必不可少的内容，读图的目的既是为了理解所学地理知识、培养形象思维能力和空间概念，也是为了使学生逐步增长阅读、填绘、运用常见地图、地理图表的技能。因此，教师对学生读图技能的训练应该是由浅入深，循序渐进的一个系统。教师在引导学生读图时切不可流于形式，机械单调，要有计划地讲解新的地图知识，训练学生的读图技能，培养学生的读图分析能力。例如，讲到世界年平均气温的分布，要使学生先了解等温线分布图的阅读方法，在此基础上，读图分析世界年平均气温分布的基本状况。

“想一想”教学形式可以是多样的，可以是“想一想”，也可以是“议一议”，“辩一辩”。例如，讲到加拿大的自然条件和人口分布，通过设问“为什么加拿大的人口集中分布在南部走廊地带?”，使学生初步学会分析人口分布与自然条件的密切关系。又如，讲到科特迪瓦经济发展中的曲折，可以让学生讨论“科特迪瓦为了摆脱经济上的困境需要采取什么措施?”。教师要充分挖掘教材的智力因素和非智力因素，科学地、恰当地设问，使“想一想”的内容充分发挥启迪思维的作用。

“做一做”表现形式可以是“说一说”、“写一写”、“练一练”、“算一算”、“动一动”等。例如讲到经纬线定方向，教师出题，让学生“练一练”，在有经纬网的图上，根据经纬线定方向。又如讲到中国的铁路，可以开展游戏活动，让学生代表全国重要的铁路枢纽，所经之处为重要铁路干线。教师出题，如“从哈尔滨到广州参加广交会要经过哪几条铁路干线”，要求代表这几条铁路线的学生举手。教师不断变换题目，使全班同学参与进来。

“读一读”处理方法切忌单调，可以让学生课上默读，或找一人代读，或留作课下阅读。教师也可以在讲重点难点之前做为增加兴趣、增强感性认识的事例来讲解。例如，讲到科特迪瓦，教材在叙述科特迪瓦成为“可可王国”之后，设“读一读”，说明可可的广泛用途和经济价值。教师在处理教材时，可以将“读一读”提前，先讲可可是世界三大饮料之一，具有很高的经济价值和广阔的国际市场，使学生明确科特迪瓦种植可可的原因。在此基础上，引导学生分析科特迪瓦广泛种植可可的自然和社会经济条件。这样处理教材，符合从感性到理性的认识过程，使"读一读"的内容发挥了智能作用。

教材中各栏目之间，还可作互相组合、灵活处理。以"撒哈拉以南的非洲"一章中"初级产品为主的经济"为例，栏目可作如下组合：①"读图算一算"，读"本区主要国家的主要商品占本国出口商品总额的比例"图，让学生自己动手计算本区主要国家主要商品在本国出口商品总额中的比例，引导学生得出本区经济是单一的、初级产品为主的经济。②"辩一辩"，全班开展讨论，单一的、初级产品为主的经济是优是劣，各组派出代表阐明观点，最后取得共识：单一的、初级产品为主的经济易受控于国际市场，在国际贸易中处于不利的地位。③"想一想"，如何根据本区条件，解决经济问题。在这种组合中，体现了教师的主导作用和学生的主动性、积极性，使学生的学习能力得到提高。

思考与练习

1. 中学地理教学大纲的作用是什么？
2. 教师对中学地理教材的掌握和运用分哪两个阶段，主要内容是什么？
3. 初中地理教材的选材原则是什么？

实习作业

在全面阅读了解九年义务教育初中地理教学大纲的基础上，对初中地理课本中某部分教材进行书面分析。

第五章　中学地理教学过程

本章重点　中学地理教学过程的本质特征、学生掌握地理知识的过程、在地理学习中学生智能的发展过程、在地理学习中学生思想政治品德的发展过程、地理教学过程的最优化

第一节　中学地理教学过程的实质

一、中学地理教学过程及其基本要素和本质特征

（一）中学地理教学过程的基本特点

教学过程是一种特殊的认识过程，是学生在教师的指导下，通过一定的教学形式和教学活动，积极主动地进行学习，完成一定的教学任务，以达到预期目的，使德、智、体诸方面都有所发展的过程。学生、教师、教学大纲、教材和教学场所是参与教学过程，并保证教学过程顺利进行的基本要素。

教学过程是一个运动发展的过程。每一门课程都要通过本学科的教学过程来实施课程计划和教学计划，完成教学大纲所规定的教学任务，使学生得到发展。每一节课既是学科总体教学过程的组成部分，也是一个单独的教学过程。

中学地理教学过程既有教学过程的一般特征又有地理学科的特点：

1．以环境—资源—人类活动为主线，正确阐明人地关系，使学生逐步树立科学的人口观、环境观和资源观，懂得正确处理人地关系以实现持续发展的重大意义。

2．教学内容具有广泛性、综合性和区域性，有利于学生的观察、注意、想象、记忆和思维等多种智力因素的开发，促进抽象

思维和形象思维的综合发展，实现培养学生能力的目标。

3．地图在教学中具有特殊重要的地位。地图既是地理教材的重要内容，又是地理教学的重要工具。利用地图进行教学是中学地理教学最重要的方法之一。

4．注重课堂教学与课外实践相结合、理论与实践相结合。通过实地观察促进学生对地理事物和地理现象的感知，形成正确的表象，充分地展开想象，实现从感性知识到理性知识的飞跃。通过乡土地理教学和联系国内、国际的生活与生产实际，增强学习的趣味性和时代感，培养学生的责任心。

可以说，中学地理教学过程是以学习地理知识为基础，通过书本与实际相结合的途径，使学生在知识、智能、思想政治品德三方面共同发展的特殊认识过程。

（二）中学地理教学过程的基本要素

中学地理教学过程是由学生、教师、教学大纲、教材和教学场所等五个最基本要素相互联系，相互作用，共同构成的具有复杂结构的有机整体。

1．学生　学生通过中学地理教学过程完成规定的学习任务，实现身心的相应发展。为此，学生在教学过程中要进行学习和调节两方面的活动。

学习活动主要指：学习地理基础知识，训练地理基本技能，参加地理实践，通过考核来自我评价并改进学习等。

调节活动主要指：处理好与教师的关系，处理好与同学的关系等。

2．教师　教师要组织教学活动，指导学生学习，调整并控制教学过程的进展，使学生生动活泼地主动地进行学习，以达到预期的目的。为此，教师要完成准备教学、实施教学和总结提高等方面的工作。

准备教学主要指：研究教学大纲，了解学生，钻研教材，制订教学计划，个人和集体备课，编写教案等。

实施教学主要指：组织教学，实施教学方案，完善教学结构，调整教学过程，检测教学效果等。

总结提高主要指：课后及时小结，做好学期总结，评价教学质量，整理教学资料，参加继续教育，开展教学研究等。

3．教学大纲　作为国家统一制定的指导教学的纲领性文件，教学大纲是确定中学地理教学的目的、任务、内容、教学过程的进度及各要素相互关系的根本依据，在教学过程中起着导向作用。

4．教材　教材是在教学过程中向学生提供教学信息的媒体。广义的教材包括教科书和各种教具，狭义的教材仅指教科书。教材是确定教学内容和选择教学方法的基础，也是设计教学过程的重要依据。

5．教学场所　教学场所是进行教学所必须的地点、环境和设备，包括教室（普通教室和地理专用教室）、地理园、校外活动基地等。教学场所对教学地点和教学形式有制约作用。

（三）中学地理教学过程的本质特征

1．中学地理教学过程中的基本矛盾　由于中学地理教学过程的各个基本要素间存在相互作用，相互影响，相互制约，便产生了中学地理教学过程中的诸多矛盾，如：

教学目标与学生现有发展水平的矛盾；

学生已经掌握的知识与新知识的矛盾；

学习材料与学生生活经验的矛盾；

系统知识和技能的教学与学生学习兴趣和注意点的矛盾；

学生对大量地理事实无法直接感知与学生必须形成确切的地理概念的矛盾；

教师的语言描述与学生对教师语言描述理解的矛盾；

学生对知识的表述与学生对知识的真正理解的矛盾；

科学的学习方法与学生原有学习习惯的矛盾；

学生掌握知识与应用知识的矛盾；

不同学生对同一学习材料产生不同理解的矛盾；

教学任务与教师教学能力的矛盾；

教学内容的广泛性与教学时间的有限性的矛盾等。

上述矛盾中，有些是各学科教学过程所共有的，有些是中学地理教学过程所特有的。其中"为达到一定教学目的而提出的教学目标与学生知识能力的现有发展水平之间的矛盾"，不但是一般教学过程中的基本矛盾，也是中学地理教学过程中的主要矛盾。为了解决这一矛盾及其所制约和影响的其它矛盾，中学地理教学过程中又形成了许多具体过程，成为一个多层次的具有特殊结构的复杂系统。

2．中学地理教学过程的层次性和复杂性　为了解决中学地理教学过程中的诸多矛盾，要有各要素分别作用于其它要素的具体过程，如教学大纲分别作用于教材、教师和教学场所的过程；教师对教材深入理解，适当处理的过程和恰当运用教学手段的过程；教师对学生进行指导并启发学生主动学习的过程；学生理解教师的指令和教材内容的过程等等。但是，这些矛盾并不是混乱无序的，而是严格有序的。它们在主要矛盾的制约下，具有一定的层次并有特殊的结构。

中学地理教学过程具有三个基本层次。第一层次是教学大纲对教材、教师和教学场所的作用过程，体现了教学大纲的制约作用和导向作用。第二层次是教师对教材和教学场所的作用过程与教师、教材和教学场所对学生的作用过程，体现了教师、教材和教学场所的控制作用，尤其是教师的主导作用。第三层次是学生在教师的主导作用之下学习和发展的过程，体现了学生的主体作用，图5-1。

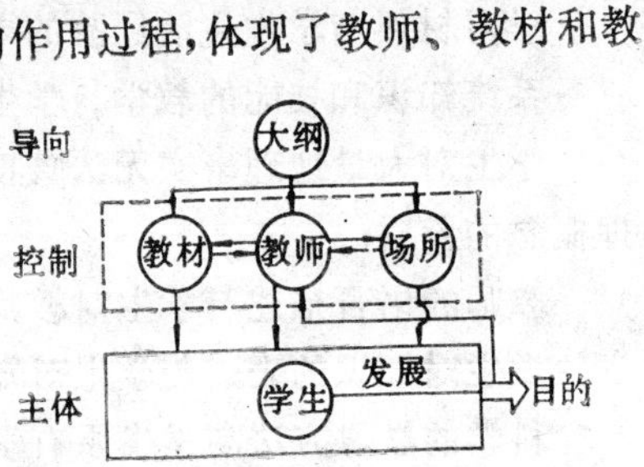

图5-1　中学地理教学过程各要素及层次关系

在教学大纲的制约下，中学地理教学过程有一定的目的和任务。在教学大纲的导向和教师对教材进行处理的基础上，形成了中学地理教学内容。教师根据教学目的、教学任务和教学场所的条件，针对学生实际，选择一般的及地理学科特殊的教学方法和教学形式。为了检验是否达到教学目的和是否完成教学任务，还要进行教学评价，检测教学效果。由此看出，在中学地理教学过程中，各要素之间保持着有序的联系，形成了复杂而特殊的结构。中学地理学科的教学目的、教学任务、教学内容、教学方法、教学形式和教学评价都反映了中学地理教学过程的复杂性和特殊结构。

3. 中学地理教学过程的本质特征　中学地理教学过程受到中学地理教学大纲的制约。中学地理教学大纲决定着中学地理教学过程的方向。由于教学大纲集中反映了社会对中学地理学科的要求，并将这些要求具体体现在教学目的之中，成为中学地理教学的基本依据，所以中学地理教学过程具有社会性和目的性。

教师、教材和教学场所都控制着教学过程。教师既通过自身活动又通过对教材和教学场所的影响来调控教学过程，在中学地理教学过程中起着主导作用。学生具有主观能动性，在学习过程中也能控制自身的活动，并且通过信息反馈影响中学地理教学过程。因此，中学地理教学过程是可控制的过程。

在中学地理教学过程中，学生可以获得地理知识，提高地理技能，同时发展智能和接受思想政治与品德教育，使身心得到发展。而学生的发展又必须以学习地理知识为基础，通过学生的认知来实现。因此，中学地理教学过程是学生学习与发展的过程。

以上三点从不同的侧面反映了中学地理教学的本质特征。综合起来，中学地理教学过程的本质特征就是：为了满足社会的需要，通过地理认知活动使学生得到发展的一种教育过程。

二、中学地理教学过程是学生学习和发展的过程

（一）学生全面发展是中学地理教学的根本目的

为了提高中华民族的素质，建设有中国特色的社会主义，需

要培养众多的德、智、体全面发展的人才。中学生是未来世界的主人，是我国社会主义现代化建设的后备力量。中学生的基本任务是学习并通过学习使自己全面发展。中学各学科教学的共同目的就是使学生通过学习提高思想政治觉悟，培养道德品质，掌握科学知识，训练技能技巧，发展能力与个性，增强体质，实现全面发展。

地理是中学生必修的一门基础课程。作为学科教学的重要组成部分，中学地理教学承担着地理基础知识教育、地理基本技能教育、地理智能教育和地理德育等重要任务，要使学生通过现代地理基础知识的学习，训练地理技能，发展智能，接受思想政治与品德教育，促进全面发展。因此，全面发展也成为中学地理教学的根本目的。

中学地理教学过程是为了实现中学地理教学的根本目的而进行的，中学地理教学的各个具体目标都必须服从于这个根本目的。教学目的是否正确，影响着教学过程的方向与发展。教师应深刻理解"全面发展"的深刻含义，推动中学地理教学过程沿着促进学生学习和发展的正确方向发展。评价中学地理教学过程也只能以是否促进了学生的全面发展，是否完成了各项教学任务为唯一标准。要克服以"分数"代替"发展"来衡量教学效果的错误方法。学生的考试分数只是检测教学效果的一种指标，只能反映教学质量的一个侧面。如果以追求高分为中学地理教学的根本目的，就可能使中学地理教学过程失去正确的方向。

（二）中学地理教学过程对于学生全面发展的重要意义

做为一门独立的学科，中学地理教学对于学生的全面发展有着特殊重要的意义：

1．通过中学地理教学过程，学生可以获得地理科学的基础知识，如地球和地理环境的组成、结构及运动规律，地形、气候、水文、土壤和生物等自然环境要素的特征、分布及运动规律，人口、种族、民族、宗教、文化和国家等人文环境组成部分的特征、分布和演变规律，工业、农业、交通运输业、商业、旅游业等产业部门的分布、布局条件和地域分工，地理环境各要素之间相互联系、相互作用、相互制约的复杂关系及其产生的地区差异，人类面临的全球人口问题、全球环境问题和资源与能源问题，为了实现人类的持续发展所应采取的正确对策等等。学生只有通过中学地理教学才能获得这些基础知识。

2．通过中学地理教学过程，学生得以训练地理基本技能，如阅读和使用地图，填绘简单的地图和统计图表，观察和运用地球仪，在野外确定方向，收听天气预报，进行简单的气象观测和天象观测，进行简单的野外观察和地理调查等等。学生只有通过中学地理教学过程才能使这些基本技能得到训练。

3．通过中学地理教学过程，可以开发学生的智力，培养学生的能力，如通过天象观测和野外观察，培养宏观观察能力；通过阅读地图，发展注意力和培养全面观察能力；通过观察地图、地理图片和地理影像制品，培养形象感知和空间想象力；通过对地理事物和地理名称的识记，培养机械记忆和意义记忆能力；通过对区域地理知识和系统地理知识的学习，培养形象思维和抽象思维能力；通过分析和解决一些实际问题，培养应用地理知识处理有关人类和地理环境问题的能力等等。在开发智力和培养能力方面，中学地理教学所起的作用有些是其它学科所不能代替的，如地理空间观念和地理空间想象能力的形成，形象思维和抽象思维的综合发展等。有些是比其它学科更具优势的，如综合—分析方法和比较法等思维方法的形成和运用。

4．通过中学地理教学过程，可以使学生受到思想政治与品德教育，如爱国主义和社会主义教育（包括党的基本路线和社会主义现代化建设成就教育、中国国情教育、法制教育、民族团结教育、“和平统一、一国两制”方针的教育和中华民族优秀传统文化教育等）、集体主义教育，能够使学生逐步形成科学的人口观、资源观、环境观和人地观，逐步学会运用辩证唯物主义观点和方法来认识和处理人地关系，还可以使学生具有一定的审美能力和分辨是非的能力，具有自力更生、艰苦奋斗的精神和坚强的意志品质，养成文明的行为习惯，胸怀祖国，放眼世界，为中华民族的繁荣昌盛而努力奋斗。与其它学科相比，中学地理德育内容更具广泛性和深刻性。在学校德育工作中，中学地理教学是一个非常重要的方面。

5．通过中学地理教学过程，学生可以更多地接触大自然，既锻炼了身体，又提高了审美情趣，更培养了热爱自然的情感。

总之，通过中学地理教学过程，学生可以在德、智、体、美等方面都得到发展。这一过程对于促进学生的全面发展有着不可替代的重要作用。

（三）中学地理教学过程既是学生学习地理知识的过程，也是学生的知识、智能和思想政治品德统一发展的过程

当代教育心理学认为，学习过程是人发展的过程，发展是在学习活动中实现的。在这种含义上，学习即发展。把学习归结为促进主体的行为改变和发展，可从更广的角度和更高的视点考察学习，并把学习理解为人满足社会发展需要和自身发展需要的过程。

中学地理教学过程中的学生学习和发展是指学习地理基础知识，掌握地理基本技能，同时建立和发展知识结构，建立和发展认知结构，形成能力、智力、创造力的发展，并发展道德认知、道德情感、道德意志和道德行为。任何有成效的教学过程都必须符合学生学习和发展的规律。教师在研究教学过程时，应该对于有关学习和发展的理论与实践给予充分的重视。

在中学地理教学过程中，学生对地理知识的学习是基础，智能的培养和思想政治品德的提高都不能脱离地理知识的学习，地理技能和地理能力又是学好地理知识的必要条件，学生的意志品格也影响着学习的质量。因此，这一教学过程是知识、能力和思想政治品德统一发展的过程。教师根据不同的教学内容和学生的实际状况，选择适当的教学方法促进学生在知识、技能、能力和思想政治品德等方面的协调发展。

三、在中学地理教学过程中教师和学生的作用与关系

做为一种特殊的认识过程，教学过程是在教师指导下的学生的认识过程。教学过程要受一定的时间和空间限制，是严格地按计划实施的。在这一过程中，教师通过教会学生学习，促进学生学习的自主发展。在教学过程中，学生是认识的主体，教师起主导作用。

（一）在中学地理教学过程中学生是认识的主体

在中学地理教学过程中，地理基础知识和基本技能是学生认识的客体，学生自身是认识的主体。如果没有学生，当然谈不上学习和发展。如果离开学生的心理活动和生理条件，也不能进行有效的教学。在教学过程中，学生学习的知识主要是书本中的间接经验，认识的客体主要是已经被前人所认识并总结的科学理论，这一认识过程中，学生不可能完全重复人类认识客观事物的全过程，往往是先理论后实践或从一般到个别。因此更需要学生充分的感知、活跃的思维和主动创新的精神。强调学生是认识的主体，就是为了使学生生动活泼地主动地学习。

实施教学过程的目的是为了促进学生的学习和发展。要实现这一目的，离不开学生的学习活动，取决于学生的发展状况和水平。因此，中学地理教学过程中的一切教学活动都应符合学生的认知规律和身心发展规律，都要为学生的学习和发展服务。强调学生在教学过程中的主体地位，就是为了以学生为组织教学活动的主要依据，保证教学过程向着正确方向发展。

（二）在中学地理教学过程中教师起主导作用

在中学地理教学过程中，教师要根据社会的需要和国家的规定确定教学目的和制订教学计划，为学生提供合理的教学内容，选择恰当的教学方法，创造良好的学习环境，检测和评价教学效

果，促进学生能力和个性的最佳发展。教师的道德修养、文化素养、世界观、价值观、兴趣、爱好、气质、品格等无不对学生有着深刻影响。因此，教师是社会需要的体现者、传递者和实现者，是学习环境的组织者和创造者，是促进学生全面发展的工程师，在教学过程中起主导作用。强调教师的主导作用，就是为了明确教师在教学中的重要地位，将教学过程置于教师的调控之下，同时利于养成尊师重教的良好风气。

在中学地理教学过程中，教师的主导作用具体体现在教师直接控制着学习和发展过程。这种控制不同于一般的学习和认识过程，即除去控制学习内容，还控制学习方法、学习时间和学习活动的形式，并且通过反馈及时调节这种控制。通过这种控制，使得学生的学习内容和学习状态都优于其它学习方式，保持着高效率和科学化。强调教师的主导作用，就是为了突出教学过程的特殊性，把握中学地理教学的特殊规律。

（三）正确处理中学地理教学过程中教与学的关系

教师和学生同属教学过程基本要素中人的要素，比其它要素的发展变化更为复杂。教师和学生相互联系，相互制约，相互促进，处于不同的地位，有着不同的作用，不可偏废。片面强调教与学的任何一方都会对教学造成不利影响。

教学内容和教学手段是教与学的客观依据和物质保证。教师把教学内容和教学手段作用于学生，组织整个教学活动，起主导作用。学生是教学工作的对象，又是认识的主体，体现着教学效果和教学质量。离开学生这个认识的主体，教师的主导作用就要落空，教学内容和教学手段也就失去了存在价值。教是外因，学是内因，外因通过内因起作用。要把教师掌握的知识和具有的能力转化为学生的知识和能力，赖于充分发挥学生的主动性和积极性。

要正确处理教学过程中教与学的关系，做到教学相长。教师必须帮助学生不断明确学习目的，激发学习动机，引起学习兴趣，掌握学习方法，做到因材施教，还要注意接受学生的反馈信息。学生不仅是信息的接受者，也是信息的反馈者，通过信息反馈对教师提出新的要求，促使教师的提高和发展。教师的提高和发展又会促进学生的提高和发展。如此循环往复，不断相互促进，共同提高，达到教学相长。

第二节　学生掌握地理知识的过程

一、掌握地理知识的含义

1．掌握地理知识要实现两个“飞跃”　学习和掌握地理知识的过程是学生对地理事物和地理现象的认识过程，必须遵循认识过程的一般规律。辩证唯物主义的认识论认为，理性知识依赖于感性认识，感性认识有待于发展到理性认识。因此，认识过程的第一步是对客观事物的感知阶段，认识过程的第二步是对感知的材料进行整理和改造的阶段。经过多次感知，感性知识就会上升为理性知识，实现了认识过程中的第一个“飞跃”。而经过实践所得到理性的认识，还须再回到实践中去进行检验和发展，用其改造客观世界，实现从理论到实践的第二个“飞跃”。如此循环往复以至无穷，使人的认识不断向前发展。

2．在教学过程中掌握地理知识的含义　教学过程是一个特殊的认识过程，学生在这个过程中既要遵循认识过程的一般规律，还要注意学习和掌握知识的特殊含义。

在教学过程中掌握地理知识的含义包括：

（1）对地理知识的理解和记忆，表现为能够复述知识和用已有知识说明解释新知识；

（2）把握地理事物的本质特征和本质联系，表现为能够正确理解并区别地理特征，正确理解地理概念、地理规律和地理成因，找出新旧知识的内在联系，形成新的知识体系；

（3）对地理知识的运用，表现为能够把学到的知识用于解决实际问题，用于规范自己的行为；

（4）通过掌握知识，学会学习，表现为掌握系统的地理学科学习方法和操作技能；

（5）通过掌握知识，进行创造性的学习，表现为发展创造能力，依据自身的认知水平和个性品质进行学习，富于创造精神；

（6）通过掌握知识，实现个性全面发展。

例如，“地形的基本类型”是初中地理基础知识的重要内容。要真正掌握这一部分知识，决不是能够背诵五种地形的定义就可以了，必须能够说明五种地形的特征，在地图和图片上区别五种地形，学会阅读等高线地形图和分层设色地形图，在野外实地确定地形类型。

二、学习和掌握地理知识过程中的学生心理活动

（一）中学生在地理学习中的心理特征

1．不同年龄学生的心理差异

（1）兴趣的差异：据调查，初中学生的地理学习兴趣有稳定性差和可塑性大的特点。初一是激发学生地理学习兴趣的关键时期。学生在初一时对地理课的兴趣和印象，对于以后的地理学习影响极大。有的学生可能越学越有劲，有的学生可能越学越不愿学。地理知识的类别对学生的兴趣也有很大影响。对于地理趣闻、风土人情、名胜古迹和珍奇动物，学生有较强的兴趣。对于地壳变化、气候成因等地理原理，学生兴趣淡薄。

（2）能力的差异：与高中学生相比，初中学生的空间知觉能力和逻辑思维能力要低，对地理图像的细节观察能力优于整体观察能力，机械记忆仍占优势，有一定的想象能力但带有幻想色彩。

（3）注意和情绪的差异：与高中学生相比，初中学生的注

意力不易稳定和持久，无意注意的成分较多。但初中学生的表现欲较强，有急于得到教师肯定的热烈情绪。

2．不同个性学生的心理差异

（1）学习态度的差异：由于学习动机的不同，初中学生在对待地理课的学习态度上可以分为：目的明确，态度端正，有良好习惯的自觉型；凭一时兴趣，成绩忽高忽低的兴趣型；无自觉性和好习惯，需要教师和家长经常督促的被动型；以及贪玩厌学，在“逼迫”和“强令”下也极不认真的强迫型。

（2）学习智力的差异：在智力因素方面存在着差异，如记忆的理解型和背诵型，思维的敏锐型和迟钝型等。在智力结构方面存在差异，即智力结构各有不同。

3．不同性别学生的心理差异　据调查，男生的空间观念优于女生，女生的听觉优于男生。在注意力方面，男生喜欢探索自然地理事物，女生更喜欢人文地理知识。在记忆力方面，男生的理解记忆较强，女生的机械记忆较强。在思维力方面，男生的抽象思维较强，女生的形象思维较强。男生对地理知识的兴趣略高于女生。

（二）中学生在地理学习中的认知过程

1．地理学习中认知过程的一般模式　地理学习中的认知过程从“动机形成”开始，经过“感知、理解、巩固、应用”等阶段，最后以“创造性解决地理问题”结束（图5-2）。

从图中可以看出，地理学习中的认知过程既有学习新知识的过程，又有新知识和原认知结构相互作用形成新认知结构的过程。这两个过程交织在一起，构成了地理学习中整个认知过程的动态结构模式。这个过程大致可以分为以下几个阶段：

（1）意向阶段，即激发动机，引起兴趣，集中注意，培养情感，准备意志。

（2）感知阶段，即充分感知新事物，形成地理表像，并将新的感性认识与原有知识相联系。

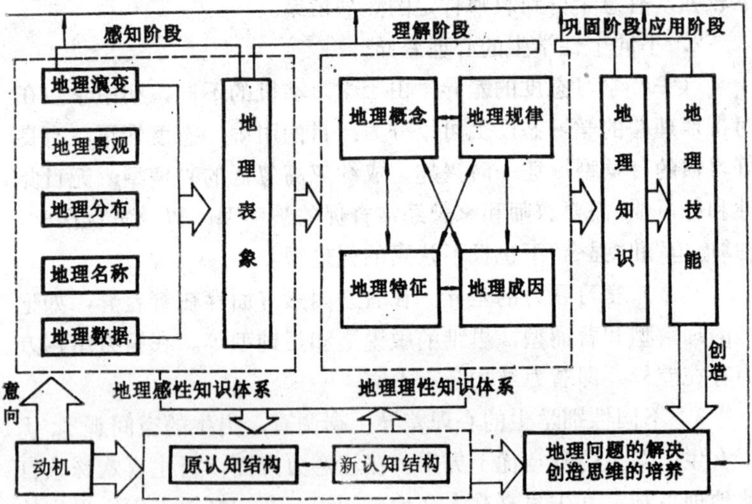

图5-2　地理学习中认知过程的一般模式

（3）理解阶段，即充分运用原有的知识结构来理解新知识，展开形象思维和抽象思维，通过想象、联想、分析、综合、判断、推理等方法形成新的认知结构，短时记忆新知识。

（4）巩固阶段，即通过技能训练和及时练习进一步熟悉新知识，巩固理解和记忆，实现新知识的长期储存。

（5）应用阶段，即应用所学知识和掌握的技能解决一定的问题，实现知识的迁移。

（6）创造阶段，即综合知识和智能，发展创造性思维，进一步提高解决问题的能力。

2．根据认知规律改进中学地理教学过程　要根据学生的基础和经验、地理知识的性质和类别、教学目标的不同层次调节学生在地理学习中的认知过程。有时认知过程可以简化，或者到某一阶段暂时终止。教师要指导学生养成符合认知规律的学习方法，尤其要注意：

（1）认知过程的完整性：要养成学习地理知识的动机和兴趣。要在充分感知和理解的基础上进行记忆。要加强新旧知识的联系，要重视实践和应用。

（2）达到不同教学目标层次的认知过程的差异：属于“识记”层次的知识点，必须经过产生动机、刺激感知、注意本质特征、短时记忆、整理加工、长时记忆等认知阶段。属于“理解”层次的知识点，要在识记的基础上，进一步抓住事物的本质和联系，形成知识结构。属于“应用”层次的知识点则还要实现知识的迁移。

三、掌握地理知识的基本环节

（一）地理知识的感知

由于地理环境是庞大而复杂的巨系统，许多宏观甚至巨观的地理事物和现象，如海陆的变迁、大气的环流系统、世界工业布局的变化等是学生难以感知的。对于大量距离遥远的地理事物和现象，学生也是难以去实地观察的。因此，在学习和掌握地理知识的过程中，如何加强学生的感知，使其建立丰富而正确的表像，是教师需要特别注意的问题。在教学过程的起始阶段就要使学生充分地感知，不仅可以形成表像，还有助于激发动机和引起兴趣。

1．加强感知的主要途径

（1）直观性的语言和文字：如对马里亚纳海沟的描述，可以说：“马里亚纳海沟是世界最深的海沟，深度为 11 034 米。如果把喜马拉雅山放进去，山顶离太平洋面还要有2 000多米呢”。

（2）各种地图、教具和电教媒体的运用：地图、图片和直观教具是常规的直观教学媒体。录像、投影、幻灯、电影等电化教学媒体可以进行动态模拟，具有视听综合效应，有身临其境的效果。

（3）实地观察：各种观测、考察、参观、游览都能使学生直接感知地理事物和现象。走出教室是加强感知的重要途径。

2．学生在获取感知时应注意：

（1）克服个人兴趣：根据教师的要求进行观察，不要把注意力只放在自已有兴趣的事物和现象上。

（2）避免无关刺激：根据教师提示，集中观察主要的对象，不要转移注意力。

（3）不凭主观印象：感知新事物时切忌单凭主观印象而造成错觉，如把"草地是绿的，沙土是黄的"这种日常经验用于地图观察，就可能产生"吐鲁番盆地长满青草，东非高原一片沙漠"的错误表像。

（4）注意方法技能：要有正确的观察方法，如观察水系图时应从上游向下游，先左岸后右岸，区别不同字体的注记。

（二）地理知识的理解

理解是从感性知识上升为理性知识的关键，需要多种思维方法的支持。对地理知识的理解过程一般是：地理表像→一般地理概念→地理特征、地理成因、地理规律→复杂地理概念→地理理论。

1．地理概念的理解　学生在形成和理解地理概念时容易发生的错误有：

（1）混淆概念：相近的概念容易混淆，如地形和地势，生长期和生育期，水利和水力，土地和土壤等。

（2）外延不准：对内涵理解有误，因而外延过宽或过窄，如认为黄土也是土壤，生物圈不是生态系统，季风不属于大气环流等。

（3）乱下定义：如"国土是一个国家的领土"，"台风是来自台湾的风"等。

（4）表述不清：如"季风是海陆差异所造成的风"，"华侨是居住在国外的华人"等。

为了正确理解概念，应注意：

（1）重视地理表像的作用：地理概念的形成对地理表像的依赖极大，表像越清晰完整，概念越容易形成。根据外部直观特征，可以概括出定义，形成词语化的概念，如根据大陆架示意图可以抽象出“陆地向海洋自然延伸的部分，坡度平缓，深度不大”的定义。

（2）重视思维过程的加工作用：对地理事物和现象有了直观的感性的认识以后，还必须经过思维过程的整理加工，才会产生对本质特征的认识并形成概念。逻辑思维和形象思维对地理概念的形成均有重要作用，如“山地”概念的形成：（图5-3）

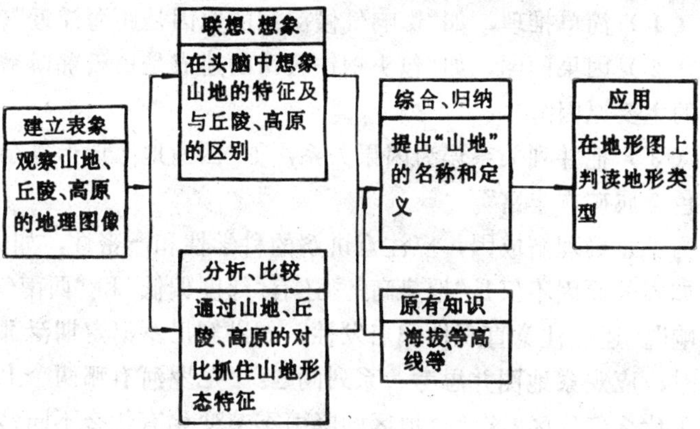

图5-3

2．地理特征的理解　学生在理解地理特征时存在的主要问题有：

（1）知道特征是什么，却不知道为什么会有这些特征，纯属死记硬背。

（2）知道结论，却举不出实例，如知道“世界工业布局有从集中到分散的趋向”，但举不出具体事实。

（3）知道具体特征，却不知道有关的知识结构，难以举一反三，如知道长江的水文特征、黄河的水文特征，却不清楚水文特征的含义是什么。

为了正确理解特征，应注意：

（1）对有关的文字表述进行解释，运用归纳或演绎的方法将事实和结论结合起来。

（2）注意从地理图像中归纳和想象出特征，掌握特征的形成原因。

（3）了解有关特征的内涵，如气候特征的要素是什么，水文特征的要素是什么，形成知识体系。

3. **地理成因的理解** 学生在理解地理成因时容易产生的错误有：

（1）简单推理，如“影响气候湿润的原因是距海洋近”。

（2）因果颠倒，如“包头钢铁公司的建成是白云鄂博铁矿开发的主要原因”。

（3）把并列关系误为因果关系，如“西南地区地形复杂，因此有色金属矿产丰富”。

为了正确理解成因，应注意讲解的科学性和严密性，如昆明四季如春的原因不仅是“地势高”，还有“纬度偏低”和“西南气流的影响”。还应注意直观性和启发性，如讲解尼罗河定期泛滥的原因时，应观察地图并思考一系列问题：“尼罗河有哪两个上源？各位于什么气候区？这两个地区的降雨季节变化有什么不同？定期泛滥与哪个上源有关？”

4. **地理规律的理解** 为了正确理解规律，需要对感性知识进行分析、综合、比较、想象和概括，做出新的判断，如“太阳直射点的移动规律”：（图5-4）

（三）地理知识的巩固

巩固是通过记忆把感知和理解的知识牢固地保留在头脑中，以便在需要时能够及时提取并加以运用的过程。

由于地理基础知识的特点，大量的地名和事实需要熟记才能运用。记忆始终是地理学习中的一个重要而困难的问题。解决这

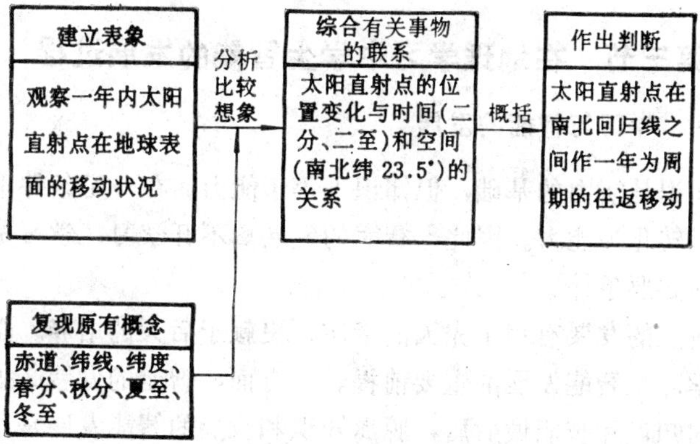

图5-4 对太阳直射点移动规律的理解过程

个问题的主要方法一是减少课内记忆量，使学生学会查阅地图和地理资料，用“查阅”代替“死记”，二是让学生掌握科学的记忆方法，除了必要的机械记忆，还要进行理解记忆、形象记忆、情感记忆、结构记忆和符号记忆，三是及时练习和复习，不断复现知识。

进行有效记忆有多种方法，如利用口诀记忆我国的省和自治区：“两湖两广两河山，三江云贵吉福安，双宁四台新西藏，青蒙陕甘黑海南”，根据位置特点记忆东南亚各国国名：“与中国接壤的有越南、老挝、缅甸，群岛国家有印度尼西亚、菲律宾，临太平洋的国家还有柬埔寨、泰国、马来西亚、新加坡、文莱”，等等。

（四）地理知识的应用

应用是加深理解，巩固记忆，训练技能和发展智能的重要途径，是学习和掌握知识的最终目的。在中学地理教学过程中，要结合基本技能训练和智能培养加强知识的运用。

第三节　在地理学习中学生智能的发展过程

一、学习与智能的发展

知识是能力的基础，但知识不等于能力。在一定条件下，知识可以转化为能力。因此，智能的发展离不开学习，学习是智能发展的必要条件。

智能的发展有赖于先天的素质，更赖于后天的培养。学生的主动学习是智能发展的重要前提。一方面，智能的发展必须具有足够的知识和技能做后盾，脱离知识和技能的智能发展是不存在的。另一方面，动机、兴趣、意志、性格等对智能的发展有重要作用，动机和兴趣是智能发展的强大驱动力，良好的意志和性格可以帮助学生克服困难去掌握知识和运用知识，缺乏主动性的学习则妨碍着认识的深化。

二、根据地理学科的特点和地理学习中的认知规律培养和发展学生的智能

通过教学过程培养和发展学生的智能是各学科的共同任务。由于中学地理学科的教学内容和教学目的与其它学科有所不同，中学地理教学在促进学生的智能发展方面有着特殊的作用。教师要根据地理学科的特点和地理学习的认知规律，有目的有重点地发展学生的智力，培养学生的能力。

（一）智力因素的培养和发展

一般认为，观察力、注意力、想象力、记忆力和思维力是智力的五个基本因素。观察力是智力活动的门户和源泉。注意力是智力活动的组织者和维持者。想象力是智力活动的翅膀。记忆力是智力活动的仓库。思维力是智力活动的中枢。这五个因素相互联系，相互作用，构成一个有机的整体和动态的系统。

1．观察力的培养和发展　由于中学地理教学以地理环境为

研究对象，往往以宏大的地理事物和现象为观察对象，所以观察方式较其它学科更为全面，自然观察和实验观察、长期观察和定期观察、全面观察和重点观察、直接观察和间接观察、解剖观察和对比观察等方式都会被经常运用。在地理学习的感知阶段就应重视观察力的培养和发展，不仅可以熟练基本技能，还能提高感知能力。培养和发展观察力的重点是：

（1）提高观察的目的性：在观察以前，教师要明确观察的对象和目的，教给学生观察的方法和步骤，使学生懂得观察要有一定的程序，如观察地图应该先定方向，后查比例尺，再看图例，然后才能阅读其它内容。

（2）注意全面观察：观察对象越复杂越难以形成整体观念，如观察普通地图时学生常从兴趣出发，有的注意地名，有的注意地形，有的注意交通线，却不善于通过全面观察综合区域的总体特征。教师要多加引导和示范，教给学生依次观察自然和人文要素进而概括区域特征的方法。

（3）善于对比观察：有些地理事物仅凭概念是难以真正区别的，运用对比观察可以加强理解和运用，如对于五种地形类型，仅仅知道概念是没多大意义的，必须能够在实地加以区别。利用图像同时显示五种地形类型，进行特征的对照和比较，要比只观察一种地形更容易感知和理解。

（4）坚持长期观察：许多地理现象的变化是异常缓慢的，如植物的变化、年气温及降水的变化等。只有通过长期观察才能得出正确结论。坚持长期观察，不但有助于提高学生观察的本领，而且能锻炼其意志和品格。

（5）加强野外观察：野外观察可以直接感知地理事物和现象，使认识过程更为合理，观察也更为全面，还有利于实际工作能力的培养和思想政治品德教育。教师应按照大纲的规定完成各项课外教学任务，通过加强野外观察来促进观察力的全面发展。

2．注意力的培养和发展　注意是心理活动对一定事物的指向和集中。由于地理事物和地理现象的复杂性，通过中学地理教学过程可以培养学生透过复杂的现象注意特定事物的能力，使注意力在各种事物中集中到所要了解的事物中去。在地理教学中，有意注意和无意注意的转化较多，有利于注意力的全面发展。在地理学习的意向、感知、理解等阶段都应加强注意力的培养和发展。培养和发展注意力时应注意：

（1）适当扩大注意的范围，如观察“天山牧场”图片时，不但要注意羊群和草地，还应注意草地和林带的位置关系，才能理解高山草场的垂直分布。

（2）运用多种媒体，通过有意注意和无意注意的交替来提高注意力，如“褶皱和断层”中的部分内容，涉及到形态和成因，初中学生不好理解，若利用图片、模型、投影和录像交替演示，可以既通过有意注意又通过无意注意进行感知，同时不断引起兴趣，使注意力得以保持。

（3）难易要适度，环境要安静，不断启发学生的思维，保持注意的稳定性。

3. 想象力的培养和发展　想象在地理学习中有着特殊重要的地位。对于大量的没有亲历过的地理事物和现象，要根据图像显示和语言文字描述在头脑中构造出的形象，即再造想象。这是感知的结果，也是思维的起点。对于客观事物在头脑中留下的印象（即各种表像），要进行加工改造，构造出新的形像，进而展开形象思维。在地理学习的感知、理解、应用和创造阶段都应对想象力进行培养。培养和发展想象力的主要途径是：

（1）加强形象感知：创造各种条件，使学生能够大量阅读地理景观图片，丰富地理表像。在教学过程的起始阶段先建立表像再接触概念，如讲解“什么是山脉”时，不宜直接给出概念（虽然教师省事），应该先让学生观察各种具体的山脉图片或录像，使其能够想象山脉的特征，然后再归纳定义。

（2）根据图像综合出地理特征：引导学生根据地图和景观

图片综合出区域特征或景观特征，不要简单地直接给学生列出有关特征的条目，如对于东北地区的自然特征，可根据地形图想象出“山环水绕、沃野千里”，可根据景观图想象出“雪原 冻土、林海茫茫”。

（3）鼓励学生充分展开想象：针对一些有趣的问题，鼓励学生自由想象，充分发挥，教师不急于下结论。如对“大陆漂移说”，可先说明大洋两侧同种动物的分布，再引导观察各大洲的轮廓，接着就可以让学生充分想象并各抒己见，然后介绍魏格纳的学说，鼓励学生继续研究。

4．记忆力的培养和发展：如前所述，记忆对于地理学习有着重要意义。最简单的例子是，能否记忆足够的地名，不但关系到地理知识的掌握，还直接影响着日常生活和工作。在感知、理解、巩固和应用等认知阶段都应培养和发展记忆力，除了加强理解记忆等意义记忆，还应注意：

（1）重视机械记忆：在中学地理教学中不应“死记硬背”是指教学方法的改革。对于大量的地名、物产和数据，还需要机械记忆，通过反复再现和比较，长期储存在大脑之中。

（2）充分运用联想：经过理解的知识容易记忆，如记住“秦岭—淮河”就可以联想出冬季0℃等温线、800毫米等降水量线、湿润区和半湿润区界线等。

（3）强化对关键特征的记忆：区分主次，重点记忆关键知识，如地球的经线很多，但关键的几条是本初子午线、日界线、西经20°线和东经160°线。记住这几条经线，就抓住了经度位置的关键。

5．思维力的培养和发展　思维是人对客观事物间接的和概括的认识过程，通过这个过程可以把握事物的一般属性和本质属性。思维是理解知识的必要心理因素和巩固知识的重要心理条件。只有通过思维，感性知识才能上升为理性知识。因此，培养和发展思维能力是发展智能的核心和重点。

在中学地理教学过程中培养和发展思维能力的重要性在于，形象思维和抽象思维并重，辩证思维和创造思维都能够得到发展，利用地图发展各种思维。对于地理学习中思维力的发展，教师应给予高度重视。

（二）思维能力的培养和发展

1．抽象思维能力的培养和发展

（1）地理学习中的形式思维及其发展：形式思维是凭借概念，按照形式逻辑的规律进行的思维。一般地说，这种思维形式是概念、判断和推理。在地理学习中，运用概念直接进行判断和推理也是常见的，如矿产资源是非可再生资源，煤炭资源属矿产资源，因此煤炭资源是非可再生资源。培养和发展判断及推理能力的关键是准确地把握概念的内涵和外延。

在地理学习中仅凭简单的判断和推理是不够的，有时甚至会出现失误，如"因为高纬度地区的正午太阳高度比低纬度地区的正午太阳高度小，所以高纬度地区的气温一定比低纬度地区的气温低"的结论是与实际相悖的。在地理学习中大量的形式思维是运用概念进行因果分析，找出地理演变的成因，同时探究地理环境各要素的内在联系，综合出地理特征，进而归纳出一定规律的思维过程。如要正确认识地理环境对日本经济发展的作用，须经以下思维过程：首先分析日本的环境和资源特点，明确临海的位置、众多的人口、适宜的气候、便利的交通和丰富的水力、海洋资源是经济发展的有利条件，地狭人稠和矿产缺乏是经济发展的不利条件。在此基础上，进一步分析因果关系，可以找出日本经济发展的原因，即发挥优势，扬长避短，充分利用位置和交通的优势，临海建厂，从海外运进原料，加工成制成品后再出口海外，同时精耕细作，以机械和技术提高单产，满足对农业的需求，促进了经济的发展。高度重视教育和技术，又使日本的经济长期保持在较高水平。根据这些分析，可以综合出日本工业布局的地理特征是"集中分布在太平洋沿岸的四个地区，在海港附近形成了工业中心”，进而说明技术革命和地理位置是工业布局的重要条件，沿海布局是工业布局的重要类型和一种发展趋势。在地理学习中，这样的分析—综合是经常要用的思维方法，需要着力培养和发展。

地理学习中常用的形式思维方法还有比较—归类和归纳。比较—归类常用于地区差异性的学习。如同属于亚热带气候，季风气候和地中海气候有明显的差异，对比说明要比单独说明有更好的效果，更有助于对气候类型分类的学习。再如比较塔里木盆地和准噶尔盆地的自然特征可以直接了解天山南北的地理差异，同时了解内陆盆地的一般特征。归纳常用于地理规律的学习，如世界人口的分布规律、世界工业的分布规律都要在地区分布的基础上进行归纳。教师应注意地理学习中思维过程与其它学科（如数学）的不同特点，避免仅凭概念、定理和定律体系的简单推理论证。

（2）地理学习中的辩证思维及其发展：辩证思维是按照辩证逻辑的规律进行的思维，是一种发展变化观。由于地理事物及现象间的关系极其复杂，辩证思维就显得格外重要。例如，学生对降水多的赤道附近有大片的森林容易理解，但对降水少的亚寒带也有大片森林就不易理解了。对此仅凭形式思维，只用降水多少来解释森林的分布是不够的，必须用降水和蒸发双方的对比，以辩证思维来考虑问题。

在地理学习中培养和发展辩证思维的核心是如何正确认识和处理人地关系，关键是学会运用辩证唯物主义观点分析和认识问题。教师应利用地理事实，充分说明人类既要生存又要发展，人口既要繁衍又要控制，资源既要利用又要节约，环境既要改造又要保护等辩证关系，使学生的辩证思维得到发展。

2. 形象思维能力的培养和发展　形象思维是凭借表象，按照描述逻辑的规律进行的思维。思维的形式是表象、联想和想象。形象思维是直觉思维的一种形式，直觉思维是创造性思维的重要环节。钱学森曾认为：科学技术工作决不能局限于抽象思维的归纳推理法，即所谓的“科学方法”，而必须兼用形象或直觉思维，甚至要得助于灵感或顿悟思维。爱因斯坦也倡导过这个观点。因此，培养和发展学生的形象思维是中学各科教学都在研究的问题。

（1）形象思维在地理学习中的重要作用：形象思维对于地理理性知识的形成有着重要作用，如东亚季风的风向转换规律是冬季盛行偏北风，夏季盛行偏南风。如果仅凭概念来推理或对一些示意图内容理解不深，就会简单地认为风向即如图上箭头所指，直接从北向南或直接从南向北。这种错误在学生中并不少见。只有把这句话同高气压和低气压的气流运动的表象及冷、暖气团移动的表象联系起来，通过联想和想象，才能懂得冬季风是以边顺时针旋转边向东南方向推进，夏季风是以边顺时针旋转边向西北方向推进的方式移动。

再造想象是地理学习的重要基础。例如，大家都知道金字塔是埃及的重要标志。但在地理学习中不仅需要知道埃及有金字塔，更需要看到金字塔的图片就知道那里是埃及，进而想象出埃及的地理景观。对于许多地理演变和地理景观都需要再造想象。创造想象则是理解并掌握各种地理模式的必要条件。例如大气环流的模式、洋流的模式等都是对客观现象的反映，既是客观存在又不能直接看到，只有通过想象，才能在头脑中形成完整的动态系统模式，成为可以运用的理论。

形象思维在地理学习中的重要作用还在于空间思维能力的发展和空间观念的形成。空间和时间是物质运动的基本形式。要深刻认识客观世界的物质性和运动性，就必须具有空间观念。通过地理学习而形成的空间观念并非一般的三维空间，而是具体的空间位置，包括宇宙空间、地表空间和地下空间。地表空间又有方向、经纬度位置、海陆位置、相对位置、层位关系等。这些空间观念只有通过地理学习才能获得。有了地理空间观念和有关地理位置的空间思维能力，对于科学研究、经济建设甚至日常生活都有益处。

（2）运用地图培养和发展形象思维能力：运用地图进行教学是地理教学与其它学科教学的重要区别。运用地图和其它地理图像培养和发展智能，尤其是形象思维能力，又是中学地理教学特殊而重要的任务。

地图（包括各种示意图）对于空间思维能力的培养极为重要。例如，普通地图本身是平面的，但其颜色、符号和注记却表示着地理事物的立体特征，经过形象思维可以从地图的二维平面中想象出地理事物的三维立体形像，如在分层设色地形图上可以通过国界、山峰符号和国名注记确定珠穆朗玛峰的位置，通过颜色和数字注记确定珠穆朗玛峰的高度。又如，学生对于方向的认识往往限于日常经验，即地平面上的东西南北，而对宇宙空间的方向理解不深，因此对"地球的自转方向和公转方向都是自西向东"、"地球的北极指向北极星附近即指向北方"等说法常有似是而非的认识，通过各种示意图有助于这种新的空间观念的形成。

地图特别有利于形象思维和抽象思维的综合发展，因为地图是形象的，但地图上的各种符号是对地理事物和现象的抽象，某种意义上说地图是抽象化的形象。因此，经常阅读地图，综合各种地图要素，归纳区域地理特征和地理演变过程，既有利于形象思维又有利于抽象思维。运用专题地理图表也能发展形象思维，如气温曲线和年降水量柱状图既是一种形象说明，又是对某地气候特征的抽象概括，学生凭借对这种图表的直观认识，又可以综合出某一种气候类型的特征，比推理论证更为直接。

3．创造性思维能力的培养和发展　当代心理学认为，创造性思维是高水平的思维。它不同于常规思维的要求，而注重发散思维和集中思维的结合，直觉思维和逻辑思维的结合，抽象思维和形象思维的结合，以达到灵感状态。尽管近年来强调在中学各学科教学中重视创造性能力的培养和发展，但仍缺乏系统的理论和实践。在中学地理教学中也存在同样的问题，所经常提到的应用知识解决问题，基本上还属于重复已有知识，在教材涉及的范围内就能找出答案的水平。为了实现学生的全面发展，对创造性思维能力的培养和发展应给予高度重视。

不言而喻，如在地理学习中运用前述多种思维方式的结合，则更适宜创造性思维能力的培养和发展。近年来在培养求异思维、多端性思维和逆向思维方面取得了一定经验。多端性思维要求对同一问题可以有不同的答案，不同于一般考试所要求的答案唯一性或标准性。求异思维力求对问题的解答出新出奇。逆向思维是变换问题的条件提出新的假设，寻求不同的答案。教师可组织学生讨论各种新颖的问题，如"纽约在北京的西边还是东边？"、"为什么说秦岭—淮河是我国重要的地理分界线？"、"假如地球只公转不自转，还会不会有昼夜更替？"等，促进创造性思维的发展。

三、促进地理知识和技能的广泛迁移，培养和发展创造能力

（一）地理学习成果的迁移

培养和发展学生智能的根本目的是培养和发展创造能力，使学生学会创造性地获取知识，解决问题。因此，地理学习的主要目的并非保持和再现知识，而是使学生能在新情境中运用知识，即实现地理学习成果的迁移。

地理学习成果的迁移可分为横向迁移、纵向迁移和递进迁移。横向迁移主要是用类比推理的方法迁移知识和技能，如将等高线的知识和判读方法应用于等温线、等降水量线、等压线的学习之中。纵向迁移主要是用归纳推理和演绎推理的方法迁移知识和技能，如根据亚马孙河和刚果河的水文特征归纳出赤道附近多雨，故河流水量大的规律；根据世界渔场的成因演绎出舟山渔场的成因。递进迁移主要是用因果推理的方法迁移知识和技能，如对地方时、区时、标准时的认识与应用，就是在三者关联的基础

上层层递进的。

（二）促进地理知识和技能的广泛迁移是培养和发展创造能力的关键

学生的智能发展受多方面因素的影响，除了智力因素以外，遗传因素和动机、兴趣、意志、性格等心理因素都起着重要作用，但关键是地理知识和技能的广泛迁移。教师要注意改进教学过程，一方面要加强地理基础知识和基本技能的教学，为智能的发展打好基础，另一方面要促进地理学习成果的迁移，培养和发展创造能力。为此，教师应重视知识结构和技能技巧的形成与发展。

1．知识结构的形成与发展　学生通过中学地理课程的学习，就会逐步形成地理知识结构，即依据一定的结构原则和方法，将地理基础知识组织排列成知识网络。形成知识结构以后，知识就不是零散的而成为一个整体了。

一般来说，知识结构在教材中并没有明确的说明，需要通过教学过程逐步形成和发展。教师要根据学生的认知规律安排学习知识的顺序，运用各种方法和手段建立知识的纵横联系，将知识纳入科学的有机系统之中。

2．技能技巧的形成与发展　技能是具有稳定的动作结构通过练习而巩固的操作。技巧是以熟练和自动化为特征的技能，是技能发展的高级阶段。地理技能是顺利完成地理活动的动作方式。阅读、填注、绘制各种地理图表即是中学生必须掌握的地理基本技能技巧之一。

技能技巧的形成与发展需要三个阶段：第一，在观察和模仿的基础上掌握局部动作并建立动作结构；第二，通过反复练习和自我体验使动作和动作结构完善化；第三，通过技能的熟练达到动作的自动化形成技巧。

促进地理知识和技能的广泛迁移，需要全面考虑教学过程的各个要素，认真设计教学过程，例如对“新加坡的工业化过程”

可作如下设计：

（1）确定的知识结构和教学的主线是：

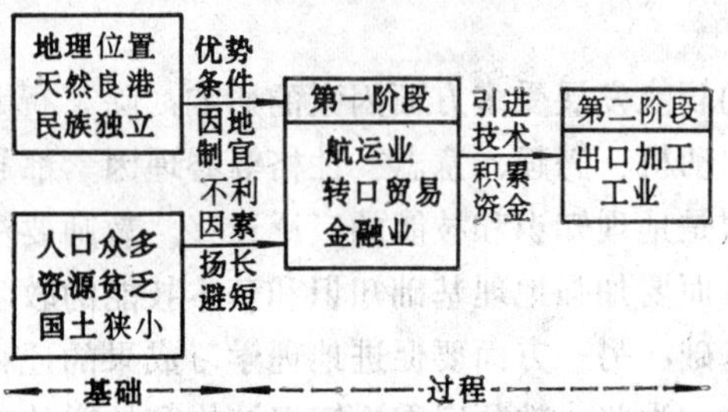

图 5-5

（2）确定的学习中的认知过程是：

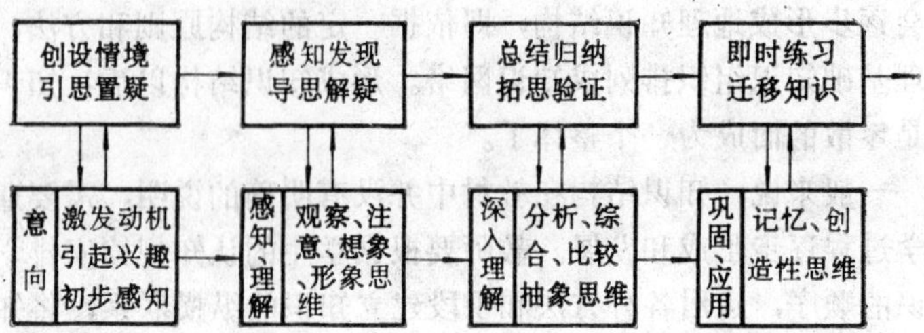

图 5-6

（3）确定运用已有知识和熟练技能的方法及手段是：

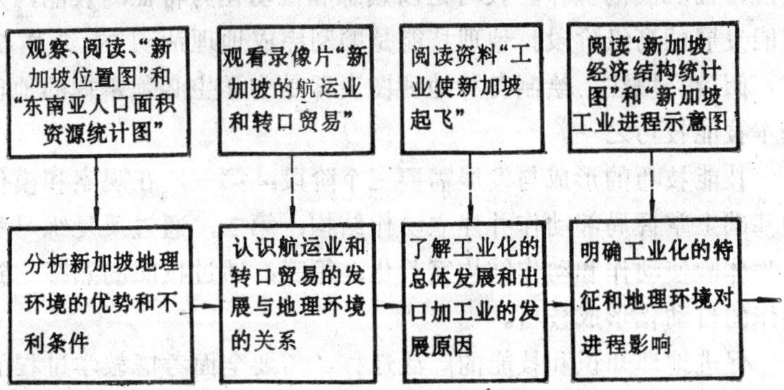

图 5-7

第四节　地理学习中学生思想政治品德的发展过程

一、在中学地理教学过程中促进学生思想政治品德发展的重要性及学生的心理过程

（一）思想政治品德的发展是全面发展的一个重要部分

我国的教育方针明确规定：教育必须为社会主义现代化建设服务，必须与生产劳动相结合，培养德、智、体全面发展的建设者和接班人。这一方针将“德”即思想政治品德放在全面发展的首位，是为了全面提高中华民族的素质，促进社会主义精神文明建设，保证我国的社会主义性质和方向，坚持党的基本路线，在21世纪实现我国社会主义现代化建设的战略目标。

《中国教育改革和发展纲要》明确指出：用马列主义、毛泽东思想和建设有中国特色的社会主义理论教育学生，把坚定正确的政治方向摆在首位，培养有理想、有道德、有文化、有纪律的社会主义新人，是学校德育即思想政治和品德教育的根本任务。因此，要按照不同学科的特点，把有关的德育内容分解、贯穿到各相关学科的课堂教学中去，促进各学科教学与德育的有机结合。

（二）学生思想政治品德发展的心理过程

从学生到合格人才，要学会处理多方面的社会关系和社会问题，包括对待国家大事的政治态度问题、对待社会和人生的思想觉悟问题、对待集体和他人的道德品质问题等。要想处理好这些问题，不但要有正确的政治观点、较高的思想觉悟、优秀的道德品质，还要有良好的个性心理素质。个体的思想政治品德就是一个人依据社会思想观点、政治准则和道德规范在言行中表现出来的一些经常的、稳定的特征和倾向。思想政治品德包含知、信、情、意、行等心理要素。知，指道德认识，是情感和行为的基

础。信，指道德信念，是道德认识的高级阶段。情，指道德情感，是基于认识的内心体验和态度。意，指道德意志，是为实现道德行为的自觉努力。行，指道德行为和习惯，是在一定认识、信念、情感和意志支配下的自觉行动。因此，思想政治品德是个性心理特征，是心理活动的产物。思想政治品德的形成和发展必须经过一定的心理过程才能实现。

德育是将一定社会或阶级的思想观点、政治准则和道德规范转化为个体的思想政治品德的教育活动，包括思想教育、政治教育和品德教育。思想教育是引导学生逐步树立正确的世界观、人生观和价值观。政治教育是引导学生学习建设有中国特色社会主义理论，坚定社会主义立场，坚持党的基本路线。品德教育是引导学生形成正确的道德认识和道德信念，具备良好的道德情感和道德意志，养成文明的道德行为和道德习惯，特别是养成自力更生、艰苦奋斗的精神和坚强的意志品质。因为思想政治品德是心理活动的产物，所以德育是在心理背景上进行的，是对心理施加的影响。通过德育，也会促进学生心理的健康发展，成为“自觉——努力学习；自知——自我意识正确；自爱——正视现实，适应环境；自持——情绪稳定；自尊——善与人处；自强——有远大理想；自制——遵守社会公德”的中学生。

（三）在中学地理教学过程中学生思想政治品德发展的心理过程

如前所述，由于教学内容的广泛性和综合性，中学地理课在促进学生思想政治品德发展方面有着重要作用，相应地学生的心理素质也会发生深刻的变化。例如，学生对地球的运动和地理环境演变规律的认识，既是形成“世界是物质的，物质是运动的，运动是有规律的”辩证唯物主义观点的基础，又是对地理事物认识的深化过程；学生对我国社会主义现代化建设成就和生产布局变化的了解，既是对党的基本路线正确性的理解，又是经过感知和思维把握我国国情的深刻认识过程；学生通过对祖国国土辽阔、山河壮丽的认识，不仅增长了地理知识，还会产生并体验强烈的爱国之情；学生通过对全球人口增长过快、资源浪费严重和环境状况恶化的认识，不仅了解了地理环境的变化，还会激发出责任心和使命感；学生通过对有关人口、资源、环境的政策和法律的了解，不仅增长了政策和法律知识，还会增强法制观念和规范自己的行为。因此，在中学地理教学过程中学生思想政治品德的发展过程不是一个简单的认识过程，而是知、情、意、行共同发展的过程。一般来说，在中学地理教学过程中学生的心理过程是：获得概念（知）—产生情感（情）—解决内心矛盾和行为支配力量（意）—外在表现（行）。

二、学生思想政治品德的发展是多层次和多反复的过程

（一）中学生心理发展特征和思想政治品德发展过程的基本特点

1．中学生的心理发展特征　中学生处于从幼稚向成熟发展的过渡时期，心理发展有以下特征：

（1）过渡性：初中生处于心理发展的半幼稚、半成熟期，是独立性和依赖性、自觉性和盲目性并存的充满矛盾的时期。

（2）闭锁性：初二年级以后，学生的内心世界逐渐复杂，开始不轻易将内心活动表露出来。

（3）社会性：社会和政治环境对学生的影响越来越大，良好品德或不良品德大都在此阶段形成并初步“定型”。

（4）动荡性：中学生特别是初中生的心理很不稳定，思想比较敏感，感情容易激动，好走极端，可塑性极大。

这些心理发展特征对思想政治品德的发展有重要作用。

2．学生思想政治品德发展过程的基本特点

（1）可控性和广泛性：学生思想政治品德的发展受学校和教师的控制，但又受家庭和社会的多方面影响，各种积极因素和消极因素同时作用于学生。

（2）全面性和多端性：学生思想政治品德的发展包括各种心理因素和认知、情感、意志、行为等全部心理过程，但诸要素又处于不平衡状态，可从任一因素开始扩展至其它要素。

（3）实践性：思想观点、政治准则和道德规范能否转化为学生个体的思想政治品德，关键是学生的自身实践，通过实践才能实现个体的社会化。

（4）长期性和复杂性：思想政治品德的发展需要长期积累和不断转化，接受正面教育，克服消极影响，解决主观意识和客观世界的种种矛盾，在曲折中发展。

由于中学生思想政治品德的发展具有以上特点，所以思想政治品德的发展是一个长期塑造和改造的过程，也是一个多层次和多反复的过程。只有学生反复完成一定道德行为，并根据经验和实践，深信他的道德规范是正确的，以至这种行为成为他经常的稳固的特征时，我们才能说他已经形成了这方面的道德品质。道德品质并不是固定不变的，而是需要不断改造的，要经过多层次的长期教育和自我教育，永无终结。

（二）中学地理教学中思想政治品德教育的系列化和层次化

1．中学地理思想政治品德教育内容的系列化　为了加强学生思想政治品德教育，就要遵循学生思想政治品德的形成规律和社会发展的要求，科学地规划各教育阶段的具体内容、实施途径和方法。各项德育内容的深浅和侧重点，都要针对不同年龄及不同学习阶段学生的理解和接受能力而设置。

我国中学地理课程分别开设于初中一、二年级和高中一年级。由于这两个学段学生的知识水平和心理特征有较大差异，因此，要分别对待。如对初中生要突出道德品质的养成，对高中生应着重思想政治观点的教育。为此，需要把中学地理教材中的德育因素系列化，组成一个中学地理德育基本内容的序列，以促进本学科德育的规范化。

我国中学地理思想政治品德教育基本内容的序列可初步安排

为：

爱国主义教育和国情教育

1. 中国国情教育

初中阶段：我国国土辽阔，山河壮丽，人口众多，资源丰富，地区差异显著。祖国领土神圣不可侵犯。

高中阶段：我国综合国力逐步增强，但仍然是发展中国家。要充分发挥地理环境的优势，发展经济，提高国际地位。

2. 民族团结教育

初中阶段：我国是统一的多民族国家，各民族团结互助，平等合作。要加快少数民族地区的经济建设，巩固国防。

高中阶段：要发挥我国西部地区的资源优势和沿边地区的地缘优势，促进各民族的共同繁荣。

3. 发扬中华民族优秀传统文化，热爱祖国，振兴中华教育

初中阶段：我国科学家对地理科学的发展做出了杰出贡献。要热爱祖国，热爱家乡，努力学习，全面发展，做“四有”人才，立志振兴中华。

高中阶段：中华民族对人类文明做出了巨大贡献。要以祖国的繁荣昌盛为己任，致力于祖国和家乡建设。

党的基本路线和社会主义现代化建设成就教育

1. 社会主义现代化建设成就教育

初中阶段：在中国共产党领导下，我国社会主义现代化建设取得了伟大成就。要热爱社会主义新中国。

高中阶段：新中国的发展变化体现了社会主义制度的优越性。要热爱党，热爱社会主义。

2. 党的基本路线教育

初中阶段：要扩大开放，发展同世界各国尤其是周边国家的友好关系，为我国的经济建设争取有利的国际环境。要坚持“和平统一、一国两制”的方针，恢复对香港和澳门行使主权，早日实现海峡两岸的统一。

高中阶段：要进一步改革开放，增强我国的综合国力。要调整和优化产业结构，高度重视农业，加快发展基础工业、基础设施和第三产业，扩大对外开放的地域，促进全国经济布局合理化。

科学世界观教育

1. 辩证唯物主义基本观点教育

初中阶段：世界是物质的，物质是运动变化的。事物的发展具有规律性、差异性和普遍联系性。

高中阶段：时间和空间是物质运动的基本形式。事物所具有的系统性、复杂性和普遍联系性。要遵循客观规律促进事物的发展。

2. 科学的人地观、人口观、资源观和环境观教育

初中阶段：要合理开发和保护资源，重视环境保护，使人口增长与经济发展相适应，促进人类和环境的协调发展。

高中阶段：人既是生产者也是消费者，人口增长必须与经济发展相适应。要合理利用和保护有限的自然资源。环境问题是人类的共同问题，要大力保护环境和重视国土整治，实现人类的持续发展。

3. 无神论教育

初中阶段：要相信科学，热爱科学，反对迷信，不信鬼神。

高中阶段：要热爱科学，懂得科学技术是第一生产力，抵制封建迷信活动。

法制和道德教育

1. 法制教育

初中阶段：要遵纪守法，执行有关人口、资源和环境的政策法律。

高中阶段：要履行公民义务，认真执行有关人口、资源和环境的政策法律。

2. 道德教育

初中阶段：要爱惜资源，节约能源，保护环境，美化环境。

高中阶段：要关心人类的生存发展，珍惜资源，节约能源，自己动手保护和美化环境。

个性心理教育

初中阶段：勤劳节俭，积极进取，不怕困难，勇敢向上，分辨是非，审美爱美。

高中阶段：自力更生，艰苦奋斗，开拓创新，自尊自强，明辨是非，审美爱美。

2. 中学地理思想政治品德教学目标的层次化　为了反映中学生思想政治品德多层次的发展特点，明确不同学段学生在中学地理德育方面所应达到具体程度，应当制订中学地理德育教学目标层次，体现学生在思想政治品德方面由简单到复杂的心理和行为变化。

中学地理德育教学目标可分为认知、情感、意志行为三个方面，每个方面又分为三个层次，各个层次之间有连续性和累积性，前一层次是后一层次的基础，较高层次包含前面较低层次的要求。

（1）认知方面的德育目标层次：可分为识记、理解和初步树立三个层次。识记的要求是知道并记忆相应的思想观点、政治准则和道德规范的基本内容，能够结合有关教材内容回忆其大意。理解的要求是懂得相应的思想观点、政治准则和道德规范的意义，能够结合有关教材内容解释其含义。初步树立的要求是接受相应的思想观点、政治准则和道德规范，相信其正确性并依此来认识实际问题。

（2）情感方面的德育目标层次：可分为感受、体验和初步具有三个层次。感受的要求是注意到教学内容中的德育因素，感觉到教师和教学媒体所传递的道德情感信息。体验的要求是对教学内容中的德育因素有较大兴趣，体会到教师和教学媒体所传递的道德情感信息的含义。初步具有的要求是对教学内容中的德育因素有较强反应，体会了教师和教学媒体所传递的道德情感信息的丰富内涵，对于实际问题有较强烈的感情倾向。

（3）意志和行为方面的德育目标层次：可分为遵从、自愿和自觉三个层次。遵从的要求是服从教师和家长的正确教导，能够效仿他人的良好行为，遵守各种社会公德和各项纪律。自愿的要求是乐于服从教师和家长的正确教导，注意锻炼意志品格和培养良好的行为习惯，维护社会公德，模范地遵守纪律。自觉的要求是主动履行中学生的道德义务和行为规范，有意识地锻炼意志品格，养成文明行为习惯，以实际行动维护集体荣誉和国家利益。

初一学生应在认知、情感和意志行为三个方面都达到第一级的水平。初二大部分学生应在认知和情感方面达到第二级的水平，部分学生在意志行为方面达到第二级的水平。高一大部份学生应在认知和情感方面达到第三级的水平，在意志行为方面达到第二级的水平，部分学生在意志行为方面达到第三级的水平。

三、在中学地理教学过程中对学生进行思想政治品德教育的基本方法

（一）教学过程对学生思想政治品德的影响

学生的思想政治品德是在与外界的相互作用中，即活动与交往中形成，又通过活动与交往表现出来的。因此，活动与交往是德育的基础。学生的活动与交往形式有多种多样，但主要活动是学习，主要交往对象是老师和同学，教学过程应成为重要的德育途径。在教学过程中，教师应提出明确的德育要求并充分发挥学生的主动性和积极性，激发学生的心理矛盾运动，促使学生不断进行自我教育。

在教学过程中，要依据学生心理活动的特点，提高其道德认识，发展其道德思维，确立其道德信念，丰富其道德情感，指导其行为方式，锻炼其道德意志，培养其道德行为，做到晓之以理，动之以情，导之以行，持之以恒，实现从知到行的转化。

（二）在中学地理教学过程中进行德育的基本方法

1．说理教育法　通过摆事实和讲道理来提高认识。方式有讲解、谈话、讨论、阅读、参观访问等。

2．情感陶冶法　利用教师对学生的热爱和各种情境潜移默化地影响学生，使学生的心灵受到感化。方式有教师的熏陶、环境的陶冶等。

3．实际锻炼法　组织学生参加一些实践活动以锻炼其意志和训练行为，方式有布置具体任务、组织社会实践、执行规章制度等。

4．榜样示范法　运用典型事例影响学生，如竺可桢、李四光、詹天佑、秦大河等科学家和同学中的优秀生，特别是教师的言行。

5．思想品德评价法　对学生的思想政治品德给予一定评价以促进优良品德的深化。方式有表扬与奖励、批评与惩罚等。

第五节　中学地理教学过程的最优化

一、中学地理教学过程最优化的提出和根据

（一）中学地理教学过程最优化的提出

由于社会主义现代化建设事业的飞速发展和面临着世界性的经济、科技和社会进步的严峻挑战，我国教育事业必须“面向现代化、面向世界、面向未来”，不断提高教育和教学质量，培养一代又一代德、智、体全面发展的新人。因此，教学改革始终是中学各学科教学的重要课题，尤其是要通过改革教学过程来实现教学目的、教学内容、教学方法、教学形式和教学效果的整体优化。

中学地理教学也存在着与经济发展和社会需要不适应的状况。这种不适应又反映在教学过程中，主要表现在不善于调动学生的主动性和积极性，不能进行启发式教学，简单地“照本宣科”和“满堂灌”。造成这种状况的重要原因是：

1．对于教学过程是学生全面发展的过程领会不够，仍然认为教学过程就是单纯传授知识的过程；

2．对于教学过程是一种特殊的认识过程理解不深，不能依据学生的认知规律来设计教学过程；

3．对于教师和学生在教学过程中的地位与作用认识不清，使教学过程成为一个简单的“灌输”过程；

4．对于教育技术的发展了解不足，不善于使用多种教学媒体

和现代化教学手段进行教学等。

为了解决这些问题，地理教学（包括中学地理教学）过程最优化的提出势在必行。

（二）中学地理教学过程最优化的根据

1．地理科学的进展要求地理教育主题进一步深化　在钱学森等同志的大力倡导下，我国地理学正在发展为地球表层学和地理科学，从简单的描述和评价地理环境变为深入研究地球表层人口、资源、环境、经济、社会之间的关系，能够直接参与经济规划和设计方案的制订，成为一门有目的地改造与管理周围环境的科学。同时，“持续发展”即“在满足当代人需要的同时，不损害人类后代满足其自身需要的能力”已成为各国所共同接受的人类面临的迫切问题。为了求得人类的持续发展，必须解决贫困问题，满足全体人民的生活需要；必须改变以破坏环境和资源为代价的经济增长方式；必须把人口限制在可持续发展的水平；必须保护和加强资源基础；必须使经济技术发展与环境保护相适应；必须把发展问题落实到政策、法律和政府决策之中。地理科学的建立和“持续发展”的提出，不仅丰富了地理学的内涵，给地理学注入了活力，也深化了地理教育的主题。

作为21世纪的公民，目前和未来的中学生应该具有全球意识和正确的地理价值观念，才能参与合作、竞争和国际交往。这方面的素质教育主要赖于中学地理教学。中学地理教学必须从单纯地传授知识，变为引导学生通过基础知识教学形成正确的地理观念和科学的地理思想方法，包括全球观、系统观、效益观、人口观、资源观、法制观、社会平等观等等。地理教育主题的这一深化，将使学生充分理解和认识“人类共同拥有一个地球”，懂得既要发展又要生存，既要实现当代人的富足又要保证子孙后代的繁荣，既不能以环境和资源的损害和部分人的贫穷为代价求得发展，也不能为了消极地保护环境和资源致使经济和社会的停滞等道理，使中学地理教学切合实际、符合潮流。

2．思维科学的发展促进了对认识过程的进一步了解　由于培养和发展智能是教学过程的重要目的，思维能力又是中学教学所要着力培养的能力之一，所以思维科学的研究成果直接影响着对学生智能的培养。

近年来，思维科学有了较大发展，其研究成果对教学理论产生了很大影响。根据思维科学的最新成果，诸如思维的基本形式除了形象思维和抽象思维，还有直觉思维；科学技术工作决不能局限于抽象的归纳推理，必须兼用形象和直觉思维；创造性思维分为准备、孕育、明朗、验证四个阶段，在孕育和明朗阶段直觉思维起着相当重要的作用；人对某一知识领域的系统认识通常遵循从事实性到定律性再到原理性的发展过程等等，都将对教学过程的设计和实施产生重要影响。

3．现代教学理论直接推动着教学过程的优化　改革开放以来，各种优秀的现代教学理论被介绍到我国，逐渐与国内教学实践相结合，为广大教师所应用并取得了一定经验。由于这些现代教学理论已经经实践检验并产生了国际性影响，对于我国中学地理教学改革也会起重要的作用，直接推动着中学地理教学过程的优化。

现代教学理论对中学地理教学过程的影响主要表现在：

（1）提倡全面发展、学有所成，以学生形成良好个性并成为合格的公民为教学目的；

（2）重视教学内容的基本性，使学生掌握本学科知识的基本结构；

（3）明确教为主导、学为主体的辩证关系，通过教师与学生的相互作用完成教学过程；

（4）主张知识和智能的统一，强调学生智能和个性的发展；

（5）实现教学过程的最优设计，促进教学形式的多样化；

（6）充分运用现代化教学手段，实行多媒体组合教学；

（7）建立教学评价指标体系，加强对教学过程的结构和环节的评价等等。

二、中学地理教学过程最优化的标准

（一）教学过程最优化的含义和基本标准

1．教学过程最优化的含义　按照一般的理解，教学过程最优化是指教师有目的地选择组织教学过程的最佳方案。这一方案保证在规定的时间内，使教学和教育任务的解决达到可能范围内的最大效果。理解这一含义时应注意，“最优的”并不等于“理想的”，而是指一定学校、一定班级在具体条件的制约下，所能达到的最大成果，也就是学生和教师在一定场合所具有的全部可能性。

2．教学过程最优化的基本标准　一般认为，在现代学校的条件下，教学过程最优化的最重要标准首先必须是解决教学和教育任务的效率和质量，以及师生在解决这些任务时所消耗的时间和精力。这又涉及两个方面：一是效果，即每一个学生在某一时期内，根据所提出的任务，尽自已最大可能所能达到的教养、教学和发展方面的水平；二是时间，即学生和教师都必须遵守学校卫生学及有关文件规定的课堂教学和家庭作业的时间定额。

按此标准，应全面考虑学生的发展水平，不能局限于学业成绩；必须从具体条件和实际可能出发，提出不同的评价标准；学生应在规定的时间内，达到教学大纲所规定的基本水平。

（二）中学地理教学过程最优化的含义和基本标准

1．中学地理教学过程最优化的含义　中学地理教学过程最优化的含义与一般的教学过程最优化的含义本质相同。需要进一步明确的是，它不要求地理教学所用的方法和取得的效果与其它学科相比是最佳的，只要求在所处条件下是尽可能最佳的，不要求这个过程中所有因素和所有条件都是最佳的，只要求各种因素和各种条件的整体效益是最佳的。中学地理教学过程最优化并不意味着将最优秀的教师和学生、最先进的设备、最有利的教学时间都集中在一个学校，只是要求充分发挥现有教师和学生的才智和积极性，尽可能配以得心应手的教学设备和良好的工作条件，以达到可能的最佳教学效果。

2．中学地理教学过程最优化的基本标准　中学地理教学过程的最优化除了遵从教学过程最优化的基本标准以外，还突出以下两点：

（1）任何一节地理课必须有适当的信息量，有活跃学生思维的教学因素，通过观察、操作等各种手段的运用实现手脑并用、眼耳并用，同时要有适当的调控；

（2）要给学生表达自己看法和想法的充分机会，增强学生的成就感和自信心，培养和发展学生对地理学科的学习兴趣，唤起学生的求知欲。

为此，中学地理教学过程应具有较好的可控性，即：

（1）整个教学过程和每一具体阶段都有明确的目标；

（2）充分利用外界条件来引导发展方向和进度，克服各种干扰，使教学过程不偏离预定目标；

（3）准确把握教学过程各要素，并根据需要及时加以调整，保证教学的顺利进行；

（4）有通畅的反馈渠道，对教学效果进行准确的评估。

三、实现中学地理教学过程最优化的基本途径

（一）实现教学过程最优化的基本步骤

现代教学理论指出，教学过程的各个基本要素和各个组成部分相互联系、相互制约，组成了一个具有复杂结构的教学系统（表5-1）：

从表5-1中可以看出，教学过程有6个基本环节，实现教学过程最优化的基本步骤即围绕这六个基本环节展开：

1．确定综合性的教学任务，在全面研究学生实际可能的基础上，使任务具体化。

2．选择在可能条件下的教学过程的最优标准。

表5-1 教学系统及组成（据巴班斯基）

人	条件	教学过程	
		基本结构	基本环节
教师 学生	1.教学设备 2.学校环境卫生 3.教师素质和学生思想、心理	1.教学目的和任务 2.教学内容 3.教学方法 4.教学方式（组织形式） 5.教学效果（评估）	1.研究系统特点，具体落实教学任务。 2.研究班级特点，使教学内容具体化。 3.根据系统特点，优选教学形式和方法。 4.根据系统特点，优选师生相互作用的形式 5.根据教学反馈进行检查，随机调节教学过程。 6.分阶段作教学成果分析，提供总结性反馈信息。

3．为了完成教学任务，制定一整套在可能条件下的最优方法和手段。

4．尽最大可能改善教学条件，以实施制定的教学方案。

5．实施教学方案。

6．根据选定的最优标准，评价教学效果。

（二）实现中学地理教学过程最优化的基本途径

1．重视教学设计　教学设计是应用系统理论的观点与方法，分析教学问题和需求，确定解决它们的方法和步骤，并对教学效果做出评价的一种计划过程与操作程序。教学设计的目的是为了改进教学，实现教学过程的最优化。

确定教学目标、制订教学策略和进行教学评价是课堂教学设计的三要素。教学目标是教师要求学生必须达到的学习成果或最终行为，包括知识、技能、能力和思想政治品德各个方面的要求。确定教学目标即明确学生学习什么，应该达到什么要求。教学策略是教师为达到教学目标所采用的教学形式、教学方法、教学媒体和课堂教学结构的总称。制订教学策略即采用最有效的教学形式、教学方法、教学媒体和课堂教学结构优化教学过程。教学评价是对教学的有效性进行判定，检查学生是否达到了预期的教学目标。进行教学评价即对教学效果和教学过程进行检测，提出改进教学的措施。上述三要素相互联系、相互制约，确定教学目标是核心，制订教学策略和进行教学评价是为了实现教学目标。

中学地理课堂教学设计的基本方法是：

（1）确定课堂教学目标，提出具体的知识、基本技能和思想政治品德等方面的教学目标层次以及学生行为变化。

（2）根据教学媒体的技术和经济特点，以及各种教学媒体表现中学地理教学内容的不同功能，选择最佳教学媒体。

（3）根据课堂教学内容的要求、教学媒体的功能和学生的心理变化，确定教学媒体的最佳作用点和最佳作用时机。

（4）建立体现教学媒体优势的最佳反馈渠道，充分发挥教学媒体在获取反馈信息、调整教学程序方面的作用，及时检测教学效果。

（5）把多种教学媒体组合在一起，发挥各种教学媒体在地理课堂教学中的优势，形成教学媒体的优化结构。

（6）编写课堂教学设计方案（教案），表述教学目标、教学内容、教学策略、教学过程和评价方法等。

在进行课程、单元教学或课堂教学设计时，可以采用以下程序：

（1）列出教学课题，陈述每一课题的教学目的。

（2）列出学生特点。

（3）确定教学目标。

（4）列出每一目标的教学内容。

（5）预估学生的基础知识和达到各个目标的基本标准。

（6）选择教学策略和教学媒体。

（7）协调所需要的教学服务（预算、设备、仪器、人员和时间等）。

（8）根据学生完成教学目标的情况，评价教学效果，修改教学设计。

2．运用电化教学手段　随着对电化教学的深入研究和广泛实践，人们已经意识到电化教学不仅仅是一种辅助性的教学手段，而且是一种现代化的教育技术。对于人的神经系统获取信息功能的最新研究成果，也为电化教学的推广提供了有力支持。这些成果表明，在人的感觉系统获取外界信息时，当单一形式的外界刺激持续一段时间后，主观感觉量就会降低，因此最敏感的信息在于外界刺激形式的变化。视觉系统是时空信息的最佳接受系统，但是时空系统只传送最主要的、经过感官精炼的外界信息，因此要达到预期的感知目标，必须突出被感知事物的主要特征，减少外界刺激的冗余度。由此看来，以视听综合效应为主的，灵活多变的电化教学比单一的语言文字描述为主的常规教学更有利于学生接受外界信息，应当引起更高的重视。要提高电化教学的整体水平，关键在于使电化教学从经验型上升为理论型，着重解决"为什么用"和"怎么用"的问题。

利用电教媒体表现地理知识内容，改变了教学信息的传递方式，从常规的以文字和地图来表现知识扩大到以形声并茂的图像来表现知识，直观性更强，更接近"真实情景"，教师可以更方便地加以调控，如：

（1）把地理现象和地理景观的"原形"显示出来：许多地理现象和地理景观，如火山喷发、冰川移动、热带和极地景观，是学生尚未亲历的，仅凭语言和文字描述，难以使他们形成正确表象，而录像和投影幻灯则可以把地理现象和地理景观的"原形"作动态的或多方位的立体显示。

（2）把地理事物的演变过程完整地表现出来：许多地理事物的演变过程，如大陆漂移、水循环、大气环流等，演变时间长，空间跨度大，学生不可能完整地观察到，仅凭示意图来说明，学生只能看到符号化的概略状况，并非看到连续的完整的演变过程，而录像可以超越时间和空间的限制，把这些过程在课堂上即时地完整表现出来。

（3）把地理事物的分布规律和本质特征准确地揭示出来：

常规的以地图揭示地理分布规律的方法，可以对全球性或地区性的地理分布作整体的说明。但是地图的容量大，各种符号与色彩的迭加又会干扰学生对重点内容的判读，而且不易对影响规律的因素做出单一分析。利用投影片可以复合、抽拉、旋转的特点，可以分步显示分布规律，同时分析成因。对某些更为抽象的事物特征，如大气中水汽的饱和与凝结，利用计算机模拟演示，更利于教师的分析和学生的理解。

（4）更有效地训练读图与填图技能：地图是经过一定抽象和概括的地理事物“形像”。由于一般地图上的内容较多，各种线条和图形迭加在一起，学生难以迅速找到应该观察的内容。利用投影片可以将地图内容“单一化”，先分解再迭加，使学生直接观察到应该判读的内容。对矿产资源分布图、农作物分布图和工业分布图等都可以这样处理。用填充图册作练习，教师在课后才能评定成绩。利用空白投影片作练习，可以多人次使用并当堂获取反馈。

中学地理学科的教学内容非常广泛，利用电教媒体传递地理教学信息有着明显的优势。因此，电化教学对于中学地理课堂教学的优化已经起了很大的作用。目前，中学地理课堂教学的优化需要从单纯考虑各个教学因素的优化深入到考虑教学过程的整体优化，其核心是按照学生的认知规律来设计和推进教学过程，改革课堂结构，有效地发挥教师的主导作用和突出学生的主体地位。

3．改革课堂结构　课堂结构是指一节课所包括的教学环节及主要教学环节的顺序安排和所用时间。如果一节课所包括的教学环节不同，或者包括的教学环节相同但顺序安排和时间分配不同，课堂教学过程也会不同。

中学地理课堂教学的主要环节有：

（1）组织教学：主要功能是使学生明确教学目标，引起学习兴趣，激发学习动机，集中注意力。本环节一般应安排在课堂教学过程的开始并贯穿于整个教学过程。

（2）检查复习：主要功能是检查学生对以前所学内容的复习情况和对学习新内容的准备情况。本环节一般应安排在课堂教学过程的前段。

（3）学习新内容：主要功能是使学生完成本课预定的教学任务，掌握新的教学内容，是课堂结构的主要环节，占用的时间最多。本环节一般安排在课堂教学过程的中段。

（4）巩固新内容：主要功能是使学生复习巩固本节课的教学内容，检查并评价教学效果。本环节一般安排在学习新内容之后。

（5）布置作业：主要功能是使学生明确课后应该完成的学习任务。本环节一般安排在课堂教学过程的结尾。

由于课堂结构的不同，课堂教学可以分为综合课、实习课、练习课、复习课和测验课等不同课型。作为主要课型的综合课应完整包括上述五个教学环节并顺序展开。改革课堂结构，可集中考虑以下几点：

（1）让某些教学环节相互交叉、重复出现。如组织教学，除在课堂教学的起始专门安排外，还应在其它环节的开始或进行中多次重复。这是因为兴趣、动机、意志、情感等心理因素与智力因素同样对学生的认识过程起着重要作用。在教学过程中，必须不断地利用这些心理因素组织教学，才能保证学生认知的深刻性，从而真正掌握知识、训练技能和发展智能。有的学者甚至提出，通过教学来发展学生个性，发展其学习兴趣和情感，与发展学生的思维能力和操作技能同等重要。又如巩固新内容，除了在全部完成新内容之后加以安排，还应该在学习新内容的环节中有意识地插入检测练习，帮助学生巩固记忆和加深理解，同时获取反馈以及时调节教学过程。如果仅在课的最后安排一个综合性练习，仍然是难以达到巩固和检测教学效果的目的的，如果学与练的时间间隔过长，并不符合学生的认知规律。

（2）实现教学环节功能的多样化。如检查复习时，不仅要注意使学生再认或再现以前学过的内容，还要直接揭示本课的主题，使学生的注意力较快地集中到学习本课内容的方向上来。又如学习新内容时，应该随着知识点的转换，及时组织教学和巩固新内容，保证学生在达到某一个具体目标时的认知过程的完整性。再如，中学地理课一般不要求布置课外作业，布置作业就可以与巩固新内容合并成一个环节。

（3）进一步划分教学环节的组成部分。中学地理课堂教学可以逐一完成各个知识点的教学任务，而毋须一定将各知识点环扣环地推进。这是地理教学的一个特点。在实现不同教学目标的要求时，学生的心理活动和认知程度也有较大差异。考虑到这两个方面，在学习新内容的环节中，必然可依知识点的转换划分出若干组成部分，每一部分都是一个相对完整的教学步骤。教师不仅要注意教学环节的整体安排，还要注意在不同的教学步骤中学生应涉及的认知阶段，应选择何种教学方法、教学形式和教学媒体来与之配合，并在各步骤之间自然承转。如果这样来考虑教学环节的安排，课堂教学必然是层次丰富、节奏适当、承转自然，而不是平铺直叙、一灌到底了。

本章思考题

1．为什么说中学地理教学过程是学生学习和发展的过程？在这一过程中教与学是怎样的关系？

2．学生掌握地理知识的基本环节有哪些？各有何意义？

3．在中学地理教学过程中，怎样培养和发展学生的思维能力？

4．中学地理教学过程最优化的基本标准和基本途径是什么？

本章实习作业

拟定初中地理某一堂课的教学过程最优化标准，并提出相应的实施途径。

第六章　中学地理教学方法

本章重点　地理教学的基本方法。直观方法。逻辑思维方法。教学方法的选择与设计

第一节　地理教学方法的基本类型

一、地理教学方法的重要意义

（一）教学方法的概念

教学过程是教师的“教”与学生的“学”所组成的双边活动。教师的“教”指导学生的“学”，学生在教师的主导作用下，通过掌握地理基础知识，促进身心发展，培养思想品德，形成和发展了能力，所以教学是教师和学生共同完成教与学任务的过程。在教学过程中，为解决教师“教”与学生“学”的任务、为实现教学目的而采用的符合教育和认识规律的手段与方式，即为教学方法。

（二）教学方法的意义

1．保持教学过程中信息输出与输入的平衡，起调控作用

在教与学的过程中，知识信息的输出与传递及有效的输入与储存加工，反映了教学双边活动的内在联系。教师通过一定的教学方法，输出与传递了知识信息，学生通过一定的学习方法，输入储存和加工知识信息，在这一过程中，教学方法的运用起到了调控作用。如果教师只顾自己的口述讲授，既不考虑用图，又未充分利用黑板，口若悬河，滔滔不绝，或照搬课本原文进行背诵，或重复学生已知的东西未予提高，使学生听得昏昏欲睡，疲劳无奈，这就是不合理的教学方法对教学过程中信息的输出与输入的

影响。

2．把教材内容变为学生掌握的知识和技能，起到桥梁作用　教学过程中，教师要把书本知识、教材内容变为学生掌握的知识和技能，必须通过具体的教学方法来实现。教师借助精心设计的方法，使学生学会知识，掌握方法，树立观点，形成技能。教师要指出新旧知识的衔接点、疑难问题的突破点、重要内容的关键点，使知识化难为易、化繁为简、深入浅出。学生也必须通过具体的学习方法，达到最终掌握知识和技能的目的。

3．对开发学生智能与品德的形成和发展，起到促进作用　教师运用正确的方法为学生获得知识提供科学的指导，学生掌握正确的方法为驾驭知识并转化为能力得到保证和促进。如让学生整理知识系统，分析知识结构，总结知识规律，综合特征，比较异同，概括要点等一系列能力的培养，都需要教师设计问题，安排程序，教会学生联系综合、融汇贯通、引伸迁移等一系列思维方法的训练，从而促进学生智能的形成、发展、提高。对思想品德的形成发展，也有赖于挖掘知识内容中的思想教育因素，使思想教育寓于知识教育之中。通过教法的设计，语言的构思，事例的选择，方能做到晓之以理，动之以情，导之以行，持之以恒。有效教法的设计与实施，能保证和促进最佳教学效果的出现。

4．使教学活动有秩序地进行，起到指示作用　教学原则要通过教学活动来贯彻落实。但如何使教学活动有秩序地进行，则依赖于正确的教学方法。教师的教要有章法可循，有程序可依；学生的学也受到一定认识规律与教育规律的制约。比如从贯彻直观性原则出发，应组织观察活动，要设计观察的内容，拟定观察的顺序和方法，这就需要有一套规范化的模式。又如贯彻启发性教学原则时，要引导学生多思考，需设计一系列启发积极思维的问题，通过分析原因，推导结论，举例印证，比较判断，甚至进行假想性推测、空间想象等，使学生在教师的引导下一步步深入思考，这一切当然同样需要方法的设计。一堂课中各教学环节的运用，知识的过渡，问题的承转，使教学活动既连贯又有阶段，既自然流畅又有层次，都需要恰当的方法在关键时起到指示作用。

5．使教师的主导作用得到充分发挥，起到显示作用 有效的教学方法能适应教师条件，发挥教师特长。通过对教法的设计与运用，能显示出教师的主导作用。比如对学生学习积极性的调动，除利用各种教学手段引起学习兴趣外，还可通过组织教学唤起学生的注意，运用生动的语言感染学生情绪，提出明确要求锻炼学生意志。又如学生在认识过程中出现的问题，如感觉、知觉的障碍，理解、记忆的困难，想象与思维的困惑等，都需要教师对其求知欲进行激发，教授其学习方法，帮助其排除学习中的困难。因此设计一系列的教学方法，对充分显示教师的主导作用，是有重要意义的。

6．对学生主体地位的形成与发展，起到强化作用 学生主体地位的形成与发展，表现在明确学习目的、形成学习兴趣、掌握学习方法、具有自觉的学习态度等方面，这一切也与教师主导作用的发挥有关。有效的教学方法能活跃课堂气氛，促进师生交流，使学生在创造性的情境中进行思考和投入学习，以表现出很强的主动性和积极性。可以说，没有成功的教法设计和灵活的教法运用，学生的主体地位是不会得到很好地巩固的。

二、地理教学方法的基本类型

通过长期的教学实践活动，人们积累出许多教学方法。在多种教学方法中，如何选择运用，需要进行研究，首先需进行分类：

（一）常见的地理教学方法分类

1．根据各种教学方法所能完成的教学任务与职能，可作以下分类：

（1）讲授方法：主要有讲述法、讲解法、朗读法等。

（2）引导方法(启发方法)：主要有问答式引导法，如启发提问法等；研讨式引导法，如探索法、发现法等；辅导式引导法，如自学辅导法等；读讲练式引导法，如读讲练教学法等；例证式引导法，如典型法、范例法等。

（3）直观方法：包括地理象征图示直观方法、形象直观方法、直感直观方法(如观察法、参观法、实验法等)、图解直观方法。

（4）逻辑方法：包括比较法、分析综合法、归纳演绎法等。

（5）练习方法：包括问答练习法、作业练习法、实践操作法等。

（6）复习方法：包括提问法、总结法、串讲法等。

（7）成绩考核方法：有口头考核法、书面考核法等。

2．以学生获得地理知识的来源分类：

（1）语言运用法：包括运用口头语言（讲述、讲解、谈话、朗读等)、书面语言（板书、笔记、地理课本、地理参考书、地理读物等)。

（2）直观法：包括地理教具演示（各种类型的教具)、实验演示（如模型标本、图片照片的展示、土壤实验、水文实验等)。

（3）实习法：包括课堂实习（地理练习、地理小实验、地理小制做等)、课外实习（课外作业、地理模型及学具制做、地理野外实习、地理参观等)。

3．根据在形成地理知识体系中的地位和作用分类：

（1）地理教学的一般方法：包括直观方法（地图的运用、地理略图描绘、地理画片运用、地理标本和模型运用、电化教学手段的运用和地理观察法等)、逻辑方法（比较法、分析综合法、归纳演绎法、地理图解法和启发式方法等)。

（2）地理教学的专题方法：可分为普通专题方法（如地理

位置的教学方法、地形教学方法、气候教学方法、经济地理教学方法等)；特定专题方法（如黄河的教学方法、非洲气候教学方法、中国地形特征教学方法、北方地区自然特征教学方法等)。

4. 根据教学活动的性质，即落实地理教学的三项任务和具体教学环节来分类：

（1）地理表象的教学方法；

（2）地理概念的教学方法；

（3）地理基本原理的教学方法；

（4）培养学生运用地图、图表的教学方法；

（5）培养学生阅读地理课本能力的教学方法；

（6）地名和地理数据的教学方法；

（7）图片、电化教学手段和其他直观教具的运用方法；

（8）复习巩固地理知识的教学方法；

（9）指导地理解题的方法。

5. 根据学生的认识特点和教学方法所完成的任务职能分类：

（1）地理口讲方法：包括讲述法、朗读法等。

（2）地理直观方法：包括象征图像直观法、形象直观法、直感直观法、图解直观法。

（3）地理逻辑方法：包括比较法、分析综合法、归纳演绎法。

（4）地理例证方法：包括典型法、范例法、复现法等。

（5）地理研讨方法：包括局部探索法、研究法、发现法、讨论法等。

（6）地理实践方法：包括问答练习法、作业练习法、实践操作法等。

（7）地理巩固方法：包括复习法、提问法、总结法、串讲法等。

（8）地理检查方法：包括口头考核法、书面考核法、实践考核法等。

6．根据各种教学方法在地理教学中的功能特点分成三类，这三类教学方法又处于三个层次：

（1）学科教学方法（整体操作层）：是在中学地理教学中完成某一教学任务的教学方法。如“中国地形地势概况”的教学方法、“欧洲西部自然环境”的教学方法、复习巩固“亚洲地理”的教学方法、培养填绘地图技能的教学方法等。

（2）基本教学方法（协调层）：是组成中学地理学科教学方法的基本成分。与教学活动方式相对应，可分为教学的组织方法、认识方法、教学手段三个方面。

（3）具体教学方法（基础层）：是组成各基本方法的要素。如组织方法中有讲授、谈话、讨论、指导自学等方法；认识方法中有感知地理事物的方法、逻辑方法、记忆方法、解决地理问题的方法等；教学手段有教科书、地图、地球仪、直观形象教具、电化教学手段等。

以上各种分类方法依据的标准不同，各有特点与优点，但并没有必要确定哪种分类是尽善尽美的唯一方法。我们了解分类，目的在于认识各种方法的适用范围及作用，以便在教学中结合实际灵活运用。

（二）地理教学方法的基本类型

教学方法的基本类型是指在地理教学中任何地理学科或任何地理课题都可以运用的方法。它由多方面的师生活动所组成，是实现地理教学目的、完成地理教学任务的重要条件。一般教学活动包括教师组织教学的方式、学生认识活动的方式和提供认识对象的方式，简言之即教师如何教、学生如何学、教具或教学手段如何运用，这三类教学方式相互联系、相互制约，为完成这些教学活动，相应地存在三种基本教学方法：

1．教学的组织方法　是教师组织学生学习活动的方法，是教学过程中教师与学生发生直接行为联系的活动方法，它控制学生的认识活动，又是实施教学手段的必要条件。包括讲授法（又可分为讲述法、讲解法、讲演法、讲读法等)、谈话法、讨论法、指导自学法、练习法、游戏法、论题答辩法等。

2．认识方法　是教学过程中学生认识地理事物的方法，它处于教学方法的核心，决定着组织方法与教学手段。包括观察法、记忆方法、逻辑思维方法（比较法、分析综合方法、归纳演绎方法)、形成地理技能方法、解决地理问题的方法等。

3．教学手段　指地理教学用具及其使用方法，是组成教学方法的重要方面，是实现认识活动的物质基础，也制约着组织方法的选择。地理教学手段种类非常丰富，包括地理教科书、地图、地理形象直观教具（照片、图片、标本、模型、仪器等)、地理示意图及统计图表、地理电化教学手段（幻灯、电影、录像、激光唱盘、电子计算机等)。这些教具直接参与到教学活动中，成为学生获得地理知识的重要来源。

三、地理教学方法的方法论基础

教学是教师和学生共同完成教与学任务的过程，教学过程始终受教学认识活动规律和学生身心发展规律所制约。研究地理教学方法论，就为使地理教师认识教学方法论的理论基础，掌握学生身心发展的规律，按照学生的认识活动规律进行教学。

（一）认识论是教学方法论的理论基础

教学活动是教师指导学生认识客观世界的过程，它的根本特点在于用几年或十几年时间，使学生掌握人类用几千年、几万年所取得的认识成果，因此教学的认识过程，要受到人类认识活动的规律所制约，是特殊与一般的关系。

1．教学认识活动服从一般的认识规律　教学活动是学生认识的基础，在学习中要掌握前人所总结出来的系统知识，所以学生掌握知识的过程，就是认识客观世界的过程，同时在教学活动中，对书本的学习，总的讲是从感性认识达到理性认识的。要借助一定量的感性经验或知识，通过教学使抽象的概念和理论具体化，使感性认识上升到理性认识。此外教学活动也是一个辩证发展的认识过程，在教学中学生的认识活动虽在教师指导下进行，但是不能毕其功于一役，而必须经过长期的从特殊到一般再到特殊的反复认识，使认识不断深化而获得新的知识。

2．教学是一种特殊的认识过程　如前所述，帮助学生在学习中用较短时间掌握人类已积累的大量知识，是教学过程的一个重要特点。因此学生的学习以间接经验为主。这是一种高效率的认识活动，是在教师引导下，借助于书本知识接受间接经验，来认识客观世界的，是特殊的认识过程。这也是达到人类已有认识水平的捷径。如学生在短短几节课中就可以了解大陆漂移和板块构造学说的基本论点和论据，而科学家发现并创建这些学说却用去了几十年甚至更长的时间。学生在学习中还要善于将书本知识转化为自己的东西，这就需要以感性认识为基础，并进一步获得运用于实际的能力。

3．教学过程与科学研究过程既有区别又有共同性　学生的认识过程是在教师指导下走着一条快速掌握知识的捷径，而科学家的探索过程却是漫长的，学生是接受人类已有的知识，而科学家要开拓人类尚未认识的领域；学生学习是在学校的特定环境中，有目的、有计划、有组织，又有教师根据一定方法来指导的学习，因而减少了盲目性，效率很高；此外学生在教学过程中不仅掌握了书本知识，而且也形成了观点、信念、世界观，并发展了能力。但教学过程与科学研究又有共同性，因为教学中，学生也是从“不知”向“可知”的转化，是以“已知”为基础去探求“未知”的过程，这一点又与科研有相似之处。同时教师要培养学生将来从事科研的能力和方法，也应该了解探索的途径和认识规律，在这些方面又类同于科研的认识过程。

4．实践是教学认识活动的基础　马列主义实践的观点是辩证唯物主义认识论的基本观点。学生的认识过程也要在实践中不断深化。在教学认识活动中强调实践是认识的基础和检验真理的标准，并非贬低书本知识学习和否认理论的指导意义，而是既要尊重书本知识，又要勤于用实践去检验。要鼓励学生发现问题，敢于提出新看法，甚至修改补充书本知识，这是尊重实践、尊重科学的表现。教师要引导学生参加社会实践，了解社会、了解生活，开展课外实践活动，地理教学尤其要重视这一点。

（二）心理发展规律是教学方法论的科学根据

研究心理发展规律对于理解教学方法论有着重要意义。因为教育的对象是人，人是充满心理活动的有机体，教师要提高教学效果，必须自觉地运用心理学的理论指导自己工作。同时从教学本身看，教学目的、教学过程、教学内容、教学原则、教学方法等，都与心理学有关。而且教学过程也要受到学生生理发展特点所制约。

1．根据学生心理发展的规律组织教学过程　学生心理发展有其顺序性和阶段性，学生的注意力、记忆力、思维力、意志力等的发展都有一个从低级到高级、从量变到质变的过程，因此组织教学过程要与学生的身心发展相适应，特别要注意学生存在的个别差异。

2．教学与学生的生理发展相适应　教学是脑体高度结合的活动，受生理发展特点所制约，特别受大脑活动规律的制约。教学活动中，学生的大脑处于积极状态，教师要注意教授的内容难易适当，有张有弛，内容过深，学习时间过长，就会降低学习效率。同时教师还要根据学生身体发育规律来组织教学活动，如注意保护学生视力、注意坐姿端正等。

（三）学生认识活动规律是教学活动恪守的原则

教师引导学生学习，必须按照学生的认识规律来进行。辩证唯物论的认识论认为，认识是人脑对客观事物的能动的反映，从认识的发展过程来讲，能动性表现为认识过程的两个飞跃，即由感性认识向理性认识的“飞跃”，和理性认识到实践的“飞跃”，表现为四个特点。教师只有按这几个特点来组织教学过程，才能取得事半功倍的效果。

1．认识与动机　在学生的学习活动中，动机是学生活动的动力。在学习动机中，培养认识兴趣，激发学习热情是十分重要的。如在教学活动中有适当的难度和密度，有利于学生进行独立的积极思考；在不同的教学阶段，教师可选用不同的教学方法，引入科学上和生活中的新事例，新发明，安排探索性的学习活动等。此外，及时地鼓励和评价也很重要。学习的动机决定着学习态度，教师要重视和经常分析学生的学习态度，并予以引导。

2．感性认识与理性认识　在教学活动中，感性认识与理性认识二者相互联系又相互制约，是对立的统一。感性认识是理性认识的基础，感性认识越完善丰富，对知识的理解就顺利，就越容易形成理性知识，因此在教学中通过各种直观方法帮助学生获得感性知识是很必要的。由感性认识上升到理性认识，需要在感知教材的基础上，引导学生进行抽象的思维活动，形成概念，并帮助学生掌握逻辑思维方法，在分析、综合、比较的基础上，对事物进行抽象与概括，或运用归纳与演绎，形成判断和推理。

3．已知和未知　在教学活动中，学生从不知到知、从知之甚少到知之较多，逐步向前循环发展。学生已有的知识，是掌握新知的起点，在教师指导下，学生不断形成由旧知向新知转化。教学中教师要注意有机地联系旧知与新知，使学生将较难的内容转化为熟悉的易于理解的内容。教师要为学生创造探索新知的机会，提高学生运用已知去发现新知的能力。只有把新知和已知联系起来，形成新的网络，才能完成已知向新知的转化。随着教学的深化，学生逐步扩大对某些地理事物和现象的理解，完成从概念到思维方式的掌握，使知识向较完全和较确切的方向发展。学生对地理技能的掌握，也是在教学实践中从不知到知、从不会到会，进而熟练形成技巧的，这也是把知识运用于实际的能力。

4．认识与实践　在地理教学的认识活动中，必须坚持理论联系实际的原则。由于学生是以掌握间接经验为主的形式来认识客观世界的。所以理解和掌握概念、原理存在一定困难，且容易导致理论脱离实际。教师在教学中，应注意联系实际阐述概念，并引导学生运用理论解决实际问题。学生认识过程中的实践，主要为掌握知识和发展能力(这也有助于调动学习的积极性)，可通过教学实践（如实验、练习、参观、野外观察等）和社会实践（如调查、访问等）去完成，教师要根据教学计划、教材内容和学生的知识水平、认识能力等，作出安排与要求，并进行指导和检查，这是保证实践活动质量的关键。

（四）教学论和地理科学方法论是构成地理教学方法的直接方法论基础

地理教学是运用教育学和地理学两方面的知识来指导的学科教学活动。地理教师不仅要掌握认识地理事物和现象的科学方法及原理，而且要懂得教学规律，掌握教学方法，才能使专业知识充分发挥教育作用。

第二节　地理教学的基本方法

作为一名地理教师，结合自身条件和学生实际，选择具有自己教学风格与特色的教学方法，是研究教学方法的最终目的。

一、讲授法

讲授法是教师通过口头语言向学生传授知识、培养能力、进行思想教育的方法，在以语言传递为主的教学方法中应用最广泛，且其他各种方法在运用中常常要与讲授法结合。

（一）讲授法的特点

1．信息量大　能使学生通过教师的说明、分析、论证、描述、设疑、解疑等教学语言，短时间内获得大量的系统科学知识，因之适用于传授新知识和阐明学习目的、教会学习方法和进行思想教育等教学范围的运用。

2．灵活性大，适应性强　无论在课内教学及课外教学、也无论是地理感性知识或理性知识，讲授法都可运用。它使学生通过感知、理解、应用而达到巩固掌握，在教学进程中便于调控，且随时可与组织教学等环节结合。

3．利于教师主导作用的发挥　教师在教学过程中要完成传授知识、培养能力、进行思想教育三项职能，同时要通过说明目的、激发兴趣、教会方法、启发自觉学习等以调动学生的积极性，这些都适用讲授方法来体现自己的意图，表达自己的思想。讲授法也易于反映教师的知识水平、教学能力、人格修养、对学生的态度等，这些又对学生的成长和发展起着不可估量的作用。

4．讲授法缺乏学生直接实践和及时作出反馈的机会，有时会影响学生积极性的发挥和忽视个别差异的存在。

（二）讲授法的形式

1．讲述法　教师用形象生动的语言描述或叙述地理事物(包括具体形象、外部特征或地理现象演变过程等）的方法。讲述法可包括一般性的科学叙述和艺术性的形象描述，二者常常结合起来运用。叙述要思路清楚、结构严谨、有吸引力，描述要生动形象、启发想象、有感染力。使用讲述法要紧密结合教材需要，恰到好处。

2．讲解法　教师用富于理性的语言向学生说明、解释、分析、论证地理概念、地理原理、地理成因、地理规律和特征等的方法。讲解法是传授地理理性知识的方法，常常结合直观方法、逻辑方法及谈话法等，对阐明原理、分析成因、揭示规律、推导结论等的教学有重要作用。讲解法的运用过程中要逻辑清楚，防止空洞无物，要在理解教材的基础上设计教学语言，深入浅出，言之有物，论之以理，要用地理的科学语言进行讲解，并注意符合学生的认识规律，从具体到抽象，从感性到理性。讲解应注意突出重点，将最基本的关键问题讲清楚即可，不要追求面面俱到，天衣无缝，要留有余地，给学生思考、消化、融汇贯通的时间。

3．讲读法 教师指定学生以朗读方式表述教材或其他地理读物的方法。常常在印证、加深、补充所讲内容的时候引用，可弥补教学语言的不足，增强讲授内容的生动性和可信性。教师在平时应注意搜集有关材料，把朗读内容安排在恰当时机，并注意与讲解的结合。

4．讲演法 课堂教学中以翔实的材料、严密的逻辑、精湛的语言较系统地阐述原理、论证问题、归纳总结的方法。讲演法在进行地理理论的说明、进行国情国策、环境意识教育，树立科学的人地观、人口观、资源观、环境观等方面有着较强的适用性。

以上各种形式可针对教学内容结合运用，不可能一堂课只单纯使用某一种方法。讲述法与讲解法应用较广，就更应注意防止千篇一律、毫无特色的现象。

（三）运用讲授法的基本要求

1．认真备课 熟练掌握教材内容，对讲授的知识要点、系统、结构、联系等做到胸有成竹、出口成章、熟能生巧，讲起来才精神饱满、充满信心，同时要注意学生反馈，调控教学活动的进行。

2．教学语言要准确 有严密的科学性、逻辑性；精炼：没有非教学语言，用词简要，用地理的科学语言教学；清晰，吐字清楚，音调适中，速度及轻重音适宜；生动，形象，有感染力，注意感情投入。地理教师的语言表达能力直接影响着讲授法的效果，应在平时加强基本功训练，使之规范化。

3．充分贯彻启发式教学原则 讲授的内容须是教材中的重点、难点和关键，使学生随着教师的讲解或讲述开动脑筋思考问题，讲中有导，讲中有练。学生主体作用表现突出，表现为愿学、愿想，才能使讲授法进行得生动活泼，而不是注入式。

4．讲授的内容宜具体形象，联系旧知　对抽象的概念原理，要尽量结合其他方法，使之形象化，易于理解。对内容要进行精心组织，使之条理清楚，主次分明，重点突出。

5．讲授过程中要结合板书与直观教具　板书可提示教学要点，显示教学进程，使讲授内容形象化具体化。直观教具如地图、图片、图表、模型等，可边讲边演示，以加深对讲授内容的理解。

二、谈话法

谈话法是通过教师和学生相互交谈、提问答问等活动来进行教学的方法，是引导学生根据已有知识、通过教师设计的问题独立思考，从而获得新知识的方法。这种教学方法有利于活跃课堂气氛，启发学生的积极思维，培养思考习惯，也有助于培养学生的语言表达能力。

（一）谈话法的特点

1．适用范围较广．在讲授新教材过程、复习巩固环节、检查旧知识过程等均可使用，特别在突破难点、突出重点的教学中，运用谈话法效果较好。

2．教学活动进行中具有探究性特点．教师循循善诱，学生一步步在教师的提问中独立思考进行解答，最后豁然顿悟，体会到成功的喜悦。有助于激发学生的学习积极性和思维活动。学生获得的知识不是由教师直接提供的，而是由教师引导学生思考获得的，并纳入已有知识的网络中。

3．师生交流多，反馈多，易于集中学生注意力．进行组织教学和调控教学进程的过程中，学生处于积极思维状态中，易于保持兴奋。

4．谈话法的局限性　谈话过程中常因学生答案中的枝节问题占用较多时间，影响教学，谈话法对于突破难点、突出重点问题效果较好，但仅用本法传授知识易影响系统性。

（二）运用谈话法的基本要求

1．谈话法的运用关键在于拟定的问题明确具体，并带有思考性，能启发学生积极思维。仅仅简单地问："是不是""有没有""对不对"，这不是启发式谈话，因其不能激发积极思维。问题要适合学生实际水平，并具有连贯性和系统性。问题的质量要高，而不在提问次数多少。

2．谈话法进行中的提问方式反映了教师的学生观。首先要面向全班学生提问，让大家思考后，再指定学生回答。学生答问的全过程，教师要认真倾听，最后给予评价。教师要尊重学生，鼓励学生，相信学生，不轻易批评，不打断回答，不要形成教师对个别学生的追问，要让更多学生都有答问的机会。学生答完后，教师总结的结论要明确。

3．谈话法的运用要结合其他方法或配合其他教学手段。谈话进行到一个阶段，某个问题获得结论后，即可配合讲授法、直观方法或板书等，以保障知识和教学过程的完整性、系统性。

4．谈话法的运用是一种"艺术"，要求教师要有驾驭知识、控制教学过程的能力，又有遇事不慌临场冷静处理问题的应变能力。如学生答问中的"跑题"、"卡壳"，就需要教师及时引导，换个方式提问，给予提示等。

三、讨论法

讨论法是在教师指导下，由全班或分组围绕教材中的主要问题发表意见进行讨论研究的一种教学方法。它能使问题深入，从多层次多角度认识问题，有助于发散思维的发展和语言表达能力的锻炼，也易于激发学生学习的积极性。确定讨论法后可事先宣布内容的主题让学生准备。

（一）讨论法的特点

1．变教师的单向传递为学生间、师生间的多向交流。在讨论过程中，学生能较普遍地思考、发言、气氛热烈，交流的信息量大，涉及的知识面广，集思广益，相互启发，促进交流，增长才智。

2．学生学习的主体地位体现明显。讨论法从准备发言，查阅资料，写出提纲，到讨论中积极争取发言，表现出对科学知识学习的主动性和探究精神。

3．讨论法的局限性：学生需具备一定的知识基础和独立思考能力，且讨论进行占用时间较多，故不是所有教材都适宜讨论，也并非所有教材都需要讨论。

（二）运用讨论法的基本要求

1．运用讨论法，事先要宣布讨论的问题、具体要求、有关参考资料，在备课中对那些易引起争论、富有启发性和具有一定难度的教材可确定为讨论的主题，要求学生写出发言提纲。

2．讨论课进行中，教师要随时给予引导、指导，不能放任不管，对讨论的实质问题或争论的焦点在讨论后要予以明确总结，对讨论活动要给予评价。

3．初中学生进行讨论由于知识水平等限制，难以作为独立获取知识的方法，要在其他教学方法中配合进行。

四、学习指导法

学习指导法也称读书指导法或自学指导法。是教师指导学生通过阅读地理课本、地图册或其他参考读物、观察地理事物和现象，以获得地理知识的方法。它对培养学生自学能力和习惯，独立获取知识有重要意义。

（一）学习指导法的特点

1．学生获得知识的途径是在教师指导、辅导下的阅读与观察，教师要提出要求，讲清方法，全部学习过程由学生自己独立完成，充分发挥主体地位的作用。

2．学习指导法是发展智力因素与非智力因素相结合的教学过程。自学能力是学生学习的一种基本能力，是学生主动学习、钻研问题、提高学习效率的保证。自学能力的培养过程是需要一定毅力和意志不断战胜学习困难的实践活动，因而不仅学生的阅读能力、观察能力、思维能力得到发展，而且对形成良好的习惯、学风，及优秀品质、个性的培养，也有一定作用。

3．学习指导法可较好地体现量力性原则和因材施教的原则，教师可根据不同学生提出适应其水平的要求，在完成基本教学任务的同时，可以分层次地进行不同指导。

4．学习指导法的不足之处在于教师活动和主导作用相对减少，对教材的讲解、提示、点拨、示范等直接影响减弱，缺少师生交流与教师人格的影响。

（二）学习指导法的基本要求

1．学习指导法进行之前，教师应全面分析学生是否具备独立学习的基础，自学能力及条件如何；同时教师也要正确估计自己指导学生自学的能力和教会学生掌握学习方法的艺术。

2．学生自学前，教师要讲明学习目的任务，学习内容的课题，学习方法及步骤以及学习要求。自学过程中教师要巡回辅导，个别指导，但又要避免代替学生学习而先把结论告诉学生，要让学生通过自学独立获取知识完成教学要求。

3．自学不是放任自流，指导阅读教科书及地图要注意要求学生预习，要求编写提纲、摘录概要、查阅和检索地图；对课外阅读和观察地理事物及地理现象，要学会查阅资料、作一些摘记、作观察记录，学会联系实际，印证书本知识和理解书本知识。

4．自学活动结束后，教师要进行适当检查以巩固自学效果，了解学生掌握知识的情况，及时发现问题进行纠正。在一个单元内容告一段落时，还可用多种形式考查知识的理解程度和自学能力的培养结果。

五、练习法

练习法是教师指导学生形成地理技能和智能的教学方法。练习是学习过程的主要实践活动，地理教学中的填图绘图、分析地图、查阅地图、操作观测仪器、绘制统计图表、制做地理模型，以及观察能力、记忆能力、想象能力、思维能力等都需要通过培养训练才能形成。

（一）练习法的特点

1．练习法以实践活动为主要特征，不仅利于知识的巩固，发展智能，形成技能，而且在培养学生认真负责的工作态度和克服困难的精神等方面具有重要作用。

2．练习法适应性强，应用广泛，是培养基本技能的主要途径（基本技能与基础知识被称为“双基”），是训练学生手脑结合、发展智力技能和动作技能的重要方法。

3．练习法内容丰富，方式多样，内容有地理习题解答（口头、书面）、读图填图练习、绘制地理图表、操作仪器演示模型、地理模型及学具的制做等；方式有问答练习法、作业练习法、实践操作法等。

4．练习过程在学生的学习活动中是把知识化为技能技巧的过程，是把单一的知识内容经过思维训练和能力培养变成综合能力的过程，这里的“化”和“变”是理论与实践结合、知识与方法结合的结果。

（二）运用练习法的基本要求

1．要求学生明确练习目的，了解有关练习的基本知识，掌握练习的步骤和方法，以调动参与练习的积极性、自觉性、主动性。

2．教师指导练习一般要在讲清目的方法步骤后，提供示范，使学生获得生动的表象，然后让学生亲自实践，反复体验，教师予以辅导，肯定成绩，指出不足及改正方法，最后方能运用自如，形成技能。

3．对问答练习法，要求教师要设计灵活运用知识的思考题，以进行思维训练和语言表达能力；对作业练习法，要求教师要教会学生审题并讲清答题要求；对实践操作练习，要求教师要熟练掌握，这样讲要领、做示范才能真切易于被学生理解。

4. 教学大纲中对某些知识有基本训练要求，应通过练习完成，教师在制订学期教学计划时即应有所考虑，早作安排。

5. 地图能力的培养和有关技能的练习，是地理课堂教学中独具特色的教学方法，几乎所有的地理课都离不开地图，这样也就是说几乎每堂课都有地图知识和技能的练习。读图、填图、绘制略图、分析地图、量算地图、查阅地图，利用地图进行比较地理事物，树立空间概念，进行空间思维和空间想象能力的培养，具有内容广，方式多的特点，地理教师应重视地图的应用与练习，创造出更新更好的地图教学方法。

六、复习法

复习法是在教师指导下，学生对已学知识和能力的温习巩固，以便加深理解、加强记忆，并使知识系统化的教学方法。知识的学习，是在不断积累、衔接、转化与迁移过程中进行的，为了及时巩固，在一定阶段进行小结或总结，使知识既保持连贯性又具有阶段性，有计划地安排复习是非常必要的。

（一）复习法的特点

1. 复习法是已学知识的再现或加工，即教师要对学生头脑中已学习过的旧知识进行巩固、加深、系统化等方面的“加工”。这是不同于讲授新教材时对知识的处理方法。

2. 复习是使知识保持牢固，避免减少和遗忘的过程。它使学习中暂时联系的信息得到强化，使在头脑中“印”下的图象得到加深和丰富，使单一学习或纵向学习的各章节内容，进行综合归纳、横向联系，把局部汇集统一，形成网络系统，使知识更为完整和巩固。

3. 复习方法灵活多样，教师可根据不同内容进行创造，仅靠提问解答、重复作业练习或把已学知识再讲一遍的做法，都不易达到使知识加深、巩固、应用并转化到知识体系中的效果。因此采用依知识要点列出纲要，通过纲要显示复习进程；教师设计较新颖的问题，学生思考回答；教师启发、总结的方法往往行之有效。教师还可采用按知识系统列出结构式或关系式，使学生了解知识骨架和各部分联系的方法，使条理清楚，易于思考，做到有脉络可循，有思维线索。另外采取列表比较的方法，教师把要比较的地理事物列出比较项目，让学生去完成比较内容，或采用以图为主的复习方法，把有关挂图、板图、课本插图、地图册、填充图等组织起来，可摆脱文字限制，把知识巩固在图上，避免机械地死记硬背。对原理示意图、景观图、图表等也可组织到复习内容之中。此外有条件时还可运用电化教学手段，设计并绘制一系列复习幻灯片，使已学知识以新的形象生动地展现在学生面前。最后还可布置复习教室，把地图、图片、图表、模型、仪器等集中起来悬挂、摆放，创设地理教学情境，使学生得以观察、演示、操作、讨论、提问，教师更便于答疑和辅导，这是复习的一种辅助手段。

4. 复习种类多样，方法必须与之相适应，如平时复习：即地理课堂教学中的复习旧课环节，讲完新课后的巩固复习环节。这类复习多以提问方式进行，间或有填图、阅读方式；单元复习：是教材讲完一个单元或几个单元后安排一定时间的复习，有利于知识融汇贯通，联系比较，综合巩固；阶段复习：依教学进程的时段安排复习，如期中或月末，与单元复习有相似之处；总复习：主要在学期末进行，往往伴随着期末考试，这类复习要求知识要全面系统，要运用多种复习方法进行。复习方法的运用，并不意味着一定要进行测验，因为在复习过程中教师已经对学生掌握知识的情况进行了检查和了解。认为复习就是为了考试，常常会导致死记硬背，达不到使知识真正理解巩固和系统化的目的。

（二）运用复习法的基本要求

1. 认真编写复习教案　复习法的运用是教师的创造性劳动，

同样的复习内容，不同教师可能有不同的复习方法。教师在进行复习前要认真思考，写好复习教案。包括复习目的、章节内容、复习过程、教具、学生要思考的问题等。根据教材特点与复习的内容进行组织，列出纲目、关系式或表格，使学生提纲挈领，易于掌握，但又不与课本上的标题雷同，同时要找出掌握知识的薄弱环节，予以弥补。

2．切实发挥教师的主导作用　由于复习课的内容已被学生所掌握（就绝大多数学生和绝大部分知识而言），所以调动学生的积极主动性，使之自觉投入复习活动就成为成功复习课的要求，这也是教师设计的复习方法是否成功的关键，因为刺激学生探究新知识的愿望已不再起作用，这就需要在“学会”的基础上钻研和设计教给学生“会学”“会想”的方法。通过复习旧知识而学到新方法，会使学生体会到学习的乐趣，因此教师的主导作用就更为重要。常见个别教师为谢绝别人听课而推诿说“我今天复习，没什么好听的”，或以复习课来代替讲新课以应付别人的听课或检查，这都是对复习真正涵义的误解。有经验的教师或领导就要通过听复习课来了解教师的水平，考察其处理知识的能力，看教给学生掌握学习方法的艺术，因为在复习过程中，作为学生主体地位的标志——目的、态度、兴趣等都因知识是已经学过的而基本解决，唯有教会学生学习和思考的方法最能调动其积极性和激发其兴趣，而这一点也恰恰是反映教师的认识水平和教学能力的一个标志。

3．避免单纯机械重复　复习要在理解基础上进行记忆，要注意知识的联系综合与灵活运用。教师在平时讲清地理知识中的基本概念和原理后，复习中就要加深对它们的理解和应用。在总结地理规律和特征后，复习中就要运用这些知识去解释、印证其他地理事物。对于需要记忆的地理事实，有的要讲明意义，有的要加强联系，有的要结合图像，帮助学生加强记忆。在复习中一定要设计问题，不要讲课时怎么讲的，复习时就怎么问，同样的问题问了几遍，学生就会觉得单调乏味，要从不同角度设计新问题。复习课上也不要仅提问一些纯记忆的不需思考的简单问题，而应以灵活运用知识为目的。要对知识进行加工，使之按系统及知识间的关系进行联系综合，要敢于打乱原有知识的排列顺序，使重点突出，因为整理知识的过程也是加深理解和加强记忆的过程。

4．复习中要注意图文并重　地理复习的特点之一就是要尽量使知识巩固在图上，加强形象记忆。由于图中信息量大，内涵丰富，有利于知识的全面掌握。复习过程中，要认真组织学生读图、画图、分析图，有些地理事物分布图上的相互位置、轮廓、相邻区域、相近城市等，都应在看图时予以提示。对等值线的数值间隔、疏密程度、延伸方向等应予以指出，对原理示意图的关键内容要给以揭示。对图与文字的关系、图与图的关系有时也要进行分析。既要求学生能根据图说明内容，也可要求学生能把课本中的某些文字用图表示出来。如果学生头脑中"印"下多幅图像，会减轻文字记忆的负担。有经验的教师常以几幅图为中心把复习内容贯穿起来，给学生留下深刻的印象。

七、发现法

发现法是美国心理学家布鲁纳所倡导的一种教学方法。指教师在学生学习概念或原理时，只是提出一些事实和问题，让学生积极思考，独立研究，自行发现并掌握相应的原理和结论的一种方法。其指导思想是以学生为主体，独立实现认识过程，即在教师的启发下，使学生自觉地、主动地探索，科学认识解决问题的方法及步骤，研究客观事物的属性；发现事物发展的起因和事物的内部联系，从中找出规律，形成自己的概念。

（一）发现法的基本学习过程

1．掌握学习课题，创设问题情境，引起探究兴趣；

2．制定假设，提出解决问题的各种可能的假设和答案，提供学习的教材和查阅的材料；

3．从理论与实践上检查假设，发现补充修改，对不同观点可以争辩，指导学生思考，启发独立钻研；

4．对争论作出总结，得出必要的结论，检验假设，从而获得科学探索全过程的体验。

（二）运用发现法教学需注意的问题

1．培养学生的求知欲望，鼓励他们具有发现的信心和决心，建立学生主动要求学习地理的心理倾向，使他们感到自己有解决问题获得科学结论的能力。

2．为学生创造主动发现的有利条件，帮助学生把已学过的内容和正在学习的问题结合起来，给学生指出思考问题的线索。

3．培养学生综合分析问题的能力，发扬探索精神，培养学生语言表达能力，对他人的解答进行评价等。

4．启发学生彼此协商，对自己的答案进行自我评定，使不明确的得到充实和理解。

5．运用发现法需要和其他教学方法配合使用，如谈话法、讲解法等。

发现法的出现，使教学重点从传授知识转移到开发智力方面，从记忆转到探索方面，而通过探索发现获得的知识又有助于保持记忆。但发现法也有一定局限性，因为不是所有内容都适宜设计探索发现的过程，也不是任一学生每堂地理课都会有所发现；同时发现法必须有相应的组织方法及提供学习内容的教学手段相配合，如结构化的教材(目前国内尚未编出)；此外发现法占时较多，在有限的教学时间内完成大量教学任务比较困难；同时对不同水平的学生，也很难只用一种方案去启发其发现等，因而发现法在美国尚未得到普遍推广。然而发现法的基本理论及其实施方法中某些指导思想有很多值得借鉴之处，我们可以结合地理教材内容予以选择地运用。

八、程序教学法

程序教学法是依靠教学机器和程序教材，呈现学习程序，包括问题的显示，学生的反映和将反映的正误情况，反馈给学生的过程等，使学习者进行个别学习的方法。这种教学法是在教学中开始使用机器以后发展起来的。其理论核心是：人类行为是一个有序的过程，可以借助自然科学的方法来进行研究，通过有序地选择教学信息，改善学生的学习活动，有效地控制学生学习的过程。其具体运用过程是：根据程序编制者对学习过程的设想，把教材分解为许多小项目，按一定顺序排列起来，即所谓“小步子”，每一项目都提出问题，通过教学机器和程序教材及时呈现，要求学生作出反应（填空、选择或写出答案），然后给出正确答案，进行核对，这一系列过程，都是通过特制的教学机器与学生之间的活动进行的。程序教学法可以使学生学得生动，有利于发展学生的独立思考及自我督促能力，并体现因材施教的原则。但程序教学法也有其局限性，如教学内容须具有严密的科学系统和逻辑顺序，否则难以实现教学的程序化；且学生的学习只按一定程序进行，活动方式单调，易产生厌烦情绪，这在一定程度上束缚了学生的积极性和创造性；同时因使用学习机教学，缺少师生交流，忽视教师指导与情感熏陶作用；最后还有一个问题，即程序教学设备复杂，价格较昂贵，即使在国外也尚在试验阶段，因而影响了推广。不过程序教学法为其他教学法的发现打开了思路，提供了借鉴。

我国一些地理教育工作者根据程序教学法的理论，结合我国具体情况，形成了不用学习机器的程序教学法，其基本步骤方法与一般程序教学方法相同，如综合程序法分为：新课导言、展示作业、指导自学、讨论作业、串联讲授、质疑释疑、布置学习要求等七项教学活动。

第三节　地理教学的直观方法

直观方法是运用各种地理直观教具、直观手段进行教学活动，使学生通过直接知觉形成正确认识的教学方法。其主要职能在于培养学生形象思维，获得地理感性知识，并为形成地理抽象思维奠定基础。这种方法常常要与以语言传递为主的各项基本方法配合使用，或作为讲授法和谈话法的辅助方法。

直观方法的特点是形象性、具体性、直接性和真实性。这对于内容丰富、联系面广的地理知识的学习是极为有利的。许多地理事物和地理现象，包括生产与生活、自然与人文、区域地理及乡土地理中的事物都可以直接感知，都是非常鲜明生动的教材。由于地理教学内容的复杂性和综合性，也就导致直观方法的多样性和广泛性。

一、直感直观方法

通过各种教学活动，教师引导学生直接感知各种地理事物的方法，称直感直观方法，在直观方法中是最直观的教学方法。

（一）地理观察法

观察是指有目的、有计划、持久的知觉活动。地理观察法就是学生在教师指导下对各种地理事物和现象进行有目的、有意识、有计划的知觉活动，从而认识地理事物的方法。观察法可运用于课堂教学中对实物、标本、模型、图表等的观察，也可用于对自然现象和人文现象的观察。如天象、气象、地质、地貌、水文、土壤、植被以及农业、工业、商业、交通、文化设施、风土民情、旅游场所等的观察。观察是地理认识活动的开始，在形成地理感性认识、建立地理表象、联系生产与生活实际等方面有着重要意义。

运用地理观察法的基本要求如下：

1．讲清观察目的，明确观察任务　观察活动进行之前，应向学生说明目的、任务，这样能使学生的兴趣、热情和注意力得到提高。在课内观察活动中能集中注意力，易于达到预期效果；在课外观察活动中，能排除干扰因素，注意需要观察的对象。

2．制订观察计划，做好观察准备　观察法是有目的的知觉活动，因此观察过程需要有计划、有步骤地进行，其准备工作也更为复杂繁重。课内观察或课外观察，都要制订观察计划，除包括目的任务外，还要有观察对象、内容，观察方法的顺序，观察的组织工作，以及需要准备的工具和活动的具体安排等。教师要熟悉观察对象和具体内容，野外观察还要进行预察。查阅必要的参考资料，和给学生讲明观察的准备知识，对分组活动的小组长应进行培训。对个别无法预察的野外观察地点（如距离较远等原因），或难以遇到的天文现象，要通过查阅资料，访问专家，尽量做好充分准备。有些观察活动要事先编发路线图等有关资料，需要使用仪器的观察活动要教会学生使用方法，并提出保管要求。

3．启发积极思维，重视能力培养　通过地理观察进行思维训练和观察能力的培养，是运用观察法的一项重要职能。观察有描述性观察与思考性观察，前者是通过视觉感知对地理事物的外部形象和特征进行描述说明，后者则是在视觉感知的基础上对地理事物或现象进行本质的分析、比较，提出问题，思考原因。在地理观察活动中，教师要提出设计的问题，让学生思考，同时鼓励学生积极思维，发现问题，寻找地理事物间的联系，比较事物间的差别及共同点，注意地理现象的变化。对于学生中观察敏捷、准确、全面、细微、深入等品质的发现与培养应给予足够的重视，这不仅是地理观察方法的需要，也是使学生在实践中发展观察能力的正确途径。

4．总结观察收获，编写观察报告　观察结束后，教师应让学生对观察活动进行总结，一般课内观察用口头总结即可，对课外观察可以以小组或个人提交书面观察报告，这是对观察任务完成情况的检查与验收，同时也可以了解学生中印象最深、体会最多、有独到见解的内容。地理观察活动一方面是对旧知的印证、巩固与加深理解，另一方面是对新知、未知的发现和探索。通过观察可使理论与实际、知识与能力得到进一步结合，对陶冶学生性格、锻炼学生意志也会产生不可估量的作用，这些都可以在总结中反映出来。

（二）地理参观法

地理参观法是教师组织学生到工厂、农村、矿山、码头等生产单位及博物馆、陈列馆、名胜古迹等与地理知识有关的场所进行观察学习的教学方法，它是中学地理课外教学和课外活动的重要内容和方法。其教学要求与地理观察法有许多相似之处，主要有以下几点：

1．根据教学需要，确定参观内容　参观活动可扩大学生知识面，广泛接触生产和社会实际，学生也极感兴趣。但参观内容的确定，要根据教学需要与实际可能。有些学生可自行参观的内容就不一定组织。

2．制订参观计划，提出明确要求　参观活动的准备工作也同观察一样，要从订计划开始。教师要了解参观的对象和内容，向学生讲清参观的目的和要求，做好必要的准备工作。对参观步骤过程，如事先进行过了解，则尽量具体些，如事先不甚清楚参观过程，则应在参观开始前请解说员向学生讲清楚，以便使活动有秩序地进行。有些参观还可事先印发介绍材料以便有全貌了解。

3．听取参观解说，认真书写笔记　参观活动中教师的主导作用在于组织学生认真听取解说或介绍，作参观记录或笔记，有时教师也是学习者，要和学生一起听和记。参观过程中的问题，可根据实际情况，边听边问，或在最后请解说员解答。对参观的不同对象或内容，要考虑不同的组织方法，如生产参观按工业生产过程或农田地段进行，博物馆等参观常常按展品陈列路线进行，对于展览说明也应作简要摘记。

4. 整理参观记录，巩固参观成果　参观结束后，要作资料整理和总结工作，对参观记录或笔记，可经整理后展出，以巩固参观收获。对搜集到的实物标本，应及时编写说明卡片，进行陈列，供教具之用。教师个人应作组织参观活动的总结，以备今后组织类似活动时参考，这也是提高教学能力的一项记录。

（三）地理实验法

地理教学中的实验多以模拟实验为主。地理实验法是将自然界中不易观察到的现象和演变过程通过实验让学生了解的直观方法。内容又以宏观的自然现象和过程为多，如天体运动、大气运动、地壳变动等，地理实验法可以使自然现象和过程形象化、具体化和动态化，对抽象的概念易于理解，使静止的实验仪器获得动态效果，对空间分布的地理事物和现象也能获得较为形象的感知。

运用地理实验法的要求如下：

1. 地理实验教学以物理实验为主。教师要熟悉实验内容、掌握仪器使用和操作程序、了解实验所显示的问题。在教学方法上要精心设计，事先要反复实践，务求准确无误。

2. 地理实验法是配合讲授（讲解法、讲述法等）方法进行的，而不像物理、化学、生物那样开实验课。因此在讲授过程中穿插实验法，要作好安排和计划。

3. 地理实验法是地理教学中的新课题，目前大部分实验尚停留在教师演示、学生观察的阶段。地理教师应在这方面进行探索，积累经验，同时进行教具的创制，以期能使更多的学生获得直感直观的认识。

二、象征图像直观方法

本法也称象征图示直观方法，即运用地图和黑板略图（板图）

进行地理教学的方法。因地图以各种象征符号表示地理事物的分布和特征，它既是地理教材的一部分，又是地理学习中不可缺少的工具。所以运用地图进行教学是多种教学方法中重要的辅助手段，同时也体现了地理教学的重要特色。

（一）教学地图的运用

地理教学挂图是地理课堂教学应用最广的图件，它悬挂于黑板旁，经常在教学中通过教师指图，引导学生观察或思考，所以往往是一堂新课中学生最先获得知识的来源。教师在教学中不仅要求学生观察到所指地理事物的位置或分布，而且要有意识地与旧知识联系，使新知识不是孤立地存在。同时教师还要注意使教学挂图所获得的知识与学生自己的地图册中的相同内容进行过渡联系（或与课本插图中的内容联系）以便在其复习中看到地图册中的内容也能使知识得到再现。因而在教师指图的同时还要让学生在自己的图册中找到。

地理教学挂图种类很多，有地形图、政区图、气候类型分布图、等温线分布图、等降水量线分布图、河流水系分布图、植被类型分布图、交通图、某项资源或物产分布图、人口分布图、民族分布图等等。作为教学用挂图，其内容要简要明了，重点突出，线条清晰，色彩鲜明，符号醒目，所要表达的内容在图中占主要地位。教学地图中的图例要让学生了解。

教学挂图悬挂位置要适当，应使最后排学生也能看到，在悬挂方向、高度、光线等条件适合的位置上事先钉好可供挂图的钉子。教师指图时要站在图侧，以不影响学生看图为宜，如用图较多，要事先安排好出示的顺序和时间。指图时要用指图杆，山脉按走向指，河流按流向指，国家或地区范围要指轮廓，城市要指准位置，交通线要指起点到终点。指图时最忌用指图杆随便点划，那样既不严肃，又很难使学生获得准确的位置概念。

（二）黑板略图的运用

黑板略图简称板图，是在教学过程中教师以简练的笔法速绘的地图，这种图只求神似，不计细节，目的在于突出重点，节约时间，而且可边讲边画，或要求学生也在笔记本上画出，随讲随填绘其他内容，学生在动态中接受信息，眼、手、耳、脑都在活动，这比只听、看而不动笔要印象深刻。板图多为单项内容陆续出现，比一下出现多项内容重点突出，可起到化繁为简、切中要点的作用。板图与教学挂图配合使用相互对照，效果更好。

教学过程中教师绘制板图时要注意组织学生活动，如让学生画图、查阅地图册中的相应地名等。略图即要求简单明确，与绘画中的速描近似。在设计与描绘时要认真考虑，下笔有力，色彩鲜明，且迅速熟练。因此，绘制黑板略图是一项地理教师的基本功，本书第八章中将介绍练习绘制的方法。

（三）中学地图册的运用

中学地图册是学生学习地理的重要工具，是获得地理知识和地图技能的重要来源之一。地理教师要充分利用地图册，因为它是从课堂到课外，从教学挂图或黑板略图进行到学生头脑中知识迁移的重要依托，它可以唤起学生对课上所学知识的回忆和重认，有助于复习巩固；同时又是学生独立学习地理知识的教材和媒介。教师要通过指导看图，充分发挥地图册的作用，使学生体会到地图册的重要性。

地图册是培养地图能力的重要工具。首先要使学生会阅读地图，即要求学生在了解地图基础知识后，能应用地图和地理知识进行分析，掌握地图的语言。只有能看懂地图，说出图上地理事物及其特征，能够根据地图上提供的信息找出地理事物之间存在的联系，并能作出正确的结论，才算掌握了地图。在掌握地图阅读过程中，必须通过识图、记图，对图上表现的各种符号、图形、注记仔细观察和记忆；在分析地理事物的联系时，则要根据学过的有关知识和地图展现的内容，进行积极思维；在由地图符号转化为地理事物的形象时，需要借助空间想象。这些认识活动，都需要教师认真设计，积极引导。尤其利用人手一册的优势，启发学生动脑思考和查阅地图，教会学生掌握地图的方法。培养其独立解决问题的能力。例如让学生通过看图分析我国气温分布的特点，就需要根据我国一、七月等温线分布图和中国地形图作出结论；分析我国北方地区的自然特征，就需要根据中国地形图、温度带分布图、等温线及等降水量线分布图、河流水系图等作出结论；若比较欧洲与非洲气候差异，则需要根据全球气候类型分布图、欧洲与非洲的等温线与等降水量线分布图、气压带与风带分布图等列表比较。这些问题的解决，都需要借助对地图册的观察、分析、综合、比较等能力，因此运用地图的能力常常是学生地理知识水平高低的重要标志。

（四）填充图册的运用

填充图册又称暗射图册，是不具备分层设色特点的素图。图中只有地域轮廓、符号、经纬网、地区界线及海岸轮廓，主要河流、山脉、大城市等，唯独没有注记。填充图册是供学生课外作业使用的，由学生按照要求填注注记，是复习巩固地理知识的方式之一。

地理教师在布置填图作业前，要熟悉填充图册的有关内容，向学生提出填图要求，如字体大小，是否染色、完成时间、注意事项等。必要时还可在投影空白图或黑板空白图上作出示范。

学生在学习新地理知识时，往往是从彩色的教学挂图开始，课上查阅的地图册也是分层设色图，而且知识内容很多。而到最后学完新知识巩固复习填图时，却面对的是单色的简单地图，这种从繁到简、从多项地理事物到单项内容、从多色到单色，需要有一个适应过程和认识上的变化。教师要强调对图形轮廓的记忆和对图形内地理事物相对位置的记忆。

填充图也常用于考试，如写出地名，要求把代号注在图中相应的位置上等。

三、形象直观方法

本法是通过各种地理形象的直观教具和直观手段进行演示的方法，也称地理形象直观演示方法。它主要通过视觉形象给人以真实的感知，从而建立地理感性认识，再现地理事物形象。它对培养学生的学习兴趣、发展学生的观察力、提高记忆力等方面都有着积极的作用。

（一）地理景观图片的运用

地理景观图片是反映自然与人文景观特色的图片。它既能使学生不能直接观察到的地理事物变为可观察的内容，又能使地图上象征的假定符号具体化和形象化。景观图片可以由照片放大彩印制成，也可用绘画制成。前者真实感强，后者可根据需要突出重点，它们都是使学生获得地理感性知识的直观教材。

地理景观图片按内容可分为：自然地理景观图片（如各种地形、植被类型、自然带图片等）、人文地理景观图片（如工业生产、农业生产、交通运输、商业贸易、民族建筑及服装饰物、乡村牧区渔村城市聚落、宗教文化建筑图片等）。按图片的形式分类，有幻灯景观片、课本彩色插页、书报杂志画页、小型风景画片、巨幅墙挂照片等，它们大部为彩色片。地理教师应随时注意收集各种景观图片，进行分类，以作教学之用；也可发动学生搜集、举办景观图片展览，由学生编写说明和布置，这样既丰富了知识，锻炼了能力，也是进行思想教育的一项有益活动。

利用景观图片进行教学时应注意：

1．选择符合教学内容要求、能显示讲授知识特点的图片。有些图片并非专为地理教学而制做，因此要进行比较、选择，要求具有真实性、画面清晰美观，这样才能起到直观作用。

2．明确观察图片的目的，计划好出示图片的时机。最好安排在对讲授内容刚有了部分了解急于想知道其具体情况的时候，这样易唤起学生的注意力及学习兴趣，使他们关注画片的内容，感到新颖好奇。景观图片要适量，同一内容不可多次重复出现，次要内容可不出现图片，用毕应立即收起，以免分散注意力。

3．出示图片要配合讲解和启发提问，或提示图片中要点。例如观察某现代化港口码头的图片，应指导学生看集装箱、运输的铁路、附近的仓库、待装货的船只、现代化装卸机械、以及远处等待进港的船只等；又如，观察黄土高原的图片时，要指出各种地貌（塬、梁、峁）及沟壑纵横的特点，并思考水土流失的原因等；再如，观察各种自然带的景观图片，一定要结合植被特征思考其形成原因，特别是与气候特征联系起来考虑，等等。

4．景观图片一定落实到地理分布上，因此在出示有关图片时要与地图结合起来，使地图形象化，看到地图上某个位置，就能想到该地的景观；同时看到某项景观，就能想到其所在地理位置，这样使景观的形成和特征变得易于理解，教学效果会更好。

（二）地理标本的运用

地理标本是从地理环境中取来的经过一定加工处理的地理事物的实体。标本具有地理事物原来的形态、大小、颜色、光泽等外观特征，给学生以真实的感觉，有助于正确认识地理事物的本来面目。

地理标本种类很多，常见和使用广泛的有矿物标本、岩石标本、土壤标本，此外还有生物标本和工农业产品标本等。地理教师应在可能的条件下搜集、采集和购置一些常用的标本，以备教学之需，平时则可作为地理室的陈列展品，供学生课外观察。

使用地理标本进行教学时应注意：

1．课堂教学中需要观察的标本，应选择体积较大、特征明显、全班学生都能看到的标本，教师可边讲边指导观察，也可在讲完一个阶段再出示标本，指导学生观看哪个部位，思考哪些问题。有时也可在讲课前作为引入新课的环节用，如在讲岩石的风化作用前，先出示一块风化程度较深的岩石标本，用手一搓可掉下粉末，用力一掰可分成两块，若用重物一击可变成碎块，然后让学生思考，从而引入风化作用。

2．岩石或矿物标本在教学中的观察，可将全班分成若干组，每组发若干块经过编号后的岩矿标本，置一盘中，然后由教师出示某号岩石或矿物进行讲解，学生找到自己面前的标本进行对照。还可在讲授新课后进行练习鉴别，教师让学生鉴别某种岩石或某种矿物，学生回答其编号，或教师提出编号，由学生回答是某种矿物或岩石。

3．如果岩石或矿物标本较少，则只能在讲授时出示一下，或由教师持标本走近学生，让学生观察。若确有必要进行传看，则应进行组织，有秩序地传看并提出要求。

（三）地理模型的运用

地理模型是模仿地理事物的形象而制做的立体教具。多数是按巨大的地理对象缩小而制成的，富有很强的真实立体感，能使学生建立清晰、正确的概念，而弥补景观图片和地图立体感不足的缺陷。有的模型能显示地理事物的内部构造（如地质构造模型），还有的模型能演示地理事物的运动规律（如地球仪），这些又是标本所不及的。此外，模型虽是仿真，但为了教学需要，有的地理模型可对原来地理对象加以简化，使其特点更突出，更具典型意义，如喀斯特地形模型，只突出与石灰岩被水溶蚀有关的地形；天体运行模型则更需简化。

地理模型种类很多，有自然地理模型（包括天球仪、地球仪、各种地形模型、海岸及岛屿模型、各种地理过程模型、各种地质构造模型、各种地理景观模型等）、人文地理模型（包括资源分布模型、交通运输模型、城市发展模型。工厂、桥梁、运河模型等）、区域地理模型（包括大洲地形模型、大洋洋底模型、各主要国家地形模型、中国及各区域地形模型等），其中地球仪的应用最普遍。

运用模型进行教学应注意的问题：

1．运用模型前，教师要明确目的，考虑好观察要求，设计好提出的问题，对模型各个细节教师要进行了解，以便及时提示，指导观察。

2．出示模型时，学生会由于强烈的好奇心和求知欲望而表现极大的兴趣，教师要善于启发学生思考，使其在观察中发现问题，并及时总结特征及有关规律。如观察等高线模型时，可观察正面、侧面，从不同角度认识陡坡、缓坡、山顶、山脊、山谷、陡崖、鞍部等，有的还可从剖面上观察，进一步理解等高线的概念。

3．对于可演示地理事物运动的模型，教师要熟练操作，并配合恰当的讲解，使学生边看边听边思考，逐步理解概念，并在此基础上把动态的过程静止后，画出板画，将典型的位置进行分析。如演示地球仪，让学生了解地球自转、公转运动，利用转动轴与水平底座呈66.5°角的特点（地轴与公转轨道面成66.5°夹角），演示昼夜更替、昼夜长短的周年变化、太阳直射点的周年移动、四季与五带的形成等，然后可在黑板上绘出夏至日与冬至日的太阳照射情况图，与实际地球仪位置进行对照，以便在学生头脑中既留下运动状况又留下典型位置的阳光照射情况，加深对该系列问题的理解。

4．运用模型不仅在于加强直观的感性认识和对原理的理解，而且也是培养学生能力的手段之一。通过模型的观察有助于树立空间概念，进行空间思维的训练。如中国地形模型或物产资源分布模型，实际上就是中国地形图或物产资源分布图的立体化。又如把地球仪和经纬网模型结合观察，对于地轴、两极、赤道、经线、纬线、经度、纬度、回归线、极圈等地理概念的理解和空间概念的建立，是十分有效的。

（四）地理电化教学的运用

借助现代科技手段，将幻灯、电影、电视、录音、录像、广播、激光唱盘、电子计算机等现代视听设备应用于地理教学即称地理电化教学，亦称现代化地理教学手段。它是教学手段的重大变革，也是教学现代化和教改的重要标志之一，因为电化教学的出现，打破了课本、黑板、粉笔、地图的地理教学模式，扩大了知识的直观范围，加强了教学效果，对提高地理教学质量有着重要意义。

1. 电化教学在地理教学中的作用

（1）突破时空制约，扩大地理信息传输量：地理知识涉及面广，实践性强，学生需要了解大量感性知识，但由于地理环境的广阔性和复杂性，许多地理事物和现象是难以进行直接观察和观测的。利用电化教学手段能使丰富的声像材料呈现在学生面前，揭示事物的本质和内在联系并能突破时间与空间的制约，使许多不易反映的现象变为可演示的图像。如宇宙中的天体运动，通过《天体的来龙去脉》可以化大为小；生态系统中微生物对腐殖质的分解，可通过《森林和我们》化小为大；岩石的风化过程，通过《矿物与岩石》可以化静为动；陨石或彗星的情况，通过《天外来客》可以化动为静。对于等高线的了解，通过《等高线》可以化虚为实；对于喀斯特地貌的认识，可通过《奇峰异洞》化实为虚；区域地理中许多难以直接考察的地方，通过《南极洲考察》《青藏高原》、《话说长江》、《黄土高原》等一系列影片、录像片、风光旅游片可化远为近；身边的许多地理事物地理现象，可通过《中国的季风》、《风和雨》、《昼夜和四季》、等教学影片、科教片、纪录片化近为远，了解其原理；对遥远的地质历史、地壳演化、生物变迁，生态系统可通过《地壳的变迁》、《自然界的动态平衡》等化慢为快；而像瞬息万变的天气现象，自然灾害，可通过《台风》、《火山》等化快为慢。这都说明电化教学可克服时空障碍，增加或扩大了地理信息的传输数量。

（2）方式灵活多样，改变地理信息传输形式：电化教学手段通过影片、录像片、激光唱盘等编导人员的设计、制做；表现出完全不同于课堂教学的知识传授形式。这种集科学性、知识性、趣味性、教育性、思想性于一体的教学形式，使学生怀着极大兴趣积极投入、热情参与。电化教学通过丰富的画面让学生观察和思考，没有空洞的说教。其中有的通过动画揭示变化过程，有的由表及里地剖析内部构造，有的以多方比喻加深对本质的说明，有的以广泛联系来丰富知识的内涵。它可使学生作为旅游者、探险者、考察者而“身临其境”，也可使学生成为科研者在显微镜下观察。在电化教学中倒放、重放、慢放、暂停等技术手段可使地理事物或现象的组成结构、运动过程等重复出现，给学生的观察与思考留有充足的时间。其设计与操作技术方式的灵活多样，极大改变了地理信息的传输形式。

（3）突出重点突破难点，加大地理信息的传输强度：电化教学以其鲜明的色彩、生动的方式、丰富的内涵和新颖的设计赢得教师与学生的欢迎，其中重要的不仅是扩大了知识面，更使学生印象深刻的是它从多角度突出了知识重点，分解了知识难点，从而化难为易，解决了知识疑点，清除了学生思路中的障碍。比如教学影片《中国的季风》对季风的特点，成因、我国冬夏季风的情况、我国季风气候的情况，阐述得十分详尽，给学生以深刻的印象，久而不忘。教学影片《矿物与岩石》对地球内部的构造、岩石的形成、矿物的鉴定、内外力作用、地壳物质循环等难以描述的问题，深入浅出地予以解释，弥补了教学的不足。在突出重点与突破难点方面，电化教学具有很大优越性，它加大了地理信息的传输强度，使声音与画面深深地印在学生的脑海中。

（4）利于对知识的理解发展学生智能，提高地理信息的传输质量：在地理教学中常常要在地理事实的基础上，揭示事物的本质特征，化实为虚，从形象思维到抽象思维；同时又需要使抽象概念具体化，化虚为实，从抽象思维到形象思维。电化教学在这方面有其独特的优越性，无论是用原理说明事实，或用事实印证原理，它都以生动的视听效果启发学生的思维，使学生通过分析、综合、抽象概括、比较鉴别，从而掌握地理事物之间的联系，加深理解并发展了智能。如教学片《等高线》，把等高线的概念、作用、山脊山谷等地形的识别方法、各种等高线地形图的判读等，有原理有事实，一一讲解清楚，既传授了知识，培养了能力，也教会了方法，提高了地理信息的传输质量。

（5）提高学习兴趣，便于知识巩固，增强地理信息的传输效率：学生喜欢电化教学，对其生动有趣、新颖多样极感兴趣。上课时注意力集中；看得认真，目不转睛；听得仔细，屏息凝神。因多种感觉器官积极专注地参加活动，能很好地感知、识记、理解，有利于知识的巩固。

2. 电教手段在地理教学中的应用

（1）幻灯：幻灯是电化教学手段中最简便易行的一种。幻灯机有不同类型，如投影器：可放映一般投影片，用透明胶片、透明纸、玻璃片均可绘制（第八章教学基本功部分将有介绍），白天在教室的自然光下可以放映。幻灯片的规格要求不严，教师易于操作，有的教师直接利用它来代替黑板进行书写或绘图，这是普及电化教学的重要途径。自动转换幻灯机：是装有自动换片器的幻灯机，可遥控或定时自动换片，须使用一定规格的幻灯片（135反转片），使用前将幻灯片按教学程序排列好，置于换片器中，有的还配有录音解说，可以声像同步。此类幻灯机所用幻灯片市场有售，也可通过自己拍摄反转片自制。透射式幻灯机，利用光源把幻灯片图像直接透射到屏幕上，需在暗室放映，幻灯片用玻璃片或透明胶片制成。反射式幻灯机。用强冷光源照射在画片、手绘图片、插图与文字上（普通白纸即可），再经反射出的光线经透镜成像放映在屏幕上，须在暗室进行。这几种幻灯机都适于地图幻灯片、景观图幻灯片、原理示意图片、数据图表片及框图式（结构式、关系式）幻灯片等。市场出售者多为景观图片及少量地图片，教师应根据需要自己设计绘制符合教学需要的幻灯片，在教学及复习巩固时应用，其效果是不言而喻的。

（2）电影：把适当的影片应用于地理教学是60年代初在我国中学地理教学中出现的，电影具有很强的感染力及显著的直观性，它克服了幻灯片的不连续和静态的不足，而且知识面更广，使学生的视野向更深远的空间延伸。常用设备有8mm（影片宽度）和16mm放映机，影片有教学片、科教片、纪录片等。在教学应用时可根据影片内容与教材对应，不用影片中的音响与解说，去掉片头字幕，直接出现画面内容，放到一定阶段，可停机进行讲解，或配合幻灯片及地图讲解，因此教师要事先了解影片内容，自编解说，并请放映人员配合。若为复习用而放映电影，则可先提出问题或提示，使学生带着问题观看影片，放映后教师应作简要小结，这种为复习而放映的影片可用原片中的解说和音响。

（3）录像：录像片进入教室始于80年代初，它比电影更先进，操作更方便，可白昼放映，不仅可采用专题的地理教学录像片，而且教师或学校电教组还可根据教学需要，把电视节目中有关地理教学内容的部分选录下来，有目的有重点地进行编辑，构成辑纳片，中间可安排一定标题，有条件能用计算机做出字幕图表的，就更能加强教学效果。目前电视节目中适合地理教学用的内容非常丰富，教师一方面要了解地理教学知识体系和全部内容，掌握整个初中和高中地理教学的知识要求，同时要经常留心电视节目的播映，以便有准备地转录。在教学中放映录像带的要求与放映电影相同，而且录像机可由教师操作、可放、可停、可退，使用更方便。

（4）激光视盘：这是更为先进的教学手段，出现于80年代中期，由激光视盘放映机和编辑录制而成的声像视盘组成。其地理声像视盘教材是按地理知识内容体系录制的，如太阳系、太阳、九大行星、地球的自转、地球的公转；地壳、三大类岩石、火山、地震……等分段介绍，犹如一部地理声像辞典。激光视盘的特点有：信息量大，每个概念介绍时间并不长，但内容丰富；检索方便，教师通过遥控装置可检索所需内容，而且可重放，暂停，便于边讲边看；清晰度高，色彩鲜明，印象深刻；便于携带操作。

但由于价格较昂贵，目前我国尚未广泛应用。

（5）电子计算机：利用电子计算机软件进行中学地理课堂教学是80年代初期开始的，当时也仅限于编制地图、图表，以后逐步向广度、深度发展，成为教学改革的一个重要方面。目前其主要作用有：提供教材，利用电子计算机可将教材中各种知识表现形式，如课文、讲授提纲、图像（动态或静态）、练习等，按教学进程展示出来；建立题库，教师可将编制或精选的试题与答案储存入计算机中，使用时根据要求调出（同时也可储存备课参考资料、数据、教案、大纲等）；学生自学，学生利用编制好的辅助教学程序，进行“人机对话”，并自己进行学习评定、检查（家庭、学校的计算机上学生有自己的软盘，可作为学习工具）；评定成绩，利用计算机评分阅卷，统计分数，准确科学，减轻教师负担，速度快；辅助教学，根据设计编制的软件，显示地理事物的变化过程或联系，这是真正使计算机应用于教学的标志，但目前应用尚不普遍，仅在具备条件的学校中探索与实验。

3. 应用电化教学需注意的问题

（1）明确应用目的，解决最需要的问题：电教手段形式新颖，内容丰富，然而在地理教学应用时要紧密结合教材内容，明确应用目的，解决最需要的问题，如理解概念、使抽象内容具体化；扩大知识面，观察不易见到的地理事物；解释原因，总结规律，说明特征，培养能力等，要考虑实现教学过程的最优化不能只追求形式的变换，要从教学效果出发，选择适宜的教学手段和软件。

（2）熟悉电教教材内容，拟定配合电教内容的操作程序和讲稿：教师在备课过程中，一定要先熟悉所选用的幻灯片录像带、影片、激光唱盘或计算机软件的内容，事先要放映一遍甚至多遍，以根据画面内容进行讲解，编写讲稿。对放映过程中的细节应考虑周到，如幻灯片的复合、运动（如抽拉片或转动片）；录像带和电影片的放映时间，每部分如何讲解；激光唱盘的重放或慢放安排，微机应用时的程序设计等。以便做到有条不紊，胸有成竹。教师编写的解说词要紧扣教材和电教内容，简练优美。

（3）配合其他教学手段，实现教学过程最优化：地理教学内容广泛，有些还涉及其他学科，有的既有地理事实，又有地理原理，非一种教学手段完全能够解决。因此电教手段也会有其局限性，还要考虑与其他教学手段的配合，以完成教学过程最优化。如配合用地图，以说明所反映地理事物的空间分布；又如结合用地球仪演示，以树立空间运动的概念。在进行中国地理台湾省的教学时，用电影《啊，台湾》配合幻灯片效果较好。开始用地图介绍台湾省的位置、范围，然后通过影片观察山地丘陵平原不同地形的四时景观，再配合幻灯片看地形剖面图、看山河分布；再看电影介绍台湾丰富的资源，再配合幻灯片分析台湾的气温、降水情况等，这样动静结合，印象深刻。同时还要注意到教师的教学语言和组织教学活动在应用电化教学过程中也起着重要的作用。

（4）及时进行反馈和小结，以便调控和巩固电化教学效果：电化教学通过视听手段传输了大量信息，这些信息作用于学生后，可通过他们的神态、行为得到反馈，教师要及时调控教学进程，指出知识的关键，提出思考问题，提示观察要点。在进行到一定阶段后，要及时小结观察的内容，或进行答疑解惑。这样使观察与思考结合、屏幕与黑板结合、视听形象与教师的语言结合，及时使知识得到升华和巩固。

四、图解直观方法

教师以图解方式揭示地理知识的结构、地理事物之间的联系、以及地理事物或现象的特征和规律的方法。图解直观方法可以把文字、数字所表达的内容通过形象的图示反映出来，使人一目了然，以加深对文字内容的理解，强化对知识要点的记忆。图解可以先画在小黑板上、投影胶片或纸上，教学中及时出示，也可边讲边画，配合教学语言予以说明。

（一）地理联系图表

地理联系图表类似于图解式板书，是将复杂的地理事物或地理现象之间的关系用框图、箭头、括号、破折号等表示出来。它需要教师在备课过程中深入理解教材内容及知识间的内在联系，方能设计出便于学生理解的图表。知识间有因果关系、并列关系、主次关系等，在设计图表时就要根据知识属性及其结构和联系进行安排，如图6-1：

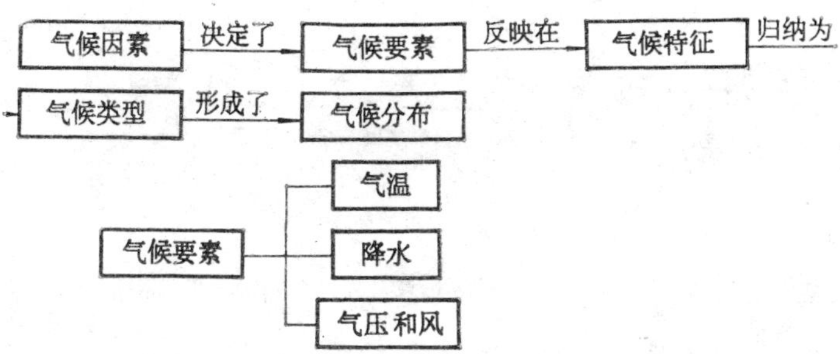

图6-1

上部为因果关系，下部的气温、降水，气压和风为平行并列关系；它们从属于气候要素，为主次或包含关系

又如，表示农村家庭型综合利用的示意图(北京留民营)，图6-2。

（二）地理统计图表

地理事物或地理现象常常需要进行定量说明，有的用以反映发展变化，有的用以进行比较，有的展示观测结果以说明事实，有的开展量化分析以作出定性结论。为了形象地表示数据，用图表方式是最为理想的。一般图表要事先画在纸上、小黑板上或投影片上，利用图表可进行讲解，也可用来作为例证，还可在复习巩固时用来启发提问培养能力。常见的地理统计图表有气候统计图表，反映某地气温变化的气温变化曲线图，反映降水变化和月份分配的降水柱状图，根据这类图表可判断气候类型和分析形成

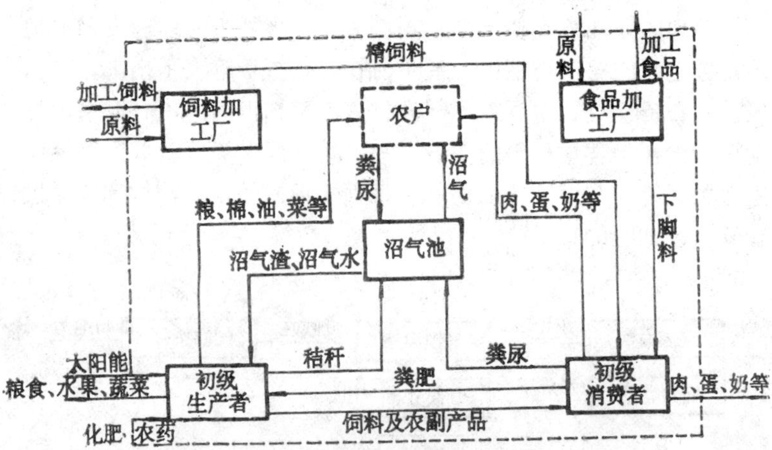

图6-2 据《中国的环境与发展》

原因推论对生产、水文、植被的影响。还有人口统计图表，反映人口增长变化的曲线图或柱状图，还有反映人口年龄构成和性别组成的人口金字塔图。经济统计图表有工业、农业生产统计图表，进出口贸易统计图表，农业结构统计图表等；它们有折线、曲线、柱状及圆形或扇状等各种形式。地理教师要了解各种图表的绘制方法，统计数字的计算（累计数、平均数、百分比等），构成图表的各种要素及其表现形式。注意教会学生看图表的方法，并根据定量分析作出定性结论，或通过分析比较说明图表中反映的问题。也可以给出数据，要求学生自己练习绘制各种图表。

（三）地理“纲要信号”图示法

“纲要信号”图示法是苏联沙塔洛夫创造的教学方法。所谓“纲要信号”就是一种提纲挈领地概括所讲内容的图表，这种图表形象、直观，既能帮助学生记忆，又能使他们把握知识的整体及其内在联系，而且便于教师和家长检查督促学生学习。

地理“纲要信号”图示法可以结合地理教材的知识组成，突出重点内容，找出知识间的联系，并且将语言信息转化为图象信息，将抽象思维过程形象化，变成可观察而又便于记忆的图象符号的变化。

使用纲要信号图示（图表、图解）可随教学进程边讲边画，也可用幻灯片、小黑板等先行绘出，一次呈现。其设计过程是：分析教材组成，了解内在联系；将知识内容高度概括，简化为精炼的语言或示意图；根据知识间逻辑联系，排列成序，形成网络；设计各种图形，成为图解式或图表式纲要信号图示。

在运用纲要信号图示教学法时，可将讲解谈话法与纲要信号法配合使用。本书在第四章教材分析中有纲要信号图表，请参阅。

第四节　地理教学的逻辑思维方法

地理教学中的逻辑方法，是学生认识地理事物的本质特征和联系、掌握地理原理和规律的方法，也是学习地理理性知识、发展智能必须具备的方法，它是通过一系列思维活动实现的，故也称逻辑思维方法，它与直观方法一样，是地理教学中的辅助方法，常与讲解法，谈话法等相伴出现，逻辑思维方法很多，以下只择其主要者及在地理教学中应用最多者作介绍。

一、比较法

比较是确定事物间异同关系的思维过程和方法。地理知识因其综合性、区域性等特点，内容丰富广泛，类别复杂多样，需要根据一定标准对彼此有联系的事物进行对照，从而确定相同、相异、相反、相似之处，所以有人讲："比较法是一切理解和思维的基石"。

（一）比较法在地理教学中的作用

1. 突出本质特征，加深对概念的理解　有比较才有鉴别，比较的过程常常是对已知事物深入思考的过程。在比较中，对事物的本质特征要经过一番衡量筛选，因而就会加深对概念的理解，使被比较的事物不易混淆。如对经线与纬线的比较，要抽出二者在形状、长度、所指示的方向及与赤道的关系等特性来进行比较，这样就加深了对各自概念的理解。

2．加强知识联系，便于掌握新的知识　运用比较法有利于学生获得新的概念，掌握新的知识，因为新知识的学习常常要建立在旧知识的基础上。有些地理事物的学习和新概念的建立，要通过与已知内容的联系对比来引入。如根据丘、丘陵的概念，得出山、山地、山脉、山区等概念；又如根据天气的知识得出气候的有关概念等。再如学习世界各种气候类型的特点、分布规律、景观、成因、气温与降水指标等内容时，只要列出表格，在讲过一两个气候类型后，其他类型可通过比较分析的方法较容易地掌握。

3．促进对知识的综合分析，利于发展思维能力　比较法是最重要的逻辑思维方法，因为在比较之前需对所比较的对象进行一番综合分析。比如对中国各区域特征的比较，就需要先综合分析各分区的自然人文要素。然后方可与其他区域进行对比。又如进行秦岭-淮河南北的对比，也要先考虑各自在多方面的基本情况。此外如四川盆地与柴达木盆地的对比、长江与黄河的对比等，也都要在比较前或比较过程中作一番紧张地综合分析的思维活动，因此它促进了思维的发展，有利于培养能力。

4．深化对事物的科学认识，有助于形成正确观点　学生正确观点的形成，常来自对事物的科学认识与深刻理解。如仅对某些知识进行一般阐述，而缺乏正反、新旧、今昔等方面的对比，则很难深入地认识事物的本质，形成正确观点。如对污染环境与保护环境的比较、对环境的破坏与治理的比较、对人口控制前后的比较等，均对正确观点的建立起到促进作用。

（二）比较法在地理教学中的分类及应用

1．类比法　按知识的类别和属性进行比较的方法。无论在已知内容与新知内容之间、还是在同时进行讲授的两个内容之间，都可进行比较。该方法又可分为：

（1）同类同型事物的比较：同类地理事物或现象，其对比各点常具有相同或相似性。如亚马孙河与刚果河均为外流河且均在热带赤道附近，特征相同点多；又如北美洲地形与南美洲地形、我国鄱阳湖与洞庭湖等，也属同类同型的地理事物的对比。

（2）同类异型事物的比较：同类地理事物或现象，因具有各自的差异性，而具有较多相异或相反的特点，故可进行相异性比较如塔里木盆地与准噶尔盆地的比较、欧洲气候与非洲气候的比较、长江与黄河的比较、地中海气候与温带海洋性气候的比较等。它们有的因属同类，也存在某些相同相似处，但相异与相反点也较明显。如秦岭—淮河南北虽均在季风气候区，气候特征有共同点，但在位置、地形、气温、降水、河流水文、植被、耕作制度、主要作物等方面均存在差异。

（3）异类共性事物的比较：不同类地理事物有时可比较其某一方面，如海洋与陆地，类别与性质不同。但在形成季风方面有共性，可比较其热力性质差异；各种能源属于不同类物质，但它们因都具有能量这个共性，就可以比较它们的优缺点。

当然不同类事物且不具共性是无法比较的。

2. 纵比法　对单一地理事物从时间上作前后对比，或从发展过程中作各阶段的比较，具有从古到今、从上到下、从前到后的纵向特点。其目的在于了解地理事物发展、演变的特点和规律。如喀斯特地形发育过程比较；山脉发育的青年、壮年、老年三时期特点的比较等。

3. 横比法　将两个或几个同类地理事物的各方面并列比较，或同一时期不同地区某些地理事物的比较，目的在于掌握这些地理事物的共性与个性，以加深理解。如我国不同温度带在1月、7月气温、生长期、积温、耕作制度、主要农作物等方面的比较；我国干湿地区在年降水量、自然植被等方面的差异比较等。

4. 中心内容比较法　以一个比较对象为中心，分别与几个比较对象作某些内容的比较，这是为突出中心内容而进行的比较方法。其特点是只有被突出的中心内容与其他对象有比较关系，而其他对象之间不作比较。如将我国森林覆盖率与世界上一些国家和世界平均森林覆盖率相比，说明我国保护森林、绿化祖国、加速林业建设的紧迫性和重要意义；将我国某些资源的人均占有量与世界其他一些国家及世界平均人均占有量相比，也说明我国资源面临的严峻性和合理开发资源、节约资源、综合利用资源的必要性。

5. 综合比较法　是比较对象和比较内容都较多的一种方法。如对两个或两个以上的国家或地区进行自然与人文地理多种要素的比较，内容全面，角度复杂，有助于形成全面完整的理解。又如对我国不同地区的河流（如东北山区、秦岭—淮河以北、秦岭—淮河以南、西南山区）进行水量、水位、汛期、冰期、含沙量等多方面的比较等。综合比较法要在单项比较或专题比较的基础上进行，而且比较项目要明确，否则即无综合意义。

（三）运用比较法应注意的问题

1. 根据教学需要，确定比较目的　比较法在地理教学中的许多方面均可应用，地理概念、地理事实、地理特征、地理成因等许多内容，只要具有可比因素，都可进行比较。但其比较目的却可能不同，有的比较为了加深对地理事物的了解，有的则可能为了说明某些地理事物的区别，还有的可能为印证某些定性的结论，因比较目的不同，在比较对象、比较方法、比较步骤方面也有所不同。如为了说明区别，可在两个比较对象之间进行多方面的比较，而如为了印证某些结论，则可与多个对象进行某一方面的比较。故进行比较时要明确目的，服从教学需要。

2. 根据已知可比事物，选择比较对象　选择比较对象应是已知的地理事物，如果学生对所比较的内容尚不了解，则无法进行比较。即使有从旧知引到新知的比较也是有已知作基础的，而并非毫无所知的。另外要选择同类地理事物或虽不同类而有共性或同理的事物进行比较，如用比喻方法是以生活中的某些事物或现象来讲解自然界的某些事物或现象。比较应重在事物本质特征的比较，不要以表面的、暂时的或偶然巧合的现象作为比较内容。

3. 根据综合归纳，列出比较项目　当比较对象确定之后，比什么就是要突出解决的问题。一般要注意对比较对象进行综合归纳，列出可比的项目，即找出比较对象间的相同点、相似点或相异点，如比较我国四大高原或比较三大平原，则需列出位置、范围、平均海拔、面积、主要特点等，而如果比较五种地形，则只需列出海拔、地表起伏状况或特征即可。一般性的概念，综合性强，可比内容只能从大的方面概括，对较具体的概念，反映特定地理事物的本质属性，可比内容较具体。因此列出比较项目是很重要的环节。

4. 根据分析概括，找出比较内容　当比较对象和比较项目确定后，一般可列表，设置比较表的纵坐标和横坐标，再对比较项目的内容逐项填表作出分析和概括。填表时文字要求简练，内容要准确，因为填注比较表不宜将比较对象的情况详细叙述出，只能根据需要分析出本质特征。所以整个比较的过程都需要结合逻辑思维来进行。

二、分析综合法

分析与综合是思维的基本过程和方法。分析是在思维中把事物分解为各个属性、部分、方面。综合是在思维中把事物的各个属性、部分，方面结合起来考虑。二者彼此相反而又相互联系，因此分析中的综合与综合中的分析贯穿于思维的整个过程中。如地理教学中对宇宙环境的认识，就要从天体类型、天体系统、天体运动等方面去认识；对人类居住的自然地理环境，也要从大气圈、水圈、岩石圈、生物圈去认识，并进一步分解为地形、气候、水文、植被、动物界等若干地理要素。而要认识和了解自然环境的总体特征，则必须把这些要素有机地联系起来，才能概括出基本特征，具体到一个地区的自然环境特征或人文地理特征也都是如此。必须先将其各组成要素逐个进行分析，然后再对各要素进行综合，这样才能把握住事物的整体和本质，认识其发展规律。

（一）分析综合法在地理教学中的作用

1．整理知识系统，形成知识网络　地理知识纷繁复杂，从空间上有远近，从时间上有古今，地上地外，大洲大洋，自然与人文地理，系统与区域地理。要理清知识间的系统层次，并形成知识网络，必须依靠综合与分析方法，通过确定整理的知识范围、列出知识的组成内容、分析知识间的联系，从而形成知识网络。如有关气温与降水的知识经分析综合能得出以下知识体系：

- 气温
  - 空气的受热——大气的直接热源来自地面
  - 水陆受热的不同——热容量差异与吸热散热速度
  - 气温的计算——日、月、年均温，日、年较差
  - 气温的表示方法——等温线与气温变化曲线
  - 气温的分布——水平分布与垂直分布
  - 气温的变化——日变化与年变化
- 降水
  - 大气中的水汽来源
  - 水汽凝结的条件
  - 降水的类型
  - 降水的计算与表示方法
  - 降水的分布
  - 降水的季节分配

2．掌握知识结构，明确重点难点　知识的组成结构，需要通过综合分析来获得。在掌握各部分知识的属性内容后进行综合，并在了解全部知识的组成系统后进行分析，从而得出结构及其联系。如建立有关河流的知识结构（图6-3），即从分析与河流相关的知识来得出。

知识的重点是学生学习中的关键，它们在整个知识体系中处于重要地位，在教学过程中对重点知识的细致分析和全面综合向来是教师高度重视的问题。重点知识是基础知识，联系面广，特征明显，要通过分析联系与综合特征来突出重点。难点知识多是难于

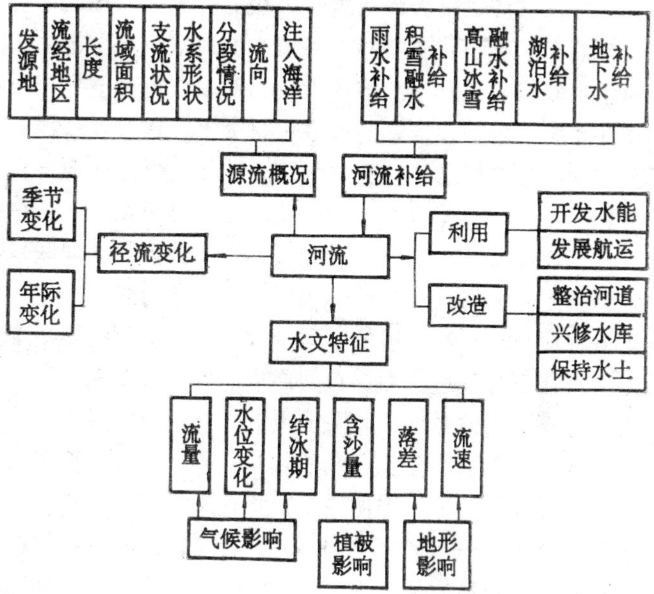

图 6-3

理解的抽象概念或原理，其实质是学生的认识能力与教材中内容的表达之间的矛盾，教师对那些抽象性、综合性、灵活性强、分散性大的难点也要注意认真分析和高度综合，通过分析学生，钻研教材，处理好学习基础知识与发展认识能力之间的关系，剖析理解问题的思路，以求对难点的突破。

3. 认识现象与本质特征、了解总体与局部关系　对地理事物的真正了解，常常需要从外到内，透过表面现象，深入探索本质；或是从总体到分部，剖析总体成为局部，再综合局部成为整体，对全貌与各部分的关系要进行思考，如认识地球的外力地质作用，就要将其分解为风化作用、侵蚀作用、搬运作用、堆积（沉积）作用、固结成岩作用，从各方面加以剖析。同样，要进一步认识风化作用，就又须从空气、热力、水分和有机物等对岩石的破坏作用进行剖析，最后综合为“岩石在空气、热力、水分、有机物等作用下，破坏成砂、泥土岩石碎块的现象为风化作用”。

4．加强知识联系，建立思维线索 地理知识与生产生活实际及其他学科知识联系密切，地理学科内部多项地理事物与现象之间，相互影响、制约、依存的关系也很突出。在教学过程中，既要丰富学生的知识储备，又要联系综合，使其思路畅通。为便于知识的融汇贯通，引伸迁移，能超越时空，寻找显现问题中潜隐的联系，需要通过分析，建立思维线索。如知识的纵向联系，即沿一定思路使知识向纵向延伸，包括知识体系的先后顺序，时间演化的从古到今，事物发展的不同阶段，运动变化的逐步推进，以及地理事物由近及远、由起点到终点的联系等。知识的横向联系，指地理知识间的对比、相关、影响、制约等关系，反映地理事物的广延性，包括空间分布上的相互联系、各地理要素间的依存与制约关系等。知识的多向联系，指地理知识与学科内外多方面的联系，包括同一地理事物的多角度涵义，地理事物中一因多果的推导或多因一果的分析等。还有知识的逆向思维与假想性推测等，都需要在分析综合的基础上加强知识联系，建立思维线索的。

（二）分析综合法在地理教学中的运用

1．从地理事物的空间分布及范围出发，从事物的现象和整体出发，确定分析综合的对象或界定范围，以便使这一思维活动有目的地进行。如分析某区域自然环境特征，需要先确定位置范围，分析某项地理事物的特征、成因、规律，也需先了解该项事物的整体现象。

2．根据地理事物的结构组成或相应的地理方法，将整体分为若干部分，或把区域内的各个要素列出，这种分解或分割要遵循地理事物的结构特点。如分析某区域特征，要从位置、地形、气候、河流水文、植被、自然资源等方面入手；分析河流水系特征时，要从水量大小、支流多少、河水深浅、河面宽度、水系组成形态特征等进行分析。

3．根据各部分结构本身特点，分析其成因、类型、作用、规律等，即具体剖析各组成要素的本质特征。如区域位置要从纬度位置、海陆位置进行剖析；地形要从地势特征、地形类型成因等进行剖析；气候从气候要素、气候因素、气候特征和类型去剖析等。对区域经济特征则要从类型、结构、布局、联系等方面进行深入分析。同时要深入探究各部分在该地理事物总体中的地位与作用。如分析中国气候特征时，一方面要分析气温、降水的特点，另一方面也要分析冬、夏季风及各因素的影响，如冬季风加剧了北方严寒，使冬季南北温差增大；夏季风带来降水，使降水集中夏季，形成高温期与多雨期一致。

4．分析各组成部分之间的联系，这是综合区域特征或综合地理事物过程的重要步骤，即结构各部分之间的关系。如初中地理第二册撒哈拉以南的非洲一章，其知识结构与联系如图6-4。

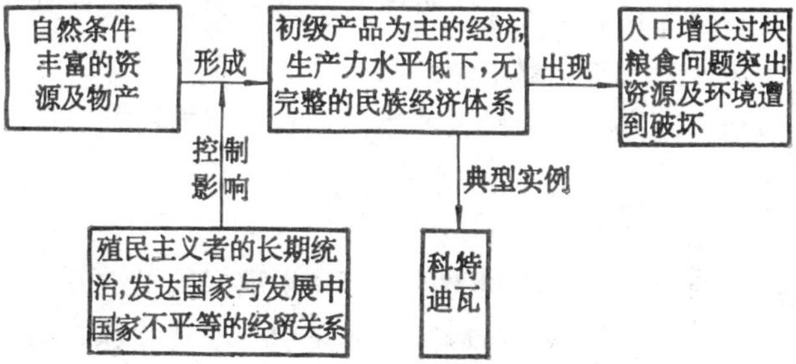

图6-4

又如几种外力作用与中国地理知识的联系图6-5。

5．综合分析结果，获得地理事物的整体特征的认识。分析对加深地理事物和现象的认识有着重要作用，但其提供的仅为各部分事物或现象的特征及联系。若要获得对整体特征的认识，还必须对分析的结果加以综合，使剖析过的整体事物和现象的各部分特性有机地联系起来，结合成为一个整体的概念，从而使认识深化，从现象到本质，获得完整的认识。如对我国北方地区总体特征的认识，不能仅停留在几个地理要素特点的重复或拼加上，而应

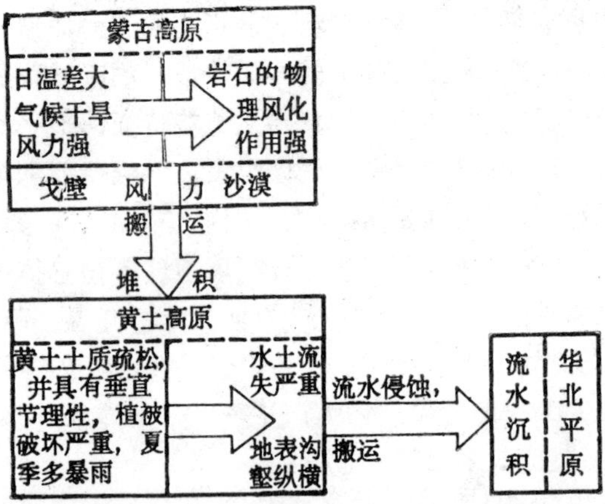

图6-5

从它们的特点、联系甚至在全国整体环境中的地位上考虑，北方地区的平原面积比其他几个地区都广，温带大陆性季风气候显著，形成以旱作为主的耕作业，是全国木材和温带水果产区，能源基地，防治水土流失、风沙侵袭、旱涝灾害为整治环境的重点等。

三、归纳演绎法

归纳和演绎是两种不同的推理和认识现实的科学方法。一般讲，归纳是由特殊到一般的推理，演绎是由一般到特殊的推理。在认识过程中二者是相互联系、相互补充的。演绎所依据的理由，来自对特殊事实的归纳、概括，归纳的结论是演绎的前提，演绎离不开归纳；而归纳对特殊现象的研究，又必须有一般原理为指导，才能找出其特殊的本质，从而进一步补充、丰富这种共同本质的认识，故归纳也离不开演绎。二者在认识过程中是个别与一般的矛盾统一。在地理教学中对归纳与演绎的应用很多，它对于启发学生的积极思维、发展智力有重要意义。

（一）归纳演绎法在地理教学中的作用

1．学习原理，掌握规律　学习地理原理，要尽可能地从地理事实出发，从特殊到一般地进行归纳概括，这不仅要能陈述原理，还需要列举实例，了解它们是如何根据地理事实归纳概括的。如通过读图和讲解，可了解到北海渔场位于东格陵兰寒流和北大西洋暖流交汇处；北海道渔场位于千岛寒流和日本暖流交汇处；纽芬兰渔场位于拉布拉多寒流和墨西哥湾暖流交汇处这些基本事实，从而分析原因，归纳概括出“寒暖流交汇是大渔场形成的重要条件之一”这样一个带有普遍性的规律。又如，观察世界气候类型图会发现：西欧、澳大利亚东部、马达加斯加岛东部、巴西东南部、北美西北沿海地区等气候比同纬度其他区温暖湿润，从这些事实出发进行归纳分析，可得出暖流对流经沿岸地区气候的影响是增温加湿这一普遍规律。同理也可归纳出寒流对经过沿岸地区气候影响是降温减湿的规律。由此可知归纳概括的方法对学习地理原理或地理规律有着重要的作用。

2. 概括特点，形成概念　地理概念是地理理性知识的基础，没有明确的地理概念，就不能很好地掌握地理知识，进行正确的地理思维。形成概念的方法很多，运用归纳推理方法是其中重要的方法。如我国南方的长江、钱塘江、闽江、珠江等河流，除了它们各自的特性以外，都具有水量大、水位变化较小、含沙量小、冬季不结冰等特点，归纳这些特点即可得出我国南方河流水文一般特征的概念。又如分析欧洲南部与非洲北部地中海沿岸、北美西岸中部、非洲西南端、澳大利亚西南端、南美西岸中部等地的气候特点都是夏季炎热干燥、冬季温和多雨，就可以建立起地中海气候的一般特征，形成地中海气候的有关概念。可见，归纳永远是概括的推理思维，对于概括特点、形成概念，具有重要意义。

3. 推理判断，举一反三　演绎是一种间接推理的思维方法，是进行地理判断间接获得知识的重要方法。根据地理事物在空间位置上必然联系的分布规律，根据地理事物随时间和发展变化必然趋势的演变规律，可进一步认识各具体地理事物。如“对流层内，气温随高度增加而递减”的气温垂直变化规律，可以推论出有些虽位于低纬甚至赤道附近的高山，由于海拔很高，所以气温也会很低，甚至有的终年积雪。又如根据地理事物之间的因果联系和在地理演变规律上的反映，可推论它们在时间上的对应关系图6-6。

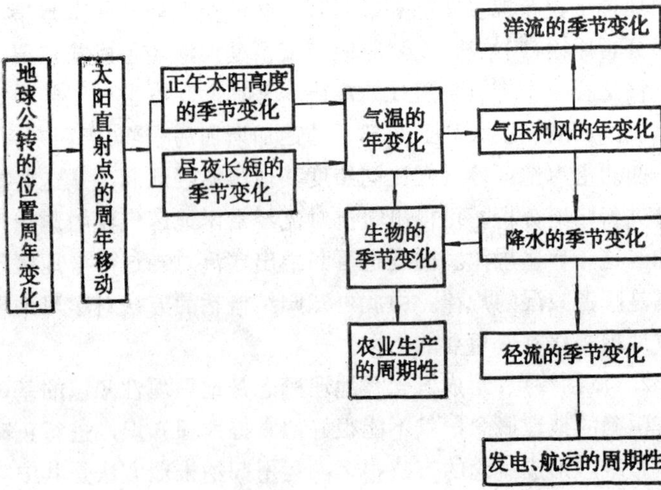

图6-6

根据上述联系，可分别推论出各个季节的主要自然现象，有些现象之间在时间上有对应关系，但却不完全同步，这是其间的相互影响需要有个过程。根据以上演变规律，也可用演绎推理来研究具体地区的问题。用这种方法进行判断，可举一反三，能引起学生的积极思维活动，对发展学生智力有重要价值。

4．运用规律，解决问题　任何一种地理规律，只有在不断运用中才能熟练地掌握它，运用是学习有关地理规律的目的和方法。在教学中要善于设问，给学生运用规律进行逻辑思维的机会，通过演绎推理解决问题。如：某岛位于东经105°—115°，纬度有南纬7°线从中部穿过请判断该岛气候类型：*A*地中海气候，*B*热带季风气候，*C*热带雨林气候，*D*亚热带季风气候。该题需要运用已掌握的气候类型分布规律及头脑中的地图分布知识来解决，其推理过程是表6-1：

表 6-1

根据选项	A	B	C	D
↓ 回忆分布规律 （大前提）	南北纬30°～40°大陆西岸	亚洲印度半岛中南半岛大部	南北纬10°之间地区	亚热带大陆东南部约25°～35°
↓ 思考岛的位置 （小前提）	该岛位于南纬7°左右，东经105°～115°判断是亚洲东南部的岛屿			
↓ 作出结论 ↓ 正确选项为C	该岛不在南北纬30°～40°故不是地中海气候	该岛在南半球，不在半岛上，故不是热带季风气候	该岛在南纬7°左右，恰在南北纬10°间，故为热带雨林气候	该岛在热带，故不是亚热带季风气候

归纳和演绎反映着人们认识事物从个别到一般、又从一般到个别的思维途径，在运用规律解决问题的过程中充分说明了这点。

（二）归纳演绎法在地理教学中的运用

1. 归纳法的运用

（1）确定准备归纳的地理事物主题，然后了解其范围、属性。如为了推论某项地理分布规律，则需要先根据图像了解个别地理事物的分布特点；为了推论某项地理演变规律，也应先根据原理示意图了解其演变过程中的各种典型位置中的特点等。如为了概括影响气温变化的各项因素，则需要先根据全球一、七月等温线分布图，并对照地形图、洋流分布图等，对各地气温分布与变化的具体情况作一番了解，认清这种分布与变化是多种因素综合影响的结果。

（2）分析要概括各项地理事物的特点、成因或规律性、共性的知识，象空间分布上的联系，时间演变中的趋势。如同类资源在不同的分布地点中有什么联系或共同点？（煤炭资源的分布就与地质历史时期的海陆分布、古气候、古植物、地壳变动等因素有关)；又如地理事物的演变是连续的、不断变化的，在两幅静止的典型图像之间是如何演变或运动的?(如大陆漂移、昼夜长短变化，课本上只有几幅典型位置的图)。还有前面提到的影响气温变化的各项因素，所影响的各个地点，气温高或低具体是什么原因形成的？主导因素是什么？同一纬度为什么气温又有许多差别？要在分析过程中逐步得出规律性的、共性的认识。

（3）根据分析各项地理事物的共同点推理出同类地理事物的一般特征或规律。如某项资源的分布规律，某项地理事物的演变或运动规律。又如影响气温分布变化的因素可归纳为：

不同纬度地区气温的差异：主要受太阳辐射的影响（不同纬度太阳高度角不同）。

纬度相同地区气温的差异：

表 6-2

海陆之间气温的差异——主要受海陆热力性质影响

沿海地区气温的差异——主要受洋流性质的影响

内陆地区气温的差异：
- 地势高低的影响
- 山脉走向的影响
- 大面积水面的影响
- 地表性质的影响

人为因素对气温的影响：城市“热岛效应”；大气中 CO_2 增多；臭氧层破坏；兴修水库和造林。

2．演绎法的运用

（1）明确被认识地理事物特点的性质或准备解决问题的要求。演绎法是要解决从一般到个别的判断推理，所以对于被认识的地理事物先要有方向性的选择，对其特点性质属于哪个地理要素，涉及哪方面内容，或准备解决什么样的问题，应有明确认识。如前面所举例题，要判断选择某岛的气候类型，所给条件(题干)是该岛的经、纬度位置，在四个选项中进行确定，这就是进行演绎推理准备判断的第一步。

（2）根据要求选用必须的地理规律或原理，这是推理的依据，它需要经过对已掌握原理的回忆再现、比较分析、抽象、判断等一系列复杂的心理活动和思考过程。如解决前面例题的过程，要根据判断气候类型的要求和已知四个选项，来选择相应的气候类型分布规律，这是大前提，然后再根据已知该岛经纬度位置，进行空间思维和想象，确定该岛在图上（头脑中的图）位置，这是对已有知识进行再组织、迁移和应用的过程，这也是要解决该问题的小前提。

（3）推理得出具体地理事物特征或作出判断的结论。根据选定的地理规律或原理，结合具体地理事物的特点、性质、条件，依演绎程序进行推理思维，从而作出结论。如解决前面例题，在逐项对气候类型的分布规律与该岛位置进行对照后，否定了不符合条件的选项，确定了符合该岛位置的气候类型。

逻辑思维方法在地理教学中是经常被应用的，地理教师要遵循由简到繁、由浅到深、由易到难、由已知到未知、由具体到抽象的一般规律，同时要结合地理学科特点，充分发挥图像作用，在形象思维与抽象思维的相互转化中，培养学生的思维能力。所谓“因图识地，以地析理，由理释地，知地知理”，这里的“地”指具体的地理事物或现象，“理”指基本原理、规律等，也即分别指感性知识和理性知识。其中“识”是从图像中认识、获得具体、个别的地理事物分布，要从形象到抽象，“析”出分布的原因、规律等道理；然后再回到具体事物中去“释”，去印证，从抽象到具体，使认识加深、提高，最后达到“知”地“知”理的目的。

第五节　地理教学方法的选择与设计

一、地理教学方法选择的依据

地理教学方法在教学过程中占有重要地位，它是教师为了实现教学目的、完成教学任务的活动方法，如图6-7。

教师要根据教学内容设计教法，就需要钻研教材，学生在学习教材过程中要发挥主体作用，掌握学法，才能共同完成教与学的任务。此外，教师其他方面的影响与学生的反馈也是教学过程中不可忽视的因素。因此教师要选择适当的教法，不仅“教会”，还要“会教”。选择教法的依据主要有以下几个方面：

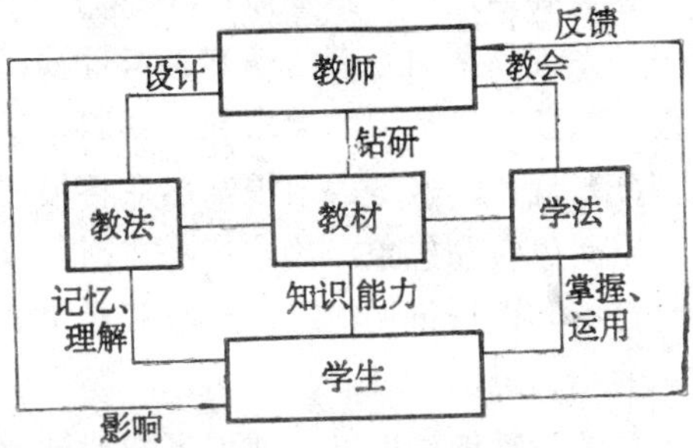

图 6-7

（一）教学目的与任务

中学地理教学目的是安排课程设置、制定教学大纲、确定教材内容的主要依据，同时在实施过程中，也是选择教学方法的重要依据。由于各章节教学内容、教学目的、任务不同，教法的设计与选择就必须作相应的考虑。如传授新的地理知识，就宜采用讲授法或谈话法，感性知识为主应多用直观方法，理性知识为主时应多用逻辑思维方法；如以培养地理技能为主要目的，则除了运用讲解、演示方法外，还应配合实习法和练习法；如以思想教育为主要目的，则可采用讲述法、启发式谈话法，以及参观、调查等方法。此外，以复习检查为目的的教学活动就宜采用复习方法与检查方法等。

（二）地理学科的知识特点

综合性和区域性是地理学的两大特点。地理环境的基本特征，总是与组成地理环境各要素以及各要素之间的内在联系密切相关的；区域地理的特征，即区域以内的某些共性，总是同这个地区的位置、自然、经济、社会、历史等条件密切联系的。因此在设计和选择教法时，必须考虑到充分运用图像的直观方法，以明确空间分布，同时又要运用分析综合、归纳演绎等逻辑推理方法，将总体与局部，一般与个别的关系处理好；对不同区域要运用比较法，以加深理解区域特征和区域差异。此外，地理学科知识丰富，联系广泛，爱国主义、国情教育、环境意识方面的内容较多；能力培养中空间概念的建立与地图能力的训练也很重要；与实际生产生活及乡土地理的联系十分密切。因此在选择教法时，结合学科知识的具体内容是很必要的。

（三）教材内容安排及组织形式

目前地理教材内容有课文系统、图像系统、作业系统，初中教材中学生活动较多，应按大纲的基本训练要求让学生去完成，这也是选择和设计教法的依据之一。区域地理知识中地名、数据及感性知识较多，应选用并设计读图分析法、图文配合法、纲要图示法、比较鉴别法、综合归纳法等。系统地理知识中原理、规律等理性知识较多，可选用并设计模式图解法、系统梳理法、推导迁移法、相关联系法、综合分析法等。区域地理知识选用讲述法、谈话法较多，系统地理知识选用讲解法、发现法较多。

（四）学生的认识规律与年龄特征

中学生正处于人生的转折期，包括两个发展阶段，即少年期（相当于初中阶段）与青年初期（相当于高中阶段）。少年期思维发展是由具体思维向抽象逻辑思维过渡阶段，青年初期则具有更高的抽象概括性与理论性，并开始出现辩证逻辑思维特点。因此选用教学方法时，初中运用讲述法、谈话法、直观方法，甚至偶尔用一次朗读法都是适宜的。高中则更多地采用讲解法、发现法或讨论法，使他们能够更主动地获得知识。各种直观手段的运用，初中可多利用观察演示，高中可多利用实验操作，给学生参与机会。无论初中或高中，在掌握知识过程中，从感知—理解—记忆—迁移—运用，各阶段都要注意：教师的主导作用与学生学习的主动性之间的关系；对全班的统一要求与学生个别差异间的关系；

教学的科学性思想性与发展智力的关系；学生在认识规律中的具体与抽象、理论与实际、巩固与提高的关系；以及高难度与量力性，高速度与循序渐进的关系等，这些也是在设计教法时经常涉及的问题。

（五）学校的设备条件

学校之间由于物质条件不同，教学设备差异较大。尤其是目前教学手段发展很快，幻灯、录像、电影、计算机、激光视盘、各种模型、仪器、教具等越来越多，要考虑教学手段的最优化，也要结合学校的场地、设备、经费等条件，因地制宜，有的可因陋就简，自己创造制做一些教具。有条件的可建立地理教室，开辟地理园，为地理教学方法与手段的改革，创造物质基础。

（六）地理教师自身的条件

地理教师能否选择、设计并运用适宜的教法，与自身的教学能力、业务水平、教学基本功等有关，同时也和教师的教学思想、教育观念、对教材的钻研程度、对新事物的接受水平等多方面因素有关。教学有法，教无定法，但又要教必得法。地理教师要认真学习有关教育理论，熟悉地理教学方法的有关知识，对自己的优势与不足心中有数，以便扬长避短或扬长补短，设计并运用教法。教师的特长是选用教法的一项依据，如语言表达能力强，有感染力，则运用讲解、讲述、谈话等方法易于产生好效果；板书好，则在这方面加强设计，也能使教学增色；擅长绘画，黑板艺术效果好，则在充分运用直观手段上可大显身手；喜摄影，则可自制幻灯片，加强电化教学手段的运用；组织能力、动手能力强，则可在开展课外活动、自制教具方面展示自己的才能；知识面广，学识渊博，则在设计教学语言、深入浅出地讲解，运用丰富的词汇方面会占有优势。总之从个人实际出发，从教学需要出发，在自己擅长的方面发挥优势，运用到教学方法中，久之会逐步形成自己的教学风格。

二、有效地理教学方法的评价标准

教学过程中，教师对教学方法的设计与运用，能够符合实际情况，有效地调节教学诸要素的关系，从而顺利完成教学任务，达到了教学目的，称为有效教学方法。在地理教学中，常常因为各种因素的影响，同一教材内容，可能不同教师会设计出多种教学方法；即使同一教师，在不同班级讲同一内容，也可能会有不同效果。因此所谓有效教学方法，也是相对的，在一定条件下有效，在另一条件下可能效果就不一样，因此教学方法的评价也只能是相对的衡量标准。这些评价标准是：

（一）教学方法选择适当，设计符合教学内容和学生实际，运用灵活，各种方法配合得当

一节课的教学方法是否恰当有效，主要看是否符合实际，好的方法能把知识生动地传授给学生，把抽象内容形象化，把分散的知识系统化；使学生学得生动活泼，感兴趣。

（二）教学活动中，传授知识、培养能力和思想教育三方面结合自然，并运用启发式教学完成以上教学目的

把教学目的中的三方面内容有机地融合，需要构思新颖、设计巧妙的方法，才能不落窠臼，而且要通过启发式教学进行，而不是单向注入式，这不仅是方法的设计问题，也是运用教法的艺术。

（三）教师主导作用的发挥与学生主体地位的形成有机结合，体现正确的教学思想

以教师为主导和以学生为主体是科学的教学思想的体现，但需要靠教师在运用教学方法中去落实。既不是教师自始至终唱“独角戏”，也不是完全让学生自己活动而放任自流。师生有交流、反馈、教师的循循善诱，调控教学进程，学生的积极思考，各类学生都有活动、参与、表现的机会，应该是教法运用的最佳状态。

（四）课堂教学符合地理教学原则，体现地理学科特点

地理课堂教学中要经常运用地图及其他直观教具；是否广泛应用乡土地理资料，联系比较；并正确阐明人地关系，进行有关环境意识的教育等，这些都应在地理课堂教学中予以贯彻。

（五）教学效率高，效果明显。信息量大而负担并不重，有一定难度而符合量力性，有一定速度但不感紧张，能循序渐进。对学生的发展有明显促进作用

本项标准要求较高，只有在较高水平的教学条件和较高水平的师生配合下，才得以产生效果，但并非不能达到。

（六）有效的地理教学方法是反映教师功底、检验教师教学能力和特长的方法

教学方法的设计，要靠深入钻研和认真体会教材，充分发挥教师特长，以至形成教师的教学风格和教学特色。以此来激励和促进教师教学能力的提高和基本功的熟练扎实，又会对教学方法的改进起巨大影响。因此这也是评价有效地理教学方法的一项标准。

三、设计地理教学方法的一般步骤

地理教学方法的设计目的就是为了使一堂地理课能有序地按教材内容和学生的认识规律进行活动，以便在课堂教学中完成既定任务，达到教学目的。教法设计的具体内容我们将在第七章第二节中进行论述，这里只从设计地理教学方法的一般步骤作简要介绍。

（一）钻研教材是设计教法的基础

教法设计的基础工作是钻研教材，只有对教材内容真正理解清楚，分析透彻，组织得当，才能设计出与之相应的方法。如初中地理“世界的陆地和海洋”一章是学习完地球与地图知识后首先接触到的区域地理知识，它是以后学习的基础。知识中有概念，如大洲、大陆、岛屿、半岛、洋、海、海峡等；也有分布知识即七大洲、四大洋的名称及分布；还有地理原理及成因，如地形类

型及特点、海底地形；地形变化的内部力量与外部力量等；地理理论为板块构造学说；地理数据如大洲大洋面积等。其中有小学学过可回忆的知识，有通过观察地图或地球仪自己可获得的知识，有的要通过新旧联系扩大知识范围，有的要通过比喻记住数据。也有些要通过比较加深印象。但本章突出的问题在于让学生理解概念及原理，难点尤其在大陆漂移和板块构造学说。要让学生多看图，把前面学过的地图知识充分运用，并设计问题，使学生有运用概念和原理的条件，以不断加深和巩固概念。由此可知，钻研教材主要在于对教材的组成和性能的认识，以便选择合理的认识方法。究竟是通过观察获得或通过记忆重现组织？是通过比较还是通过分析综合等逻辑思维方法来理解新知？在分析教材时就要有所考虑。

（二）分析学生是设计教法的依据

学生是课堂教学中的主体，教法的有效与否要看是否符合学生的实际。因此研究学生的基础知识储备情况和学习能力接受情况是极为重要的。学生过去所学及掌握的准备知识和技能是学习的基础，设计教法必须以此为认识的起点，学生的认识能力水平是接受新知识的重要依据，对概念和原理的理解、对于难点问题的思考，都与学习能力密切相关，这也是设计教法必须考虑的问题。如前面所谈“世界的陆地和海洋”一章，在设计教法中就要注意：对学生已学过的知识如何引导回忆？对学生已掌握的地图技能如何设计和给予练习的机会？如何运用讲解法阐明原理？或用启发谈话法讲清概念。对于海陆分布的知识要设计哪些问题以帮助学生把大洲大洋的轮廓和相互关系巩固在图上；特别在讲地形的变化、海陆的形成等原理和理论时，要运用讲述法、讲解法、谈话法，要通过景观图、原理示意图、模型、地图等直观手段，这一切设计，都来源于对学生情况的分析和对教材内容的了解，只有如此，教学方法才能符合学生的需要，并可进一步设计学生的学习方法和复习方法。

（三）安排教法的实施细则

根据前面两个步骤，对一节课或一章内容教法的设计已产生初步设想，然后就需要进行具体的安排，结合教材内容的进程和学生认识的过程，分成若干部分，可根据教材结构划分，按段分别确定具体的活动方式。如讲“大陆与大洲”这部分知识，具体活动如下：①展示大陆、半岛与岛屿示意图（幻灯投影片或板图）②讲解大陆、半岛和岛屿的概念。③提问大陆、半岛、岛屿的区别（面积大小、临海情况）。④展示东西半球地形图找出最大的大陆、最小的大陆、世界最大的岛屿、我国主要的半岛和岛屿。⑤讲解大洲的概念。⑥看图，认识大洲的分布……。此外还要考虑本段知识与前后的衔接承转等语言的设计。

（四）确定总体的教学方法结构

当各段教法进行考虑并订出实施细则之后，要对本章或本节的总体教学方法结构有所考虑，协调各部分的关系，分配各段时间，综合考虑某些方法运用的效果，估计某些直观手段或教具出现的次数。然后整理出总的设计思路和主导方法。如本章在学生认识方法的设计上以哪种方法为主？在教师组织方法上以什么方法应用最多？在直观手段上主要依靠哪种手段？此外在教学过程中，各种方法联系与配合如何？这是在设计教学方法过程中，教师对自己的构思是否合理、实施中是否有效的检查，如发现有不完善之处还可及时修订设计。

教法设计是地理教师综合教学能力的体现，要通过多思考多实践、认真钻研不断提高，也是地理教师从岗位适应到合格以至到成熟的过程。

本章思考题

1. 地理教学方法在教学中具有哪些作用？
2. 试比较讲授法和谈话法在实施过程中有何不同？
3. 说明地图在地理教学中的作用。

4. 比较法可分几种类型？如何应用？

5. 地理教学方法的选择依据是什么？请举例说明。

本章实习作业

1. 观摩一堂初中地理课，评价其地理教学方法的运用情况。

2. 设计初中地理某一课时的教学方法。

第七章　中学地理教学形式

本章重点　中学地理课堂教学、中学地理课外教学和活动

第一节　中学地理基本教学形式

一、中学地理教学形式的概念

中学地理教学形式是中学地理教学内容在一定条件下存在的方式，即教学活动的结构或教学的组织形式。它由中学地理教学的任务和内容所决定，并受教学对象人数、教学时间、空间、教学设备等条件所制约，为完成教学任务、达到教学目的而服务。

随着社会经济发展、科学技术进步，对培养人才要求的提高，以及所采用的教学内容、教学手段的变化，教学形式势必随之有所变化，但在一定历史时期内，又具有相对稳定性。地理教学形式的产生、发展、变化，也与教育的产生、分班教学的出现、地理科学、教育科学的发展、教学手段的进步、人类对环境认识上的变化等密切相关。

从古代学校的“口传心授，耳提面命”，到17世纪西方班级教学形式的出现，到今天现代教学形式的形成，其间既经历了漫长的道路，又经历了无数次的探索和发展。

近几十年来，由于科技迅猛发展，新技术革命的实现，促进了教育的改革。在学制、课程、教学方法、教学形式等方面进行了许多试验，如实行按智力、能力分班或分组进行教学，有的将固定班级分为快慢班，或实行跳级制，并开设选修课等。由于现代化教学手段的发展，也相应地引起教学组织形式的变化。但就目前各国现行的教学形式而言，仍以课堂教学为基本组织形式，

它可以把教学的任务、内容、方法集中在一起发挥作用，在各种教学形式中，处于中心地位。

当前我国中学地理教学经常采用的教学形式也以课堂教学为主，地理课外教学和课外活动，课外个别辅导等只起辅助作用。

二、决定中学地理教学形式的主要因素

（一）教学任务和教学内容

中学地理教学的基本任务已在第二章论及，即地理基础知识的传授、地理能力的培养与智力开发、地理思想政治品德教育及有关科学观点的树立。该任务决定了地理教学内容以传授地理科学系统最基本的知识、原理（自然地理、人文地理、区域地理）为主。因此采用任何形式进行教学，均基于是否最佳地完成上述任务。如对区域地理或自然地理中某项景观的讲述，仅凭课堂教学中传授教材中的知识，则远远不够，还需藉助图片、幻灯、录像等直观教具或音像资料，开展课外教学，甚至结合乡土地理内容进行野外考察活动，才能获得生动、真实、理想的教学效果。

又如地理能力的培养与智力开发，要求学生对地理事物的分布、地理环境的演变、各地理要素的运动和相互作用机制的模式等有空间想象能力和记忆再现能力，这就要求在地理教学中充分采用各种教学挂图、课本插图、地图册、图片、图表、标本、仪器、模型等地理直观教具进行教学的形式。

再如地理思想政治教育的内容丰富，如通过社会主义建设成就来进行爱国主义教育，一方面可通过课堂知识教学使学生逐渐领会；一方面可采用参观、访问、讲演、讲座及充分利用社会上举办的各种展览进行配合。

总之教学形式的选择要受到教学任务和教学内容的制约。

（二）教学对象的水平和人数

地理教学形式的确定与教学对象的水平及人数有关。学生知识水平的高低，对知识理解的程度，学习 能 力 的 强弱，学习目

的、态度、兴趣等心理因素，都影响教学形式的选择。学习人数的多少，是全体学生或年级、班级、或部分学生，也都是在考虑教学形式时应该注意的问题。

当教学任务和内容已决定了教学的基本形式后，在考虑具体内容与形式的最佳结合时，就不能不考虑其他因素了。不同年级的学生就应有不同的教学形式、方法和条件。学生人数的多少，也会影响教学形式的组织规模。如课外教学活动的室外观察、调查；课内教学的标本观察、仪器演示；电化教学等的组织规模，都应考虑到学生人数的因素。

（三）教学场所和条件

地理教学的场所有其学科特点，除普通教室、地理专用教室（标本室、实验室、电化教室）外，地理园、野外考察教学点也都是常用的教学场所，这些场所的设施、装备水平和教学实施条件，直接制约和影响了教学形式的选择。

（四）教学时间

地理教学形式的确定，要受到教学时间的制约。根据国家课程设置计划，各年级地理开课时间是固定的，地理教师要在有限的课时内，充分发挥每分钟的作用，有效地利用教学条件，出色地完成教学任务。同时在不增加学生负担的前提下，根据教学需要与条件可能，安排一定时间的课外教学或活动，是当前教学改革的一个重要方面。有的学校为此规定出课外选修课、课外教学和课外活动的时间。不言而喻，不同的教学时间会影响教学形式的选择和产生不同的教学效果。

（五）教师自身的条件与作用

任何一种教学形式的确定和实施，都离不开教师的主导作用。教师在根据教学大纲组织教学时，对具体教学形式的选择有一定的主观性，这在很大程度上与其业务水平、教学能力、组织学生进行活动的才能有关，更与教师对教育事业的责任心和使命感有关。因此，对同一堂课中教学形式的选择或实施，不同的教师会有一定的差异，总会带有自身个性的烙印。

三、中学地理教学的基本形式

当前我国中学地理教学形式主要由课堂教学、课外教学和课外活动三种形式组成。这是由目前我国教育总体发展水平、地理教育为适应国家发展和经济建设需要的教学目的与任务、地理学科本身的特点决定的。就目前我国地理教学目的要求和客观条件来看，以课内教学为主，课外教学为辅；班级组织形式为主，小组组织形式为辅；学生听讲为主，自学为辅；教材内容为主，现场内容为辅；必修课为主，选修课为辅等的教学形式代表了现有教学水平。但以上三种教学形式都是基本形式，教师应该掌握运用这几种教学形式的基本功，研究各种教学形式的特点，以便不断提高教学能力，发挥主导作用。

第二节　中学地理课堂教学

一、地理课堂教学的特点与作用

地理课堂教学是在教室内进行教学活动的教学形式（即我们常说的地理课）。该形式根据班级教学的组织形式，将学生按年级分班，每班有固定的学习人数，教师照排定的课程表在规定的时间上课，学生学习同一教材，按一定的组织形式和统一的教学方法进行学习。中学地理教学大纲所规定的教学内容和任务，大部分是要通过课堂教学形式来完成的。

（一）课堂教学形式的特点

1．课堂教学的优势　长期实践证明，采用班级教学形式所具有的优点是：

（1）按照规定的教学计划、教学大纲、教材进行系统的知识传授和技能训练，基础知识与基本技能的传授过程便于统一要求。

（2）课堂教学容量大，传授知识的密度高，适于普及教育。

（3）课堂教学可充分发挥教师的主导作用，易于贯彻教学原则。

（4）课堂教学是在集体组织形式下进行的，故利于集体主义精神、组织性、纪律性的培养，因此课堂教学形式比其他教学形式具有更大的优越性。

通过以上四方面的阐述可明显看出课堂教学所具有的优势，特别是地理学科内容丰富，教法多样，课时相对偏少，且目前课外教学场地较少，开展其他教学形式条件尚不足的情况下，利用课堂教学形式传授知识，发挥教师的主导作用，提高教学效率，利用集体教育的力量相互切磋帮助，是非常必要的。

2．课堂教学的不足

（1）不利于发展学生的个性和独创精神：由于课堂教学中采用统一的教材、同等的进度和同一教学方法，很难解决客观存在的学生个别差异，如学生的不同基础、不同爱好、不同学习能力和学习态度等差别，这势必使学生中学习能力强者得不到满足，学习能力弱者不易得到特殊帮助，难以做到既面向全体学生，又注意因材施教。有经验而又负责任的教师可能在课上提问和讲解中对此有所重视，并在课下进行弥补，但就一般而言，这毕竟是明显的不足。

（2）不利于发展学生的实践能力：由于课堂教学是封闭式的教学活动，这对学生接受系统的科学知识是有利的，但却难以进行理论与实际的联系，无法在教室内解决实际观察、操作等实践活动，因而在一定程度上影响了实践能力的培养。

基于以上不足，在课堂教学中教师应留意不同学生的反馈，调整教学进程，变换教学方法，重视联系实际能力的培养。特别在地理教学中实验和动手机会较少，要尽可能地创造条件，给学生以参与的机会。

（二）地理课堂教学形式的作用

中学地理教学中，既然课堂教学是一种主要形式，则必然要承担完成主要教学任务的使命。其突出作用是：

1. 实现教学目的，完成教学任务　由于课堂教学将学生集中于教室，使教师可以有效地组织教学，进行知识的传授，这对保证教师按统一的进度完成教学任务，系统地、有计划地完成教材所规定的内容有重大意义，而且从教学时间、听课人数、教室或空间利用上看，该形式利用最集中，效率也最高，其在实现教学目的、完成教学任务方面的作用是显而易见的。

2. 履行教师职能，发挥主导作用　从整个中学教育阶段来看，教师组织教学、传授知识的过程，绝大部分是通过课堂教学的形式完成的。在该形式下进行教学，很大程度上有赖于教师对整个教学过程的设计和对具体教学活动的组织，所以说课堂教学是教师履行自己职能、发挥主导作用最重要的形式。

3. 提供学习环境与时间，保证教学计划的实施　由于课堂教学是按规定的教学时间和规定的授课顺序进行的，因此无论对教师的教学还是对学生的学习，都在时间上给予了基本保证。另外在提供一定设备的教室中使一定数量的学生集中学习，排除了非教学因素的影响，使学生不受外界环境的干扰，易于集中精力，聚精会神地听讲，教师可以全神贯注地投入教学活动，从而保证了教学计划的实施。

4. 进行教学检查比较和质量评价　由于课堂教学是中学地理教学的主要形式，因此其教学效果，基本上可代表整个教学的水平；再由于课堂教学是按统一大纲和教材、统一进度和要求进行的，因此也便于进行不同教师或不同学校之间的比较。所以对教学效果的检查，对教学质量的评价，就责无旁贷地落在课堂教学的肩上了。

二、地理教学结构与课堂教学的主要环节

（一）地理教学的结构模式

在教学系统中，一定的教学目的与任务、教师与学生、教学内容与教学方法、教学过程的阶段与形式等组成要素之间的有机联系与相互作用，形成一定的结构，即教学结构。它包括一堂课中的基本组成部分、各部分构成的内容、组织形式及其相互联系与作用等。教学目的与任务的落实，教学系统功能的实现，是由教学结构所决定的。

在地理教学的长期实践中，为了提高教学质量，总结教学规律，许多地理教育工作者一直在探索地理教学结构的模式。根据教材结构与认知结构，一般地理教学结构的模式如下：

1．提出问题　任何知识的教学，总是先从问题的提出开始，教师可运用不同的方式，创设问题情境，提出学习的课题，或提供学习的材料、观察的教具，启发学生的求知欲和好奇心，使他们想学、愿学，使整个教学与学习过程有个良好的开端。

2．阅读图像　认识从感知开始，明确学习的课题后，教师要指导学生阅读有关地理事物或地理现象空间分布的地图、或观察反映其外部特征的景观图和说明某些原理的示意图，或显示其数量的有关图表等。指导学生阅读图像，是地理教学的特点，是学生获得地理知识的重要步骤。

3．分析归纳　分析是师生共同的活动，包括教师的讲解、讲述，和与学生之间的谈话，启发学生思考，回答问题；也可以通过讨论、议论、交流来分析地理事物特征，加深理解概念；然后在讲授、讨论、议论的基础上进行归纳要点、总结规律，从而对学习的课题理解掌握，这是地理教学结构中的关键部分。

4．巩固应用　学生获得了知识和能力，要经过练习、答问、整理、表达以进行巩固、教师要创造条件，帮助学生加深理解、加强记忆。同时要提供应用所学知识解决实际问题的机会，也可

以通过思考联系实际的问题，阅读课本或地图验证所学的知识，并使新旧知识衔接，形成网络。

以上所介绍的是地理教学结构的一般模式，教师在教学实践中要结合教材内容进行探索创造，因为随着人才素质要求的提高，和教学任务的多样化，教学结构将变得更加复杂，我们地理教学结构也有待于广大地理教师不断丰富和创新。

（二）地理课堂教学的主要环节

课堂教学环节，是课堂教学中师生活动的程序安排。每个环节分配一定的时间，共同形成有机的整体。有些教学环节经常在教学中运用，称为基本教学环节。主要有以下几个方面：

1．组织教学　组织教学的目的在于稳定课堂秩序，集中学生注意力，使学生处于安静、专注的学习活动中。在教学过程开始时的组织教学包括教师对教学环境、学生学习准备情况的检查，以激发和唤起学生的学习兴趣和愿望，保证课堂教学正常有序地开始为目的。在教学活动进行中的组织教学，以调控学生情绪、活跃课堂气氛、集中学生注意力、提示应注意的事项为目的。

在进行组织教学的环节中应注意的问题：

（1）组织教学环节是任何类型的教学形式，特别是课堂教学必不可少的环节。虽然占用时间不长，但不可忽视。一堂课必须有好的开始，所以在课前要做好物质与精神的准备。如教师可用目光扫视、在坐位行间巡视，检查学生学习用具（如课本、地图册、填充图）的准备情况，检查教室环境（如地面、黑板、桌椅）的整洁与否。有些学校还把听取报告出勤情况也设在此环节内。

（2）组织教学的进行可以采取多种方式。一般常把组织教学仅理解为上课开始时的一种形式，即学生起立敬礼问好，教师还礼后上课。但有时学生情绪产生波动不易迅速安静下来时，应该考虑用特殊方法使其注意力集中，这时不宜大声批评或斥责，有时沉默一会，安静地望着他们，或在黑板上写个“静”字，学生会自觉地集中注意，从其他情绪中摆脱出来。

（3）在教学活动进行中的组织教学常常与其他教学环节同时进行。如讲授新教材过程中，学生注意力不集中，情绪涣散，或出现意外干扰分散了注意力时，这时需要调控其情绪，集中其注意力，一般可用手势、目光示意，或放低讲课声音，放慢速度。若在不得不中止教学或意外情况下，教师要沉着冷静，重新组织教学。

（4）组织教学环节既是进行其他教学活动的重要条件，又是教师控制教学过程的必要手段，也是在短时间内集中全体学生注意力的一种教学艺术。它与师生关系、教师的威信、教学语言、教师的品格及文化素养等有一定关系，重视此环节的运用对提高教师自身的教学能力与达到良好的教学效果均有重要意义。

2．检查与复习　检查与复习的目的在于了解学生已学过知识的掌握情况，以便为即将讲授的新内容做好准备。同时检查前一节课作业的完成情况及存在的问题，以便了解自己教学中的问题，进行及时弥补，并起到督促学生按时复习，自觉完成作业的作用。根据教学需要，检查与复习可结合进行，或只进行其中的一项。本环节安排在组织教学之后，是一种学生全神贯注地准备接受检查和回忆上节课所讲内容的状态。

在进行检查与复习环节时应注意的问题：

（1）检查与复习常采用提问方式，扼要地根据上节课内容的重点提出问题，让全体学生思考，然后再让个别学生回答，有时提问也可同时结合指图，或在教师画好的板图上填注名称或填绘简单内容。一般提问两人或三人为宜；如欲多了解一些学生的情况，可在口头提问的同时请另外几个学生（如某一行学生）在事先准备好的题纸上笔答。本环节的时间安排视新课内容及旧课复习问题的多少而定。

（2）检查与复习环节在以下情况下可以省略或简化：即当教材开始新的一章内容时；前一节课已进行过阶段练习时；节假

日后再次上课时，这几种情况下一般以口头复述一下前面一章梗概或讲过内容的重点即可。此外当新教材内容较多，突破难点又需多用一定时间时，也可省略检查复习环节，由教师将复习旧课与引入新课环节合并进行。

3．引入新课　引入新课也称导入新课，有时也可作为讲授新课的一部分。它的目的在于从旧知到新知，承上启下，过渡自然；并诱发学习兴趣，唤起学习愿望；使新课有良好的开端，并与旧课有机地衔接。

在进行引入新课环节应注意的问题：

（1）引入新课首先要紧扣教材内容，注意知识的科学性，切忌旁征博引，绕弯兜圈；其次要使学生感兴趣，产生求知愿望，注意语言的启发性；再就是引入要新颖自然，简捷贴切，注意构思的艺术性。

（2）引入新课需要认真构思，它是教师备课过程的重要部分，尽管所占时间很短，但优秀的引入新课常展现了教师的才思和智慧，反映了教师知识的广博和思维的创造性。特别在某个教学单元或章节的开始，应该以成功的引入作为新课的开端。

（3）引入新课的方法很多，许多教师都有自己成功的经验。归纳起来，大致有以下几个方面：

语言引入法　如复习旧知要点，朗诵一段书刊文章，讲述小故事、趣闻、传说、典故、格言、警句、谚语、时事新闻及最新地理信息等。

设置疑问引入法　提出问题让学生思考，从而引入新课，一般是语言提问，有时也可利用其他手段提问。

图像及实物引入法　如利用图片、挂图、板图、板画、标本、模型、图表等，通过让学生观察，指出与新课内容有关的问题，从而引入新课。

声像手段引入法　通过看幻灯、录像、电影等，吸引和感染学生，产生求知愿望，进入新的学习境界。

4．学习新教材　本环节也称讲授新课，是课堂教学的核心，也是教学环节中占用时间最多的主体部分。一堂课中，组织教学、检查与复习、引入新课三个环节的进行一般应控制在8分钟以内，有时会更少。而学习新教材环节常常要占到30分钟左右。其他教学环节也多是围绕本环节展开并为之服务的。本环节的目的即在于使学生在教师设计的教学计划实施过程中，通过教师的讲授，学习新的知识。因此本环节是一堂课成败的关键。

在进行学习新教材环节时应注意的问题：

（1）本环节教学活动丰富多样，教师要根据所授教材的内容特点及需要，认真设计教学方法和手段，善于运用必要的教具，力求使新教材的学习过程生动活泼，效果明显。

（2）本环节是全面贯彻教学原则的主要阶段，教师要善于将教学实际与原则要求有机地结合起来，遵循教学原则进行教学。

（3）本环节是学生对新知识感知、理解、掌握的阶段，整个过程都在教师的主导作用调控之下进行，是全课的核心和关键。教师要充分利用本环节的每一分钟，创造性地发挥自己的才能。

（4）本环节中也存在教材各部分的小结和承转，它使教材中各部分内容有机地联系并有序地发展，因此在设计教法中应予重视。

（5）对学生智能的培养与思想品德教育都应在传授知识的过程中进行，而不是生硬地附加一部分内容，因此要注意三者有机的结合。

5．巩固新教材　本环节也称巩固新课，主要目的在于使学生对当堂所学的知识能加深理解并系统化，通过加强记忆和整理思路达到掌握。对所学的技能也可通过练习再次明确要点，使之进一步实践以达到熟练程度。同时既可了解学生掌握知识的情况，及时弥补不足，又可检查教师自身教学中的问题和教学任务完成的情况，以备调整和提高，所以本环节的运用是非常必要的。

在进行巩固新教材环节中应注意的问题：

（1）本环节在学习新教材之后，能起到总结新知识的作用。可采用复述要点的形式，或根据板书提纲边复习边巩固，或回顾所讲基本内容的顺序，整理思维线索，或根据新知识内容列出结构式、关系式，写在事先准备好的小黑板或投影片上。巩固新教材不是对讲过知识的机械重复，而是应突出重点、提示要点、加强系统性。

（2）本环节也可在教师的启发提问下，进行以下思考，如提问："今天讲过的内容中有哪几个要点？"、"你回去后将怎样复习这部分知识？"、"分析此问题应从哪几方面思考？"、"学习某项知识（如地理要素中的位置、地形、气候、河流……）应掌握哪几方面的内容？"等等。这样在掌握新知识、巩固新教材的过程中，学生又学到了新的学习方法。

（3）学习新教材环节讲授的内容越多，本环节则越重要，往往这最后留出的几分钟能起到画龙点睛的作用。让学生看课本是必要的，但不要照猫画虎般地勾划重点，要求背诵。要从知识结构上让学生掌握。

（4）利用本环节提出一些思考问题，要求学生运用讲过的新知识来解答，有助于培养其创造性思维。但这种问题不能过多过深，因为它不是所有学生都能解答的。

6．布置作业　本环节是使学生能在课下运用所学知识，独立完成课本所规定的思考练习及需填注的地图，以加深理解和加强记忆，进一步巩固和掌握所学的知识。

教师在进行布置作业环节中应注意的问题：

（1）本环节所用时间一般不超过3分钟，教师要讲清思考练习作业的内容，填注地图的范围及注记要求，难点问题可提示思考的线索。

（2）对作业练习或思考内容，教师在备课时都应试做一遍，以获得实际体验，了解学生可能出现的障碍，这样在布置作业过程中就会针对性较强，有的放矢。

（3）对技能性的课外作业，如绘制地形剖面图、绘制统计图表、动手制做等高线模型、计算人口密度、制做小地球仪等，教师要提供示范，并对操作过程中可能出现的问题进行有预见性的指导。

（4）为减轻学生课外负担，地理教学中的作业量不宜过多，有些填图作业也可在课内完成。但有些无法在课内完成的，特别是室外观察等，则需要坚持布置。

以上几个环节并非固定不变的机械模式，实际运用时，还要根据教学内容、教学条件、学生实际情况等灵活掌握，有所创新。在时间安排上，前面所提到的时间范围仅为一般情况，也不可硬性照搬。有经验的教师，能在课上出现意想不到的情况时，遇变不惊，机智地调整教学进程，从容不迫地完成教学任务，做到讲完布置作业的最后一句话，恰好下课铃响。

三、中学地理课堂教学的类型

根据课堂教学中各节课的内容、目的、任务及相应结构的不同，可根据各自特点将其划分出不同的类型（简称课型）。

（一）学习新知识课

该课型以学习新知识为主要目的。主要特征是在教学结构中，学习新知识环节占相当大的比重。

进行该课型教学时，应注意以下问题：

1．该课型一般适用于所学新教材内容复杂，难度较大，知识间联系紧密又不便于分开再讲的情况，可用一节或将近一节课时间将新知识讲完。但对于初中学生来讲这样做困难较多，所以选用本课型时应慎重，不宜经常采用。

2．该课型的运用前，教师要加强备课，做好分析教材与处理教材的工作，理清旧知与新知的联系，分析掌握新知的障碍，设计突破难点的思路和问题，找出解决问题的关键。

3．在设计该课型的教法时，要注意贯彻启发式原则，通过设计的问题循循善诱，或利用多种直观教学手段，帮助学生理解和加深印象。

4．对该课型的运用不能仅理解为单纯传授新知识，应同时重视以知识为基础的能力培养和思想品德教育。

5．由于该课型往往多涉及教材中理性知识、原理概念，故在教学中切忌从抽象到抽象而忽略了学生的认识规律。也不要急于把结论讲出而忽略学生的思考过程。

6．该课型为基本课型之一，教法多种多样，可分为讲授课、讲解课、谈话课，以及电影课、幻灯课等，但实际上这些只是上课方式方法的一部分，不能作为独立的课堂教学形式。

（二）实践课

实践课是学生在教师的指导下，通过实践活动，获得知识和技能的课型。其特点是要通过学生亲自操作和参与来完成，包括实验课、实习课、观察课等。

进行该课型教学时，应注意以下问题：

1．实践课重在操作和技能培养，因此要设计好教法，应讲清目的和操作要领，并提供示范。

2．实践课的课前物质准备工作非常重要，如教具、仪器、模型、实验用具、标本等，以及学生应备的地图、填充图、绘图用的尺子、纸张等。实习课或观察课还可发给学生实习报告以令其填写。

3．实践课中，组织教学环节要贯彻始终。因为实践活动需要组织学生参与并能独立操作，在教师示范或演示活动中要组织观察；在学生独立操作时，教师要进行辅导，肯定正确或纠正不足；在实践活动告一段落或结束时，需要总结。这一系列活动中教师都应注意学生的反馈，随时调动其积极性，激发其求知和操作的愿望。需要指出的是教师要树立与传统教学不同的秩序观，实践活动中学生很难整齐划一，步调一致，开始时也可能出现小声切磋交流，相互询问，或急于动手实践忘却要领，这些都应视为正常的表现，只要不是与教学活动无关的语言或行为，都应允许出现，但要加以提醒和引导。进入正常的操作活动，一切都会平息，教室便会安静下来。要知道课堂气氛活跃，学生积极思考，愿意动手操作，争相回答问题，正是学习积极性较高的反映，教师要善于调动这种积极性。

（三）练习课

练习课是学生运用已掌握的知识和能力，完成教师设定（或教材中规定）的各种问题的课型。其主要形式是课堂上做练习，包括口头、书面、读图填图、观察等练习形式。现代地理教学中又引入了演讲课、竞赛课、讨论课、答辩课等新的内容，但其本质仍是综合运用地理知识和能力，并加强了训练。

进行该课型教学时，应注意以下问题：

1．练习课进行过程中，学生活动相对较多，但教师仍要发挥主导作用，万不可放任自流，必要时教师还需重新设计练习内容或引导方式，并调控整个教学活动。

2．练习课一般安排在教材进行到一定阶段或一章内容结束后。因该课型重在运用知识解决问题，故题目应有一定难度和质量，重视提高学生综合分析问题的能力。

3．练习课中的演讲课需教师课前布置，让学生准备5分钟左右的演讲内容。主题多围绕学过的某章或几章内容（如“协调人类与环境的关系”、“创造人类美好的生存环境”、“保护环境、注重生态平衡”、“合理利用我国的自然资源”等）。竞赛课则需要教师发动学生拟题，最后由地理科代表和学习委员等筛选后交教师审订补充。竞赛的进行可由学生干部主持，设必答题和抢答题，以小组为单位竞赛，教师作裁判，最后可评出优胜小组与个人。讨论课可在讲授新教材课中进行或在练习课中进行，主题由教师选定，教师要精心设计，进行引导和指导。这几种新的尝试，选用时应慎重，充分准备，务求成功，否则宁可不用。

4. 练习课中的“练”，与讲授新教材课中“精讲多练”、“边讲边练”、“先讲后练”的“练”应有所区别。练习课中的练习内容范围更广，知识更综合，形式更多样，问题更集中，因此不是平时讲授新知识中的局部知识练习，而是最集中的综合性训练，更重视知识的灵活运用。

（四）复习课

复习课是将已学过的知识巩固、深化，并进行概括和系统化的课型。在教学进程中，应该有计划地总结知识要点，注重新旧知识的衔接，为继续学习新的知识打下基础。该课型也是教师了解学生掌握知识情况的重要手段。

进行复习课教学时，应注意以下问题：

1. 认真编写复习教案，将复习内容通过列纲目、列表格、列关系式等形式，进行概括和组织，提纲挈领，系统分明，使旧知识经过深化、综合，感到虽再现却新鲜。

2. 复习课虽然是加强记忆的过程，但也应注意避免单纯机械的重复，同一内容要能从不同角度设计问题，使讲授过的知识，让学生感到常现常新。

3. 复习课中特别要重视地图的作用，加强学生形象记忆和空间分布的复习。如果学生能在教师指导下使地图在头脑中留下深刻的印象，会减轻由于文字记忆带来的负担。

4. 复习课有单元复习、阶段复习、总复习等不同类别，一般复习方法有：

（1）依知识要点列纲要：每个要点可围绕一个中心问题，按顺序写出纲要，不断显示复习进程，学生边思考边回答，教师边启发边总结，把要点和纲要内容在师生共同活动中完成。

（2）按知识结构列关系式：把复习内容按组成系统及各部分内在联系列出关系式，使学生一目了然，这种关系式有如知识骨架，复习时条理清楚，有脉络可循。

（3）按知识分类及特征列比较表：教师把复习内容中可以比较的知识按其分类及特征列出表头（即比较项目），使学生在完成表格过程中加深理解，印象深刻。

（4）以图像为主线组织复习：可把有关教学挂图、板图、原理示意图、图表、景观图等组织起来，摆脱文字限制，使知识巩固在图上，要求学生看图能答问，无图可思考。同时让学生动笔画出略图，教师可用板书配合提示复习要点。

（5）以电教手段复习，教师要编排、设计、绘制复习投影幻灯片，把关系式、地图、示意图、图表等组成系列画面进行复习。其他电教手段如有适宜软件也可应用。

（6）布置复习教室：目的在创设教学情境，使学生对复习有强烈感受。可将有关挂图、模型、仪器、标本、图片、图表、关系式、比较表等展示出来，学生可观察、演示、提问、讨论，教师辅导答疑。此法适用于期末复习，但也不能放弃其他复习方法，复习教室只作为一种辅助手段，也不是所有学校都能做到的。

（五）测验课

测验课是检查和评定学习成果的课，以检查教学效果、评定学习成绩为主要任务。作为单一任务的课堂类型，一般都在期中和期末进行，即期中考试和期末考试。对学生学习成果的考查，一般有笔试和口试两种形式。作为测验课，则以笔试为主。地理测验课可使学生了解自己的学习水平，激励和督促其更好地学习；也可使教师了解自己的教学效果，通过分析试卷发现问题作为改进教学的依据。

教师在进行测验课时，应注意以下问题：

1．明确命题要求，精心编写试卷。测验能否成功，达到预期目的，关键在于命题是否符合实际情况，试卷质量是否合格。在期中或期末考试前两周，教师即应考虑此项测验要求，精心命题，保证质量。一般试卷要求：①考查知识内容既全面，覆盖面广，又能突出重点，有所侧重。②命题中既有基础知识、基本技能的考查，又有联系实际灵活运用知识能力的考查。③根据《地理教学大纲》要求，地理知识要求分为“识记、理解、应用”三个层次；地理基本训练要求分为“初步学会”和“学会”两个层次；对思想教育的要求用“了解、懂得、受到、认识、树立”等词来表述，在测验试卷中应对以上要求有所反映。④试题要明确清楚，易于学生审题，正确无误。⑤试题难易适中，符合学生实际并写出评分。教师要分清“水平考试”与“选拔考试”的区别。⑥题型宜简单明了，适宜学生掌握，命题语言要规范，要求明确具体。⑦突出地理学科特点，要有适量的图像作为考查内容。⑧试卷要印刷清楚，认真校对，不允许有涂改、错误、模糊不清及影响学生答卷的干扰因素。

2．初中的期末与期中地理测验试卷，一般题型有：填充题、选择题(单项选择、双项选择)、读图及填图题、简答题（包括解答地理事物、地理现象的基本特点、分析图表、比较地理特征、说明地理基本原理、综合解答地理问题等）。此外还可以出现判断是非题、名词解释题、分组连线题、改错题、绘图题等。每次考试题型不宜过多和过于复杂。

3．测验课的进行要予以高度重视，特别要加强组织教学，严肃课堂纪律，发卷前教师要认真检查，发现问题及时向学生说明，要保证学生有安静整洁、利于思考的测验的环境，充分发挥其最佳水平。

4．成绩评定工作要认真、及时、公正，教师要做好试卷分析与讲评工作。一般应做到试卷由教师直接发到学生手中，成绩不一定向全班公开，以示对学生的尊重。讲评内容包括一般情况、全班共同性的问题、优秀的答卷内容等。切忌对成绩差者语言上的伤害，讲评中鼓励与对学生的信心，真诚的希望，会激发学生要争取好成绩的决心。

（六）综合课

前面五种课型都属单一课，即一节课内主要完成一项教学任务。而综合课则指一节课内要完成两项或几项教学任务的课型。如在一节课中包括复习检查旧知识和学习新知识两项任务；也可以包括复习检查旧知识、学习新教材、巩固新知识、进行练习等多项任务。综合课是初中地理教学中最常见的一种课型，也是非常重要的课型。多数综合课中以学习新知识为主，在复习检查或巩固新知识的环节中，不再重复学过的知识，而重在培养运用知识的能力。由于综合课具有结构多样，方式灵活，富于变换和避免从事单项活动时间过长易于疲劳的特点，因此更易于激发学生的学习兴趣。但在各环节的顺序安排和时间比例方面，教师应根据教材内容和学生实际进行计划。其他方面可参考前面各单一课型应注意的事项。

四、中学地理课堂教学的准备

作为地理教师，在上讲台之前，有一系列教学准备工作。无论新老教师，也无论教学经验和教学水平如何，这些准备工作是必须要完成的。学期开始要制订教学计划，上课以前要进行备课，接触不同班级还要研究学生。在写出教案之前有大量准备工作要进行，在准备过程中就是提前进入“角色”熟悉教学规律的过程，教学工作是不允许仓促上阵的。

（一）学期地理教学计划的制订

学期地理教学计划是地理教师全学期的教学工作规划方案，或说是战略方案，它可使教师对全学期教学工作心中有数，目标明确，任务清楚，使教学工作的进行按部就班，有条不紊。学期地理教学计划也是学校领导教学工作中了解情况进行检查监督的一项依据，同时也可根据各科教学工作计划，协调全校的教学工作。

学期地理教学计划主要内容应包括以下几方面：①基本情况分析（班级或年级一般学习情况及地理学习情况）；②本学期教

学目的、教学任务和要求（包括教学大纲要求及学校要求）；③本学期教育教学改革重点（或教学科研课题、或提高教学质量和教学水平的措施）；④教师的进修（包括听课、学习计划）；⑤教学进度的安排（列表写出周、月日、教学章节内容、期中或期末复习及考试，或其他教学活动安排：如电影课、野外考察、参观等）；⑥其他。

从学期地理教学计划的内容可看出它既有国家通过教学大纲提出的要求，这是教师必须自觉遵循的，又有学校（或教研组）提出的工作重点或要求；同时还有教师个人提高教学水平的进修计划和从事教学工作的具体安排。它对教师积累经验、检查工作、改进教学、提高业务水平和教学能力都有着积极的促进作用。

制订学期地理教学计划的方法和步骤是：

1．熟悉中学地理教学大纲，掌握大纲的各项要求。在制订学期教学计划之前，一定要认真阅读大纲全文，对教学目的、教学内容的确定和安排、教学内容和教学要求、在教学中应该注意的问题等要通晓内容，领会其精神实质，它们对制订学期教学计划具有指导意义。

2．了解本学期教材的基本内容，对教学内容的组成和安排、结构与特点，要能从整体上把握，有全面认识。以便进行宏观分析和通盘考虑，安排进度与活动。

3．了解任课班级学生情况，以便使教学计划更符合学生实际，需要了解的内容有：学生的学习兴趣爱好、智力与非智力因素特点、学习习惯、原有地理知识水平与学习成绩，对地理课的兴趣、组织纪律状况等。可通过访问班主任及其他任课教师，找班干部或学生聊天、阅读和分析成绩统计表、学籍卡片、试卷及作业等。其中特别要注意了解学生地理基本技能（如地图）的掌握情况，因为这会直接影响到今后教学工作的进展。

4．了解学校本学期教育教学工作计划和教研组的工作重点及安排，因为地理教学工作是学校教育教学工作的一个组成部分，个人计划要体现教研组和学校工作的精神，要服从学校或教研组的工作安排，以便步调一致，部署协调。

5．分析自己教学工作中的优势与不足，或上学期的工作成绩与存在问题，这样在制订学期教学计划时可以有针对性地提出发扬优点改进缺点的具体措施。如自己在地理教学能力或教学基本功方面，在某项教学原则的具体运用方面，都可定出提高或加强的办法，既明确努力方向，又可有效地改进。

6．了解学校地理设备及本学期需要应用的教具情况，以便早作准备，需要添置、整理、修补的各种挂图、仪器、模型、标本，或需要订购、借用、绘制的录像带、影片、幻灯片，都应早作计划。特别是新教师更要注意以上情况，做到胸有成竹，避免因教具问题而影响教学。如需在学期中组织参观、考察等活动更应在申报经费、联系、预察等方面作好准备，如不能付诸实施则应对学期计划进行修订。

（二）钻研地理教材

教师要上好课，就要先备好课，备课的首要内容即是钻研教材。课堂教学的成功，教学质量的提高，很大程度上决定于教师在钻研教材方面所下的功夫。

1．地理教材的意义与作用　地理教材是构成地理教学过程的重要因素，因为它是教师对学生施加影响的主要信息来源，是进行地理教学活动的依据；教师对学生学习活动的主导作用，是通过教材来实现的，并根据教材而采取相应的教学方法。对学生来说，教材是学习发展的知识基础，也是全面发展智能、提高思想认识的基础，这是教学过程中地理教材的地位和作用。

教师是教学过程中的领导者、组织者、设计者和实施者，教师要指导学生由不知到知，引导学生进入知识之门，并辅导他们走上独立获取知识之路，这在许多方面证实课堂教学的影响是深远而巨大的，而教师对教材的理解、掌握、教法的设计、运用，则是保证教学质量的关键，每位地理教师对此必须有明确的认识。

通常，教材具有相对稳定性，不会轻易变更。因而教材内容也就常常落后于飞速发展的现代科技与生产水平，以及地理科学、环境科学等的发展与国际形势的变化，地理教师不仅要熟悉现有教材，而且要扩大、加深、补充、更新知识，边教边学，永不满足，为了教好就要学好，教师的学又促进了教，这就是教学相长的关系。

钻研教材是教师进行教学活动最重要的准备工作。钻研的内容不仅局限于课本，还应包括地图册、教学大纲、教学指导书，以及阅读有关参考书刊、练习册等。

2．钻研地理教材的步骤及范围　在拟订学期教学工作计划时，已了解全学期整体教材的组成和结构，在备课过程中，针对所要讲授的章节内容，应从以下三个步骤进行钻研。

（1）熟悉教材：通读教材，深入掌握章节教材的知识内容，熟知教材体系与组成结构，理解有关地理概念及原理，理清知识系统与层次，确定教材的重点、难点，对教材中的文字、图像、作业等都应认真体会，这是钻研教材的第一步，做到一个“懂”字。

（2）分析教材：这是钻研教材的重要环节，对教材的掌握达到精通，运用自如，必须对教材深入分析，包括以下几方面：

①　分析概念，掌握其内涵外延与应用。地理概念是反映地理事物本质特征的知识，是地理理性知识的基础，许多地理原理往往是由许多概念联系而成的。如有关气压带风带的形成原理即由气压、气压高低的变化、上升气流与下沉气流、风的形成、高气压处向低气压处的水平运动、地转偏向力等一系列概念组成的。把章节内容中有关概念的提出，以具体形象的感性知识为基础，通过定义明确概念内涵，通过列举实例和划分级别明确概念外延，通过比较区分易混淆的概念，目的是为了正确运用地理概

念。

② 分析重点难点，掌握教材的深度广度及层次。地理教材中的重点知识是对学生学习与发展有重要作用、必须掌握的关键知识，难点是学习中难于掌握，感到困难的知识，对重点知识要深入突出，避免单纯重复，难点的突破则应通过设计问题，层层剖析解决。对于非重点的难点或需待其他学科解决者，则应简要说明，不宜深入讲解。对于重点以外或围绕重点的知识，可一般了解即可。

③ 分析内部结构，掌握知识系统。对教材组成的若干知识点，依其内在联系组成若干单元，然后按单元间的关系，分出层次结构，做到纲目清晰，条理分明。在区域地理中切忌千篇一律，要根据不同区域内容分析内部结构，依各组成部分的属性及其之间的关系可列出结构式。

④ 分析知识联系，认识局部教材的地位和作用。从知识内容看有外部联系（如与其他学科和生产生活实际的联系）、内部联系（本学科教材之间的联系，如初中教材与高中教材、世界地理与中国地理、自然地理与人文地理、同一本教材的前后联系等）；从教材顺序看有同步联系、承前联系、超前联系。地理教师要适当了解其他学科教学内容，以便主动联系呼应。知识的内在联系是分析教材的重点，有利于形成知识网络，加深理解，便于迁移。

⑤ 分析知识性质，确定教学目的。地理知识丰富多样，有事实，有原理，有技能培养，有观点的树立，有实践活动，有思想教育，备课过程中要根据教材性质，确定传授哪些知识，培养哪些能力，进行哪些思想教育，这样才能确定教学目的，以便完成教学任务。

以上是钻研教材的第二步，做到一个“透”字。分析教材的具体方法，在第四章已经介绍，不再重复。

（3）组织教材：钻研教材最后要落实到对教材内容的组织上，这是写教案之前必须考虑好的。组织教材要按照学科知识体系、章节教材内容、学生认识规律等理清教材层次，编好纲目，做到重点突出，把握关键，使教材条理化、系统化。同时还要对教材内容进行一定加工处理，其原则是：依主次决定取舍，依难易定详略；补充不喧宾夺主，删减不遗漏重点，丰富充实不致臃肿繁杂，简化合并不致干巴空洞；调整顺序要适当，集中叙述或分散说明处理要慎重，集中不孤立，分散不割裂；对前后顺序安排也要多思考，既不机械重复，又不致逻辑混乱。以上是组织教材或处理教材，这是钻研教材的第三步，做到一个"活"字。

除钻研教材中的文字内容外，对教材中的插图、插画、表格、注解、思考与练习作业，以及"读"、"想"、"看"等题目也要认真钻研，务求弄清含义、掌握特点、考虑教学中如何提示；对思考练习等也应把答案想好，做好准备。

（三）设计地理教法

教学方法是指导学生学习、完成教学任务的手段。地理教师能否成功地把丰富的地理知识传授给学生，并使学生自觉主动地处于积极的思维状态之中，从而掌握知识、形成能力、提高认识，这里就有如何设计和运用教法的问题。教学过程是一项复杂的活动，教学内容、学生水平、教学条件、教学形式、教师自身条件，都需要考虑到。传授不同的知识各应采取什么方法？通过什么手段？准备哪些教具？运用什么样的教学语言？写哪些板书等等，不同的教师对同一教学内容会有不同的设计，也会产生不同的效果。所谓"教无定法，教必有法"。关于设计地理教学方法的一般步骤，在第六章已经论及，在备课过程中，还应注意以下几点：

1．遵循学生的认识规律　学生掌握地理知识的一般过程是：感知—理解—记忆—迁移—应用，即由生动直观的地理事实，到抽象概括的地理原理，再回到实际中去印证说明；或从地理现象的感知，经过思维活动到对地理概念的理解判断，达到对地理原理或规律的应用、从而解决问题的目的。这个过程中，存在着教师、学生和被认识的客观事物三个方面，教师的钻研教材与设计教法，都是围绕着被认识的客观事物，目的是作用于学生使之认识客观事物，正确理解概念，牢固掌握原理，灵活运用知识。因之教师就必须了解学生的认识规律。设计教法过程中虽然着手于教，但着眼于学，要从学习者的角度多考虑。从教与学的关系看，要正确处理教师的主导作用与学生的主动性之间的关系，并注意全班的统一要求与学生的个别差异、智力因素与非智力因素的关系；从教学任务与内容方面看，要正确处理教学的科学性与思想性、掌握知识与培养能力的关系；从学习与掌握知识的过程看，要正确处理具体与抽象、理论与实践、巩固与提高、高难度与量力性、高速度与循序渐进的关系。处理好这几方面的关系，就是学生认识规律的正确体现。

2．遵循教学原则　教学原则是教学工作必须遵循的基本要求，应贯穿于教学过程的各个方面，这在第三章已经论及。教师在备课过程中必须正确地理解、掌握和遵循教学原则，包括一般教学原则和中学地理教学原则，这样教学才能取得较好效果，教学质量才能不断提高。在备课与设计教学方法时应该考虑的几个方面是：挖掘教材中的思想内容，结合传授知识进行思想教育，“寓教于学”，使教书与育人达到最佳结合，以贯彻科学性与思想性统一的原则；重视基础知识、基本理论的讲解，并从教材实际、学生实际、学校条件、乡土环境等方面考虑与理论的结合，使学生认识到书本上地理知识在实际生活中的价值，以贯彻理论联系实际的原则；在教法设计中要拟定启发积极思维的一系列问题，激发学习兴趣，唤起求知愿望，活跃课堂气氛，发扬教学民主，以贯彻启发式教学原则；运用多种教学手段，特别是现代化教学手段，以及各种直观教具，创造条件让学生多观察、多感染、多接触直观形象的地理事物，以贯彻直观性原则；在教法设计中要考虑由易到难、由浅到深、由简到繁、由形象到抽象、由低级到高级等认识规律，以贯彻循序渐进的原则；还要注意知识的衔接、融合、巩固，教授记忆方法，总结知识规律，“温故知新”，以贯彻巩固性原则；最后还应根据不同学生情况，设计一些问题，以满足不同学生的需要；同时既面向全体学生提出统一要求，也要考虑个别差异，以贯彻因材施教的原则等。

3．地理教学方法的设计内容

（1）讲授方式的设计。讲授方式主要可分为以下几种，它们都属于教学的组织方法。

讲述法：运用形象的教学语言叙述或描绘地理事实或现象的方法。如山河分布、景观介绍、特征描述、变化过程等，讲述法有地有理，有景有情，也可包含一定的论证、解释和谈话。

讲解法：运用富有逻辑性的教学语言解释或阐明地理概念或原理的方法。如气候特征及其成因，影响河流水文特征的因素，自然资源的概念和分类等都可用讲解法，讲解法有理论有事实，有分析有论证，说理性强，培养学生思维能力宜用此法。

谈话法：通过教师提出问题，引导学生在已有知识基础上积极思维，逐步回答问题，从而获得知识的方法。谈话法可使课堂气氛活跃，生动活泼，但所设计的问题要难易适当，前后连贯，并在运用时面向全班提问，引起共同思考，照顾不同水平的学生答问，教师要善问善导，善于小结。谈话法在启发思维方面有重要作用，在初中教学中经常被选用。

（2）板书的设计：地理教学过程中教师要适当写板书，以提示教学要点，显示教学进程，增强讲授内容的具体性，并可为了解知识结构和系统提供依据，为学生编写复习提纲和读书笔记作示范。教学中不能把讲授内容全变成板书让学生整黑板地抄笔记，也不要把课本上标题照搬到黑板上。教师在备课过程中拟定板书内容是很重要的，有经验的教师把黑板的利用作好安排，主要板书如章节标题、讲授提纲、知识要点或需要突出的概念、板图、板画均有固定位置；次要板书可写在另一侧，如特殊的名词，学生不会写的字，难记的地名等，这些板书不一定要象主要板书那样应完整地保留到下课。板书的形式可根据教材内容而定，有纲目式、表解式、图示式、线段式、框图式等。板书的设计有时也反映了教师对教材的理解和钻研程度，是不容忽视的。

（3）学生认识方法的设计：认识方法是地理教学过程中学生认识地理事物的方法，它和前面所提到的组织方法（如讲授法、谈话法等）都是教师备课过程中应该认真考虑的问题，是教师与学生在教学过程中的活动方式和联系。学生认识地理事物、学习地理知识与技能，需要观察以感知地理事物和现象，需要综合分析以认识地理特征，需要比较以区别地理事物或区域差异，需要记忆以掌握众多的地理事实和分布。在备课进行教法设计时，应根据教材内容、知识特点、教学要求、知识联系等进行认识方法的选择。譬如观察法的运用，在课堂教学中几乎经常进行，关键在教师要有意识地进行指导，讲任何区域先要从图上找出位置、讲地形要看山脉和其他地形区的分布，讲气候先要看气温曲线图、降水柱状图、等温线和等降水量线图等，讲自然带应观察景观图及分布图，讲地球运动要观察地球仪的演示等。其他如模型、仪器、标本、统计图表等都可根据教材需要运用观察法，在获得感性认识的基础上进行思考。又如逻辑思维方法中的比较法，可帮助学生加深对地理事物的了解，区别特征，比较异同，是地理教学中经常运用的方法。如对地球自转与公转的运动特点、方向、周期、产生的现象，对经线与纬线的概念、长度、指示的方向、形状，对陆地上各自然带的特征、分布地区、主要动植物等都可以用比较法列出表格，根据表头要求逐项填写内容。又如陆地五种地形、内力与外力作用对地形变化的影响、天气与气候、东亚与南亚的季风气候、我国的四个干湿地区、各项自然资源的特征等，都应用比较法让学生分析、判断、鉴别，通过比较可加强地理事物间的横向联系，形成知识网络。再如逻辑方法中的综合分析、综合归纳等，在教会学生学习方法并会思考问题的设计中也常被选用，如对地球上有生命存在的条件，对影响气温变化的各种因素，降水形成的各种因素，世界自然带的形成条件，都可用综合归纳方法。

（4）教学手段的设计：教学过程的组织方法与认识方法需

要通过适当的教学手段来体现，选择直观教具或教学手段，被称为直观方法。如选用观察法需选用哪些教具，实验法需准备实验仪器和实验报告；又如讲授法需用挂图或板图、板画；讨论法需板书标题或印发讨论提纲等。在备课过程中教师可根据自己的特长，选择自己擅长或力所能及的教学手段，利用学校和个人的优势，扬长避短、以满足教学的需要。

地理教师应不断加强基本功的练习，提高教学能力，丰富教学手段，扩大地理教具的使用范围，使教学手段多样化。尤其应该掌握现代化教学手段的运用，这已成为地理教学发展的必然趋势。幻灯、电影、录像、激光视盘等已逐步在各地普及，利用计算机软件进行地理教学也已在许多课堂中出现。地理教师应认识到电化教学手段的优势，在学校条件允许的情况下，认真学习先进的教学手段，促进地理教学手段的革新。

（5）教学语言的设计：地理教学语言是教师的一项基本功。语言在教学中的运用，实质上是信息的编码、输出、传递的过程，学习则是信息的接收、译码、加工和存储的过程。教学语言是传递知识信息、启发积极思维、陶冶学生思想品德、交流师生情感的重要手段。教学语言是为组织各种教学活动、实现教学目的，完成教学任务服务的。因此教学语言的设计必须服从于整个教学过程的需要，根据不同的教学内容和教学方法，设计不同类型的教学语言，以加强教学效果，提高教学质量。如地理概念的阐述，地理原理的讲解，地理特征的分析，地理成因的推导，都适宜设计逻辑性较强的教学语言，以服务于讲解法的运用。而地理分布的叙述，地理景观的介绍，地理演变的说明，地理数据的比喻，则适宜设计描述性教学语言，以服从讲述法的需要。又如对思维的训练，问题的探讨，难点的突破，疑点的剖析，应设计启发性较强的教学语言，以适应谈话法的需要。至于为了活跃课堂气氛、烘托教学情境，使理解的知识深化，使情感得到升华，可设计艺术性或文学性教学语言。

（6）教学过程的设计、钻研教材、设计教法最后要落实到各个教学环节或整个教学过程中，这样在编写教案之前即成竹在胸。教学无小事，容不得半点疏漏，因此要对教学过程中的每个环节认真考虑。如复习提问环节，对提问的内容、提问的方式，检查那些学生，可能出现什么样的答问等应有所准备。导入新课环节的方式，如何引入，要有设计。讲授新教材的过程，要有通盘考虑，根据教材内容，或从看图开始，或从画图明确分布；有的通过分析图表得出结论，有的通过讲具体事例引发思考；也可以演示地球仪让学生观察，还可以提出问题让大家讨论。诸多方法，皆可选用。课程进行中各环节如何衔接，各部分知识如何承转、小结，最后怎样巩固，布置作业或思考练习要求如何，都要有全面设想和构思，课未上而思维已进入课堂，要有完整的方案，这样在上课时才能得心应手，运用自如。

（四）编写地理教案

教案即教学方案，也称课时教学计划。它是教师备课的结晶，是实施学期教学计划的具体纲领。每位教师都应重视教案的编写，因为它是在钻研教材、设计教法、研究学生基础上的一项创造性劳动，犹如医生的医疗方案、指挥员的作战方案、工程师的施工或设计方案，是教师进入课堂站在讲台上必须具备的“行动纲领”。没有教案就不能上课，应该成为每位负责任的教师对自己的自觉要求。教案不仅是完成教学任务、达到教学目的的保证，而且也是教学实践的记录。有经验的教师多年积累的教案，是教学研究的重要资料，有的教师坚持在教案后写课后记，把教案实施后的心得体会和即兴的创造，以及分析成功或失败的原因，及时记录下来，对提高教学质量，改进教学帮助极大。

1．教案的内容　一份正规的教案应该包括

（1）教材的章节课题（公开课或研究课的教案还应注明教科书全名、出版年月、章节页次，授课班级）。

（2）教学目的：包括传授知识、培养能力、思想教育三方面的具体目的。

（3）教材的重点和难点。

（4）课的类型：即本节课的基本教学任务，如综合课、学习新教材课、练习课、复习课等。

（5）教学方法：本节课在组织方法和认识方法方面拟采用的具体方法：

（6）地理教具：本节课使用的教具名称，如教学挂图、模型、仪器、电化教学手段等。

（7）教学过程：为教案的核心部分，包括本节课师生活动方案和知识内容，一般从引入新课开始，以教学环节为单元，每部分包括讲授提纲，教法运用，承转小结，师生主要活动，最后到巩固新教材环节。

（8）作业及要求：所布置作业的主要内容或所在的课本页次及思考练习题号。

（9）课后分析：即教案实施后的简单小结。

2．编写教案的方法　编写教案的准备工作从钻研教材、设计教法和研究学生等就已经开始了，具体落实到书面上写成教案的方法是：

（1）确定教学目的：根据教学大纲所规定的总的教学目的，结合章节具体教材内容，拟定每节课的具体教学目的。同时参照教学大纲中“教学内容和教学要求”的规定，按三方面考虑：地理基础知识和基本技能要求达到的教学目的；思想政治教育要求达到的教学目的，发展学生智力、培养能力要求达到的教学目的。

对于这三方面的要求，要从教材的内涵和本质属性出发，根据其深度和广度，分出不同层次。如有关地球仪的知识，知道或了解经线、经度、纬线、纬度等概念，记住或掌握东西半球和南北半球的划分，学会应用经纬线定方向和用经纬网确定位置。知道（了解）、记住（掌握）、理解、应用等层次的区分，就需要认真进行思考。（其中“知道”与“记住”均属于识记）。

在思想教育方面的要求，要根据教材内容进行分析。如“世界的居民”一章中可确定以下目的：通过学习世界人口知识，使学生认识世界人口问题的严峻，初步树立必须有效地控制人口数量的观念。通过学习世界的人种，使学生懂得人种的不同只是外表特征上的差别，树立各种族、各民族一律平等和反对种族歧视的观念。从以上可看出，对思想教育的教学目的，用了解、懂得、受到、认识、树立等词来表述。

对发展学生智力与培养能力的要求，往往从一节课中很难达到培养某项能力的目的，因此可根据基本训练要求的提法，用初步学会、学会等分出层次。如学会对黄河水文特征成因的分析；学会分析纬度位置和海陆位置对俄罗斯气候的影响；列表比较巴拿马运河与苏伊士运河的地理位置、所属国家、沟通的海洋以及在缩短航程方面的作用；初步学会从工业、农业、人口、交通等方面，分析武汉成为商业中心的条件；初步学会用比较法分析北非与西亚两个地区在地形、气候、资源、农业和工业等方面相近的地理特征，等等。此外也可结合记忆、想象、观察、思维等方面的具体内容提出相应的教学目的。

（2）编写教学提纲：在钻研教材过程中，已对教材的重点、难点、关键知识和层次结构等进行了分析，并在此基础上作了组织教材（或处理教材）的工作，在教案中就应该落实在教学提纲上，教学提纲也称讲授提纲，是教师传授和学生接受地理基础知识的要领。一般情况下教材顺序与讲授顺序是一致的，但也有时需作调整，编写出符合讲授需要的提纲。提纲要能反映教学要点，前后连贯，每个要点内部层次不宜太多太繁，一般不超过三级，思路清晰、条理分明，紧扣教材内容。提纲既要能反映出知识的系统层次，也能突出重点和剖析难点，对关键内容要有所反映。如初中地理第二册第20章人类共同生活在一个地球上的教学提纲：

一、缩小的世界

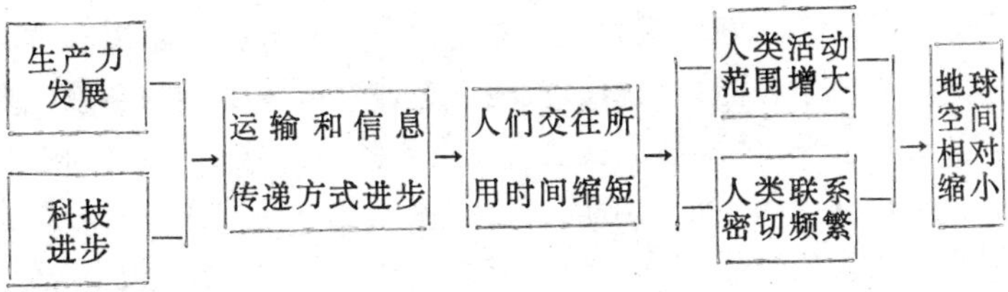

图7-1

二、时差、时区与日界线

1．时差的产生与地方时

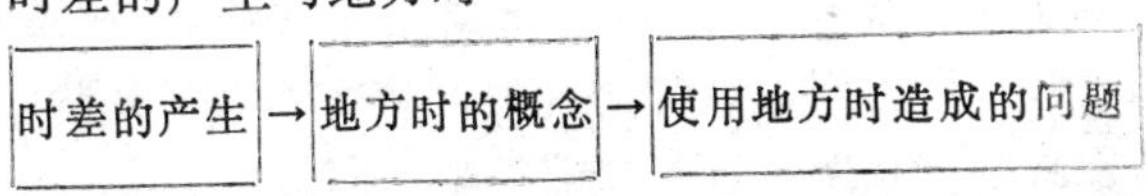

图7-2

2．时区的划分和区时的确定

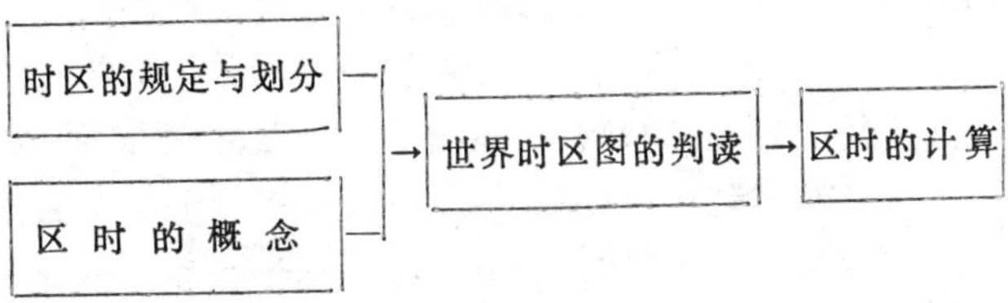

图7-3

3．日界线与日期变更

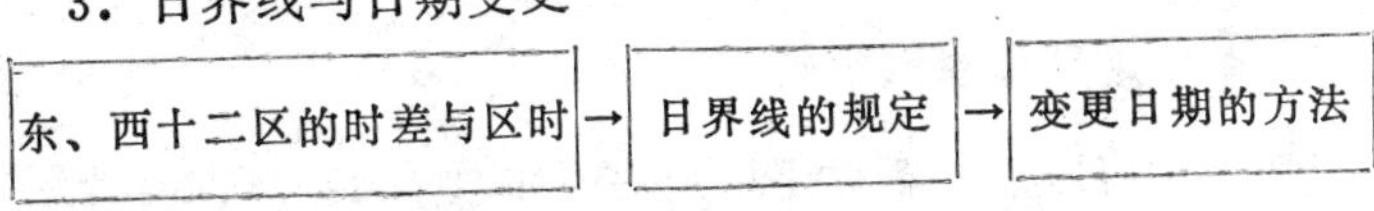

图7-4

三、保护人类共同拥有的生存环境——地球

1．世界是一个不可分割的整体

2．加强国际合作，保护全球环境

（3）分析学生情况：主要是分析学生学习本段教材的知识储备情况，对新教材的接受能力、理解教材难点可能出现的障碍，对新教材的学习愿望、兴趣如何，学生的一般智力及地理学习能力，掌握各种类型地理知识的心理活动，班上的学习空气，学习习惯，以及学习好、能力强、对地理学习有兴趣的学生和学习较差、对地理学习能力较弱、没有兴趣或学习有困难的学生。要从学生实际水平出发，制定出适合这个年龄段或这个班级的教案。

（4）设计师生活动：前面已经谈到在备课过程中对教学方法的设计，包括讲授方式（组织方法）、学生认识方法、板书、教学手段、教学语言、教学过程等。教学过程是师生共同的活动，以上设计内容在实施中学生的反应如何？希望达到哪些预期的效果，哪些地方可能达到高潮或出现低谷？都应在备课时有所考虑。师生活动应该是和谐统一的，教师的启发诱导，应引起学生的积极思维和踊跃答问，教师的讲解、讲述，应吸引学生全神贯注地听讲，教师的指图、演示仪器模型，应使学生能认真地观察；教师的板书、语言、板图、板画，应能调动学生的视觉、听觉，使之受到感染，引起共鸣。师生之间配合默契，课堂气氛才能活跃融洽，因此备课时不能只考虑教而不考虑学，对学生想回答、愿回答、能够回答的问题，尽量满足他们要参与交流的愿望；而对一些难于理解、不会回答的问题，就需要分析突破问题的思路、找出关键，设计问题，启发学生一步步在教师引导下获得结论，解决难点。

五、中学地理课堂教学的进行

当教案写好以后，毕竟还只是书面的教学方案（课时计划），而真正检验其效果，还须在课堂教学的实践活动中。因此课堂教学的进行，就是如何落实教案，使计划变成行动。

（一）试讲及课前准备

师范生在教学实习中要通过试讲才能上讲台。教师在进行公开课、观摩课、研究课或准备录像前往往也要试讲，请组内教师听课提出意见，经过修改后方觉更有把握。其实新教师在写完教案后，也应经试讲后再上讲台与学生见面。试讲检验了教师对教案的理解记忆和教师对教学活动的综合准备；即使是有多年教学经验的教师，虽无需试讲，但熟悉教案，在上课前对教案仔细阅读、回忆默记，对教学提纲、板书、精心设计的语言，再认真思考几遍也是非常必要的。这一方面可加深印象，在讲课过程中可尽量脱稿，避免过多的低头看教案，另一方面也可使教案融汇贯通，便于实施，同时也可发现不足，及时修订。

在上课前对教具的准备也非常必要，挂图、图片、地球仪、指图杆、粉笔等是经常必备的；对自制的教具、自绘的幻灯片等一定要在上课前演示操作几遍，检查电源，调试机器（录像机、幻灯机等），这都是保证课堂教学正常进行的重要准备工作。

（二）地理课堂教学进行过程中应注意的问题

1．课堂教学常规的运用　课堂教学常规是课堂教学过程中师生应共同遵守的规定，因其具有固定模式，反而易被忽视。从两分钟预备铃响，教师即应站在教室门外准备上课，犹如演员出场前之酝酿情绪；有的教师则利用这两分钟到教室中巡视教学环境，检查学生学习用具准备或上一节课作业情况，学生应利用这段时间回忆一下上节课讲过的知识，准备复习检查的提问。这些习惯的养成，需要教师讲清要求，多次培训方可见成效。

上课听讲的要求，需要靠经常进行组织教学来进行训练，有意识地使学生养成良好的学习习惯是教师的职责。

向学生提问一定要面向全体学生，并注意先提出问题再指定回答者，要给学生思考的时间，这是教师必须遵守的提问常规。

学生举手回答问题是学习积极性高的表现，教师要爱护这种积极性，而不应漠视、批评，有时也可启发学生齐声回答，但提问应以思考性问题为主。

地理课堂上经常要悬挂地图，一般以挂在黑板左侧或右侧上方为宜，不影响板书，且便于指图；教师指图要照顾到全班都能看到，教师站在黑板一侧需要转身时以不背向学生为好，即使写板书时也要尽量侧向或尽量缩短背向学生的时间。

教学过程中的承转、小结、总结等要进行设计，布置作业环节也要予以足够的重视，这些也都是常规的要求。对几个环节的运用不可机械照搬，要根据教材内容和学生实际情况灵活运用。

2．教案的实施与调整　实施教案是教师课堂教学的中心工作，备课深入细致，考虑问题周到全面，教案内容熟练，则实施过程才能得心应手，各种方法才能灵活运用。教案的实施又是教师的一项创造性劳动，因为教案的编写已凝聚着教师的心血，而教案的实施随时要结合学生的反馈，进行随机观察，及时调整，甚至即兴发挥（当然不是信口开河），因而教案的实施又是兼“编、导、演”于一身的创造性活动，这也就是教学的魅力和乐趣所在。因此教案的实施与调整不是机械地照本宣科，而是在进行过程中就要不断地小结、评价、分析，最后要记录在教案上，以便改进下次的实施。

3．地图能力的培养与环境意识的树立　在中学地理课堂教学进行中，最具地理学科特色的职能就是培养地图能力与树立环境意识了，这在前面地理课堂教学的特点中已有所论及。在地理课堂教学进行中，教师要时刻不忘这两项职责，这是其他学科无法替代的。教材中几乎所有内容都和这两项职能有着密切的联系。无论讲环境、资源，或是讲人类活动，也无论讲地球、地图，或是世界地理、中国地理，每堂课都离不开地图，就要想到培养地图能力的内容；每堂课都离不开环境，就要思考树立环境意识的要点。既不能千篇一律，机械重复，也不能生贴硬套，空洞无物。教师头脑中对这两个问题要有通盘考虑，列出顺序，结合每章教材，挖掘可以依据的内容。地图能力的培养，重在练习与训练；环境意识的树立，重在联系实际，这在地理课堂教学中应该时刻重视。

4．处理好几个基本关系

（1）教师与学生：在教学活动中教师与学生是两个最主要的因素，教师是主导，学生是主体，这在前面已有所阐述，教师的主导作用在于使学生成为学习的主体，但主导作用的发挥存在着一定的制约因素，因而又影响着课堂教学效果，即教师的主观愿望与客观效果往往并不都是一致的，教师的主导作用有积极的与消极的、好的效果与差的效果两种可能性，这与教师的业务水平、教学能力、教学方法、对学生情况的掌握、个人情感与素养等有一定关系。同时也说明教师的主导作用需考虑客观现实，需在一定条件下才能发挥出好的作用。因此教学中要注意：①切合学生实际，制定恰当的教学目的，确定合理的知识范围，选择适宜的教学方法。②正确理解主导与主体的涵义，“导”要体现在学习过程中的引导指导、与辅导上，学生主体地位形成的标志在于目的明确、态度自觉、掌握了方法、培养了兴趣。③讲授要深入浅出，启发思考，引导观察、联系已知，教师要有丰富的知识和开阔的视野，并随时注意学生的反馈。④师生关系要协调统一，发扬教学民主，学生愿意学习，师生间时刻在交流、配合，使“以情育思”具备良好的基础。教师也应该从学生的反馈中得到启发，改进教学。

（2）教材与教案：教材是根据大纲编写的教科书、地图等的总称。是教师教学、学生学习的依据，其作用与重要性前面已有说明。教案是教师备课的结晶，凝聚了教师研究学生、钻研教材、设计教法等多方面的劳动与智慧。对教同样课程的教师，教材是固定的，而教案却反映了教师对教材的理解、掌握、体会以及教师的教学水平、能力，对教材的驾驭程度。教材是“静”态的，教案是“动”态的，许多人可用同一教材，而不同的人不会有相同的教案。因此在课堂教学中教材虽是传授知识的依据，但却不能没有教案。只有通过教案，教材内容才能转化为教师创造性的“加工”产品。

（3）内容与形式：教学过程中，除人的因素外，还有两个重要因素即教材与教法，也可以讲是知识与手段，或教学的内容与形式。教师在备课中熟悉教材，深入分析教材，组织和处理教材，才能使教材内容准确生动地传授给学生，使学生学习到知识的精华。同时教师还要根据教材内容设计相应的教法，以便使学生容易掌握这些知识。然而在课堂教学中，只重视内容不考虑形式，即只重视知识不考虑方法的情况是屡见不鲜的。有的地理课堂不挂一张图，不写一字板书，也不重视语言设计，这样的教学不会有好的效果。还有另一种情况，即在教学中过多地注意形式而对内容下的功夫不够，即只注意了方法或手段而对教材钻研不深，结果学生虽调动了多种感知因素，但感到眼花缭乱，而对知识内容却印象不深。有的教师出于好心，或画板图板画使学生冷场，或准备了过多的投影片而影响了讲课，都说明未处理好形式与内容、方法与知识的关系而事倍功半。教材要认真钻研，但也需辅以相应的教法表达或表现，使之效果更好。教法是为教材服务的，因此运用时一定要恰当。二者的和谐统一是教学艺术追求的目标之一。

（4）身教与言教：教师要有“教师意识”，即时时要想到自己要以身作则，为人师表，教师在课上与课下都在塑造自己的形象，都在影响着自己的学生。在传授知识、培养能力、进行思想教育过程中，教师人格潜移默化的作用，常常会有助于学生自觉学习、乐于接受教育。学生喜欢德才兼备、知识渊博、多才多艺、亲切公正的教师，并以有名师而感到光荣。教师的优秀品质、言行举止，都会在学生身上产生教育效果，身教重于言教，每位教师都应以此为鉴。年轻的教师与学生年龄相差不多，在兴趣爱好方面容易接近，共同语言较多，易形成团结融洽的关系，更要注意自己言行对学生的教育作用。

六、中学地理课堂教学的分析评议

（一）分析评议课堂教学的意义

在地理教学中，经常进行相互听课，观摩切磋，研究改进教法，提高教学质量，是非常必要的。听课就需要进行分析评议，以利于开展教学研究，探索教学规律，了解教学效果，也可锻炼分析课的能力。平时教师间的听课，有经验的教师听新教师或实习教师的课，教研室或学校领导检查了解情况的听课，一般都是口头交换意见，肯定优点，指出不足或改进意见。而大型的观摩课（或称公开课），参加人数较多，或实习教师观摩优秀教师的教学，分析评议规模较大，也较正规。还有为了开展地理教学研究(如使用新教材或某项教法)而进行的研究课，也需要就某些内容进行分析研究。教师应在听课过程中认真记录，在分析评议过程中认真发言，听取他人分析评议的意见，这对提高业务水平是极有帮助的，听课是学习，参加分析评议会也是重要的学习。

（二）课堂教学分析评议的内容及标准

1．教学目的　教学目的要符合大纲要求，符合学生实际。文字表达需准确、具体。

2．教学内容　教学内容选择恰当，容量适度。知识系统明确，结构清楚，突出教材重点，解决教材难点，有效地利用时间。对教材分析深度适当，符合学生认识规律。科学、准确、熟练地讲清地理事实，说明地理概念和地理原理；补充和联系的地理知识符合学生的认识水平和教学需要，教材处理得当。

3．能力培养　重视指导学生读图、填图和运用分析地图，形成空间概念，培养动手能力；重视培养学生的地理观察、地理想象和地理思维能力，注意完成教材中基本训练要求，注意培养学生综合、分析、比较地理特征的能力；重视教会学生学习方法和进行思维训练。

4．思想教育　注意挖掘教材中的思想教育因素，做到思想教育和地理知识教育的有机结合；重视对学生进行环境意识教育，树立科学的环境观、资源观、人口观；进行爱国主义和国情、国策教育，以及全球观念和世界意识的教育。

5．教学方法　采用符合学生心理特征和认识规律的教学方法，充分调动学生的学习积极性，并注意因材施教。教学方法富有启发性，重视信息的双向、多向交流，师生配合默契，气氛活跃和谐，掌握较多的反馈信息。

6．教学手段　充分运用与教材内容相符合的图像、图表、模型等直观教具；运用熟练、得当，有效地发挥这些直观教具的作用；重视现代化教学手段的应用，勇于实践，收效显著。

7．教学能力　教学语言准确、流畅、生动、形象，逻辑性强；板书工整，布局合理，并能适当结合板画或板图；教态亲切、大方，富有感染力，有较强的组织教学和应变能力。

8．教学效果　整个教学过程基本按照预定计划进行，完成教学计划中规定的各项目的要求；通过课堂提问、讲授、复习、练习等，反映出学生较好地理解和掌握了本节课所讲的地理基础知识和基本技能，效果良好。

9．其他　教师的教学基本功扎实全面，教学在某些方面的特色突出；教材分析中的独到之处，或教法设计中的创新，构思新颖，有自己设计的教具等。

以上几方面在评议时可有所侧重，不一定面面俱到，应有一个综合性意见，找出主要成绩和问题，提出改进意见。分析评议要根据有关教学理论，有理论依据，要针对实质问题，把课上反映的现象提高到教育理论、教学原则高度去认识，这样才有助于提高分析评议水平，改进地理教学。进行自我分析时要先简述备课思路及对教材的体会和教法设计的构思过程、设计意图，在处理教材中的想法。其次说明在教案实施中的成绩和问题，完成计划情况，存在问题及原因分析。最后对教学效果进行简要分析。自我分析要实事求是，要诚恳虚心，发言时间不宜太长，在听取大家发言后，可作简单表态。

第三节　中学地理课外教学和活动

一、中学地理课外教学的意义、内容和方法

中学生学习地理，一方面通过课堂教学形式学习课本上的知识，另一方面还要通过课外教学形式学习现实中的地理知识，这是当前地理教学改革从封闭式教学转向开放式教学的一个重要内容。要建立以课堂教学为主、课堂教学与课外教学相辅相成、理论联系实际的教学体系。课堂教学与课外教学两种形式各有所长，在完成地理教学任务中，可以相互补充，相互促进，发挥各自的作用。

（一）地理课外教学的意义

这里的“课外”是指课堂以外，即教学场所放在教室外（如地理园）、学校外（如工厂、农村、博物馆、野外）。课外教学时间在总的课时计划内，可以在课表内安排，在地理课上进行，也可以在课表外的时间或调课进行。教学内容是大纲要求要完成的任务，参加人是全班或全年级学生。这就是说把某些教学内容，放在课堂以外，采取课外教学的形式学习，实质仍属教学，是同课内教学形式一样的学生必修课。其意义在于：

1．全面完成地理教学任务的保证　学生需要通过阅读、听讲、研究、实践等手段来获得知识与技能。地理教学内容中，环境、资源、人类活动等许多知识，生动具体地存在于现实生活中，学生可以直接感知、观察。这是学习地理基础知识的活教材，也是地理课的特色之一。教师要引导学生在学好书本知识的同时，走出课堂到实际中去学习，了解自然奥秘，认识周围环境，了解人类的生产活动和生活活动，认识地理事物的发展变化。同时培养学生的观察能力、分析能力，理解在书本上难以掌握的实际问题，印证较抽象的地理原理。这些都有助于全面完成

地理教学任务，实现教学大纲提出的“加强地理教学的实践环节，培养学生的观察能力、分析问题能力，扩大学生地理知识领域”的要求。

2．激发学生学习地理的兴趣　青少年有强烈的求知欲望和好奇心，喜欢探求科学知识，愿意亲自感知获得真理。地理课外教学正是以生动活泼的形式符合他们的年龄特点，满足他们的需要。因此学生总是饶有兴味地参加地理课外教学活动。在大自然中，在社会里广泛接触各种地理事物，使他们更关心周围的地理事物和现象，更加热爱生活，热爱知识，对地理产生高昂的兴趣。有了兴趣，使知识学得更生动活泼，体验到通过自己劳动和努力获得知识的喜悦，从而感受到收获者、胜利者的心情，这种成功的乐趣，就可能形成对事业追求的志趣，奠定他们今后学习的基础。

3．扩大视野，接触实际，促进理论与实践的结合　课外教学所组织的各项活动，是课堂教学的延伸和补充，是书本知识的形象化、具体化。如参观展览、野外观察、社会调查等学习活动，学生所得到的已不止是书本上所涉及到的知识，视野不知要扩大多少倍。实际生活中，各种新鲜生动的地理现象，生产活动中的地理知识，人际交往所反映出的文化素质，包括民居形式、民间文化（如音乐、美术）所反映的环境特点，经济发展中具有地理特点的贸易活动，以及各种自然与人文景观，都极大地开阔了学生眼界，丰富了他们的知识，使其不仅印证了课堂所学的知识，而且获得了运用知识解决实际问题的机会，这非常有利于理论与实践的密切结合。

4．有利于学生思想品德教育　地理课外教学通过把学生带到更大、更广阔的大课堂中，使他们走向社会，亲身感受到社会主义建设的巨大成就，家乡面貌的变化，体验到艰苦劳动和创业的意义。使其加深对家乡和祖国的热爱，树立正确的苦乐观，增强对改变家乡和祖国面貌而勤奋学习的信念。有些课外教学组织学生轮流进行观测活动，既培养了学生熟练观测的技能，也训练了其严谨细致的科学态度、认真负责的工作作风，并锻炼了意志。课外教学活动中对于集体主义教育、关心他人的教育也很有益，因为学生有了更多接触集体、参与活动、加强人际交往的机会，使他们互相在服从集体、一心为公、关心他人、严于律己的氛围中经受教育和成长。此外，学生在实践中认识地理环境，运用所学知识解释各种现象，对保护环境与破坏环境两方面的事例都会有深切的感受和正确的评价，从而加深了环境意识教育。

（二）地理课外教学的内容

1．野外观察　野外观察是学生学习地理知识、获得对自然地理事物和现象直接感知的最佳途径。观察是有目的、有计划的感知活动，野外地理观察不是随意地浏览，它要通过观察达到一定的教学目的。常见的观察内容有地质观察、地貌观察、水文观察、土壤植被观察等。

（1）地质观察要认识一个地区的简单地质构造、地层发育，并可追溯一个地区地质历史的演变过程。要学会认识一些常见的矿物、岩石和古生物化石，并掌握一些鉴别常见岩石、矿物和采集岩矿标本的方法。

（2）地貌观察要认识各种不同类型的地貌形态、特征及其成因，也要结合地质观察分析地质构造、认识地层发育和地质历史，因为形成地貌的基础是地质条件。

（3）水文观察要了解河流或湖泊的水文特征，侵蚀、沉积或搬运等外力作用所形成的地貌，河流湖泊与周围地质或地貌条件的关系。

（4）土壤植被观察要认识本地区土壤类型，主要植被类型及其特征，观察山地阴坡与阳坡植被差异，不同高度植被的变化，认识本地常见树种。

以上观察内容要结合具体观察地点情况而定，在观察过程中有条件时还可组织一些简单的地理技能训练，如辨方向、步测距离、目测高度、岩矿标本采集、植物标本采集、流速与水深的测量等。

2．地理调查　地理调查是指以自然和人文地理知识为主的调查活动。在调查过程中，要结合观察、观测等内容。调查对象和内容往往很广泛，要选择有助于深化理解课内知识，或增加感性认识的题目，对定量结论调查结果，常作定性分析的依据。以下仅举数例：

（1）土壤调查：为了掌握土壤的形成、类型、分布和肥力等进行本项调查，可为农业和城乡建设提供资料。

（2）植被调查：从调查不同类型的植物群落入手，加以综合分析，以了解植物群落特征及其与环境的关系。

（3）城市交通情况调查：对主要街道的定时汽车通过量、阻塞次数和时间、汽车排放尾气的危害等的调查。对司机及交通警察的访问、路面宽度与街巷交叉关系分析等。

（4）公园绿地的游人空间分布调查及城市楼群间绿地面积调查：了解绿地面积、公园游人或楼群居民人数、绿地被占、被破坏、保养情况等。

（5）街道居民调查：可了解居民的生活水平、文化层次、出生率与自然增长率、人口素质、职业、年龄等情况。

（6）工厂调查：了解工厂性质、主要产品、原料燃料来源、水源、销售情况、工人构成、工资、文化生活、“三废”处理等内容。

（7）农村调查：了解经营管理性质、作物种类、土地利用、农民生活、机械化程度、乡镇企业情况、农业规划及农村用地情况等。

（8）城乡环境问题调查：这项调查既密切结合教学内容，又紧密联系生活实际，是学生关心的问题，这项调查做好了，不但对社会有益，也将使学生受到生动的环境教育。前面提到的交通情况调查，也是本项调查内容之一。较普遍的问题是对污染源、污染物、污染量等的调查。

3．地理参观　选择与教学内容有关的展览，组织学生参观，可以系统地拓宽其知识面，丰富课本所学的内容。如参观天文馆、气象台站、水文站、（历史、地质、自然）博物馆、经济建设成就展览、环境保护展览、民族风俗展览等。也可到工厂、农村进行参观。

4．地理集会　结合教学内容，组织各种形式的集会活动，集知识性、趣味性、教育性、艺术性于一堂，是学生喜爱的一种课外教学活动、如地理知识竞赛、地理演讲会、地理文艺汇演（如地理歌曲、民族舞蹈、地理诗朗诵、地理谜语等）、地理晚会（地理电影晚会、看星空）等。

5．其他　组织全班学生编写地理墙报（可分组进行评比）、地理板报、时事地图、举办风光图片展览（并自编介绍材料）、自制模型、标本及其他有关地理的实物展览。有的教师还编写假期地理趣味知识作业，让学生搜集“生活中的地理知识”，以各种形式（如列表、绘图、地图上说明）表现出来进行展览，以上这些课外教学活动全班学生都要参加，也深受学生的喜爱。

（三）地理课外教学的方法

中学地理课外教学的进行同课堂教学一样，要有明确的目的，制订切实可行的计划，针对不同形式的课外教学内容，考虑具体的方法。组织课外教学活动是地理教师的创造性劳动，其准备工作的复杂性较之备课写教案，工作量和难度都大，有时需要整个教研组或年级组（如全年级参加的大型活动）全力以赴投入准备并参加现场指导。其基本方法如下：

1．确定课外教学目的　中学地理课外教学的根本目的在于加强地理教学的实践环节，加深学生对地理事物和现象的直观认识，培养其观察、分析及从实际中获取知识的能力，使其既掌握最基本的科技方法，又受到思想教育。在进行具体的课外教学活动前，教师应结合活动内容与大纲所规定的基本训练要求，制定适合该项课外教学活动的目的和要求。如举行珍惜和合理利用资源的演讲会，就要通过搜集资料、准备发言和演讲过程中使学生深切体会到珍惜和合理利用资源的必要性，认识到当前对资源破坏的严重性与危害性，从而树立科学的资源观，在行动上珍惜资源和保护资源。

2. 制订课外教学活动计划

课外教学活动计划如同教案一样，必须要认真思考，当活动内容确定以后，就要对现场进行预察。如在野外，要对观察点进行了解。如欲参观工厂、农村、街道、居民点、展览馆、博物馆等，要提前进行联系或了解，以确定日期。进行制订计划时应包括：教学目的、教学内容、教学活动时间、活动的组织和要求、准备工作的日程安排和具体分工、活动进行的过程、活动结束后的总结等。

3. 地理课外教学的进行

中学地理课外教学的进行，教师的主导作用极为重要。首先让学生明确教学目的、内容方法、要求，这在组织动员过程中即应说明，但在教学开始及进行中，仍需要有针对性地重申；其次在进行教学活动时要充分发挥学生干部及小组的作用，有些活动事先要进行干部和小组长的培训，以便能分散操作或独立活动。为了保证课外教学的顺利进行，对可能出现的干扰、影响和学生注意力的分散，要有思想准备，除强调纪律要求外，还可请其他教师协助参与组织，同时要重视物质的准备与保管，活动进行中的安全等问题。最后在课外教学结束时，要及时总结教学要点，与课堂教学内容进行联系，对活动进行讲评，并布置写好小结及各种报告，对采集的标本要讲清如何作标志记录等。

（四）地理课外教学场地的建设

建设地理课外教学场地是当前地理教学改革的需要。九年义务教育全日制初级中学地理教学大纲中对教学基本设备提出了“有条件的学校要积极创建地理教室和地理园”的要求。我国许多学校在地理教师的努力和学校领导的支持下，已创建了地理教室和地理园，对地理教学改革起到积极的促进作用。地理教室一般包括地理仪器、模型、图表、图象、标本等的陈列，专用地理电化教室设备（屏幕、投影仪、电影及录像放映设备），有的学校还设有活动星空装置。地理园设置项目有：长度、高度、平方、立方、方位的标志，天象、气象观测仪器、地形地貌模型、测角器、日晷、沙盘，有的还设有环境监测装置、生态系统池、地震监测仪器、岩矿土壤标本架，还有的设置当地经纬度标志等。地理教室和地理园的建设对开展地理课外教学和课外活动，对改进教学方法、改革单一的课堂教学形式，加强地理教学的直观性，培养学生对学习地理的兴趣等都是极为有益的。地理教师应对此有正确的认识，已建设地理教室和地理园的学校，要充分利用这一有利条件，发挥其在教学中的积极作用；目前尚未创建的学校，要积极创造条件，因地制宜，先从简单设备开始，争取逐步完善，建设起自己的地理课外教学场地，达到教学基本设备的要求。

二、中学地理课外活动的意义、内容和指导方法

中学地理课外活动与课外教学有所区别，它是在教师的指导和组织下，学生自愿参加的地理科技活动或实践活动，它可以不受大纲和教材的制约，在参加人数、年级要求上可以不固定，即人数可根据条件确定，初中各年级学生均可参加到一个小组中，（有的初、高中也可同在一个小组），活动内容、活动方式、活动场所也都是不固定的，它不受一般教学程式的约束，可以充分调动学校的人力、物力及社会上的有利条件，活动场所可以在教室内、地理教室或地理园、校外，活动时间在课程表上也可以有安排，如在某一天的下午或第几节课以后，有时还要利用星期天或寒暑假。参加人是自愿报名再经过筛选的。因此它是课堂教学以外的、以地理科技为主要内容的地理教学的延伸和丰富，是充分发展学生聪明才智和潜在能力的活动。课外活动的特点在于“活”与“动”，学习内容活，学习方式活，思维活跃，气氛活跃；科技

活动一般要在动态中进行，动手操作，动眼观察，动口提问或表达意见，这都离不开动脑思考，有时还要动笔记录。所以加强中学地理课外活动是现代中学地理教学的特点之一，是地理教学改革的重要方向，我们应充分认识到地理课外活动的教育价值和社会价值，并取得学校和有关领导的重视与支持。

（一）中学地理课外活动的意义

1．启迪智慧，增长才干　学生参加课外活动，在生动、活泼、主动的气氛中学习，经常要自己动脑思考、动手操作，思维在活跃状态中迅速发展。特别在科技活动的学习和实践中，需要独立思考处理问题，有时需要奇思妙想和“灵机一动”，迸发出智慧的火花。这些都有助于智力的发展和动手能力的增强，有的学生说“课内长知识，课外练本领”这话是有一定道理的。

2．激发兴趣，拓宽知识　地理课外活动以其丰富多采的内容、生动活泼的组织形式，以及大量的实践活动，让学生广泛接触自然或社会，非常适合学生的好动心理和追求新奇事物的特点，因而学生对地理课外活动怀着浓厚的兴趣。同时由于在活动中使学生有机会接触更多的地理事物，了解更多的地理现象，深入社会，探索自然，了解乡土，甚至通过夏令营等活动有条件作地理旅游，感受到祖国山河的壮丽，开阔胸襟，拓宽知识。

3．因材施教，充分体现学生主体地位的作用　开展地理课外活动是因材施教的重要途径，可满足喜爱地理、渴求学到更多知识的学生的需要，促进其智力发展与才能的增长。在参加地理科技活动时，学生可获取较新的科技信息，了解到一些新的科学发现和成就，在掌握比课堂学习更多的知识基础上，他们更有条件自己驾驭知识，参与设计活动和动手进行科技制做，充分发挥创造性。教师可从每个学生的实际出发，分配任务，提出要求，使学生对参加活动的目的、态度、兴趣、方法等都十分明确，充分体现其主体地位的作用。

4．教学相长，有利于新型师生关系的形成　在地理课外活动中，学生的创造性和聪明才智受到重视，得到发挥。由于面对新的信息获取途径，他们有时可能会提出一些更新、更完美的主张，或向教师介绍一些他所听到、看到、学到的新知识，师生交流机会更多了，教师的权威将不再建立在被动的基础上，而是建立在与学生共同参与活动，以促进他们能力的充分发展上。教师不是无所不知的权威，更多地是顾问和向导，他也将从学生那里学到自己还不了解或未接触过的东西。教学相长，能促进教师更快地学习。学是为了更好地教。而师生关系也因此而更融洽和谐，在共同的活动中形成和发展。生动活泼的课外活动会给学生留下深刻的印象，活动的组织者和指导者也使学生毕生难忘。

（二）中学地理课外活动的内容

根据学校和教师的条件以及学生的爱好，教师可组织学生进行天象观察、气象观测、地震测报、环境监测；阅读地理课外读物；观看地理影片、地理电视节目；制做教具、模型、观测仪器；举行地理晚会、专题讨论会；开展地理知识竞赛；进行野外考察、乡土地理研究、地理专题调查等，由于不受教学大纲与教材的制约，活动内容和方式丰富灵活，可扩大到地学范围，但归纳起来，可分为以下几类：

1．野外考察活动　野外考察是进行地学研究的基本方法，活动内容很多，常见的有地质、地貌、河流、湖泊、海岸、洞穴、土壤、森林、草原、沙漠等考察。还有一些特殊的地质地理现象如火山地貌、冰川景观、泥石流及地震等也应列入野外考察的范围。此外还可开展乡土地理考察、环境地学考察，区域综合自然地理考察等。

2．观测活动　观测活动是对某些自然现象或地学要素进行较长时间的、系统的观察或测量。并对此作出记录，积累资料，进行分析综合，作出科学结论。观测活动的内容有气象观测、物候观测、天象观测、环境监测（如大气、水、土壤、噪声等的监测）等。

3．模型制做与测绘活动　地学模型具有形象、直观的良好视觉效果，能加深对知识的理解。根据模型制做的性质和用途，可分为：地形模型（包括各种地貌模型、风景点模型、区域地形模型等）、地球仪模型、地理景观模型（如景观布景箱、景观浮雕、台式景观模型等）、地理原理演示模型（有静态式如矿物晶体、地质构造——褶曲、断层、等高线模型；动态式如火山喷发、自流井、傅科摆等）。测绘活动是测量数据、绘制地图的技能训练活动。在水土保持、农田水利、乡镇规划、环境保护、资源调查、气候气象研究、土地利用改造等建设方面都需要测量的数据和地图。通过测绘活动，学生可绘制学校平面图和进行街道、渠道等小型测量活动。

4．区域环境调查活动　保护环境是我国的一项基本国策，开展环境地学科技活动对进行环境教育具有重大的战略意义。除前面已提到的环境监测活动外，进行环境调查也是非常必要的。如农村环境调查、城市环境调查，以及生态农业调查、濒危生物调查、自然灾害环境的调查等。

5．地学科技写作与设计活动　课外活动的结果常常需要总结并写成书面材料。学生参加活动的心得体会、研究成果等也需要写成地学小论文。此外还有地学考察或调查报告，以及通过参观、旅游、观察、或通过视听阅读（电影、电视、地学书刊）后写成的记叙性文章等，这些都是地学科技写作的范围。这些作品或具文学性，或具学术性、或具科普性，都需教师视活动的内容予以辅导。地学科技设计活动具有创造性，学生可对某项建设提出自己的规划或设想。如跨流域调水设计、交通线路设计、商业网点或工业布局设计、河流治理规划设计、改善环境质量的设计等。此外有些计算机软件的设计，如反映地理现象的发展演变等内容，也应列入地学科技设计活动范围。

6．地学游艺、展示及趣味群体活动　这类课外活动是在地学课外小组成员的准备和发动下，吸收更多学生参与的活动。在特定的某种情境和愉快的氛围中，使大家学到知识受到教育。地学游艺活动是将地学的科学内容与游戏娱乐的形式结合起来，寓学于乐，趣味性强，如猜地理谜语、地理棋、地理牌、地理歌曲、填字游戏、拼图游戏、地图漫游等。地学展示是把地质、天文、气象等方面的照片、邮票、实物、标本、模型等以地学陈列角、地学走廊、陈列室、课外活动成果展览等形式向全校展示。趣味群体活动有地学主题会、地学知识竞赛、地学日活动等（如3月12日植树节、3月23日国际气象日、4月20日地球日、6月5日世界环境日、6月25日国土日、7月14日人口日、10月第一个星期三国际减灾日，此外各地还规定有“爱鸟周活动”和“爱科学月”活动等），在地学日可举办报告会、放映音像资料、举办图片展览、举行知识竞赛等。

（三）中学地理课外活动的指导方法

地理课外活动的指导方法与课外教学方法有很多相似处，但课外活动更偏重培养学生的实践能力，突破了课堂教学的模式，方法更灵活多样，主要有：

1．通过讲解、讲述，使学生了解活动的基础知识　地理课外活动一般要分专题进行，在活动开始时要由教师讲解或讲述有关活动的基础知识，并发放一些书面材料让学生阅读，以弥补无教材的不足。但教师讲解和讲述要留有余地，不要面面俱到，有些问题提出来留待学生自己实践探索去解决，讲解要注意逻辑性、直观性，讲述要注意趣味性、形象性，需要在活动中解决的东西，只讲清要点和关键所在即可，有些资料还可由学生自己去查阅、收集，有些图解也可让学生自己画出。

2．教会采集标本、收集资料的方法　组织外出活动要采集岩石、矿物、土壤、化石、生物等标本，准备过程中和出发前要多次讲明采集标本的目的、要求、方法。收集是指有目的地收集生活中各种与地学有关的实物、图片、邮票、剪报等。采集或收集后要加工整理，编号分类，进行说明，按一定主题进行展示。

3．教会使用各种仪器，培养观测技能　各种以观测为主的课外活动，指导教师应讲清仪器的原理、使用、观测方法及保管方法，观测后对数据的记录、整理、统计、分析，要防止出现误测、漏测、误记等现象。观测活动的指导，先要说明观测目的、时间、次数、程序、方法，然后进行示范，最后交待记录表格的填写，以及排好值班顺序，明确职责等。

4．让学生掌握动手实验、实习和地理制做的方法　地学知识中的实验多与物理、化学、生物的实验活动有关，特别是模拟大自然地学现象的物理过程、及化学和生物过程的实验。实习活动与测量、考察、调查有关，教师要自己先动手做一遍，取得体验才好指导，并准备好有关仪器、工具，最后安排实验、实习报告的填写内容。地理制做的内容很多，教师要出示成品示范，并演示制作过程，即制做技巧的示范。

5．参观与考察活动的指导方法　对地学参观与考察的指导，首先要了解参观对象，作好讲解准备，其次要拟好参观或调查考察的提纲，第三要教会如何发问，认真记录，最后要求写出报告。

6．指导地理写作　地学小论文的写作应以实践活动为基础，形式和内容要具有地学特点。只有认真观察、积极探索，才能言之有物。一般应先整理资料，再确定主题，然后是谋篇布局，列出提纲，最后构思落笔。有时为了写好小论文，还需要先学习一些有关资料。论文要注意科学性，有理有据，方能保持在一定水平上。

（四）选修课

地理选修课是指教学大纲以外，根据学生兴趣爱好，为及时地把世界上有关地理的最新知识或动态传授给学生而安排的课。它的教学内容由教师决定，无统一教材，但可由教师自编，具有一定系统性。活动场所即在教室，时间在课表以外，参加人完全自愿。地理教师不仅应将必修课教好，也应具备开设选修课的能力．选修课要求教师的知识面广，功底厚，这样学生听来才会感兴趣。选修课也可是结合选修内容而安排的实践活动。

思考与练习

1. 中学地理教学形式的主要决定因素是什么?
2. 地理课堂教学具有哪些特点?
3. 谈谈你对钻研地理教材和设计地理教法的认识。
4. 为什么说地理课外教学活动是全面完成地理教学任务的保证?

实习作业

1. 编写初中地理一堂课的教案。
2. 编写一份地理课外教学活动计划。

第八章　中学地理教师的素养

本章重点　中学地理教师应具备的基本条件

第一节　中学地理教师应具备的基本条件

教师是培养一代新人的工程师和艺术家，是人类科学文化、思想观点等宝贵遗产的继承者和传播者；同时又是年轻一代的智力开发者和完美人格的塑造者。人才的培养能否保证质量，学校能否办好，很大程度上决定于教师，其关键在于教师的素养。地理教师是地理教育目标的组织实施者，提高地理教学质量有赖于形成一支方向明确、度自觉全面地提高道德修养与专业修养，并不断提高教学能力的地理教师队伍。每位地理教师应以此作为提高自己工作水平的方向。

教师的工作具有创造性、连续性、复杂性等特点。地理教师还有其学科教育的特点。地理教师为学生树立祖国形象，向学生进行热爱家乡、热爱祖国教育，没有地理教育，学生不可能准确系统地了解国情，认识我国地理环境、人口、资源、经济建设、国际地位等方面的情况。地理教育，激发了学生的爱国主义情感，培养学生全面地、历史地、实事求是地认识国情，理解我国的基本国策，使学生自觉地遵守国家有关法令、法规，增强建设社会主义祖国的责任感和紧迫感。地理教师又是向学生介绍世界的人，通过世界地理的讲授，使学生树立全球观念和世界意识。地理教师还是学生学科能力和智力的培养者和开发者，是地理实践活动的组织者。从自己的工作特点和意义出发，地理教师应不断自我完善，提高业务水平，形成良好素养，提高教学能力。

一、具有坚定正确的政治方向

这是对一个人民教师的基本要求。《中小学教师职业道德规范》中将“热爱社会主义祖国，拥护中国共产党的领导，学习和宣传马列主义、毛泽东思想，热爱教育事业，发扬奉献精神“作为第一条规范。教师是学生政治上、思想上的引路人，要培养社会主义事业合格的建设者、保卫者和接班人，教师是关键。教师的政治思想素质，直接关系到学生的政治思想和人生的导向。教师的言行，时时处处在影响着学生的成长。因此，无论任何学科的教师，都必须始终一贯地坚持四项基本原则，努力学习马列主义、毛泽东思想，树立辩证唯物主义、历史唯物主义的世界观，自觉抵制各种错误思潮的影响，积极反对社会上不健康风气对学生的侵害，严于律己，身体力行，以自身坚定正确的政治信仰和崇高的道德情操成为学生的楷模，真正符合“为人师表”的形象和要求。

热爱祖国，热爱中国共产党，热爱社会主义是我国每个公民都必须遵守的基本道德。作为地理教师，理所当然地应该遵守这种道德，并以之教育学生，特别是以进行建设有中国特色为主题的新时期的爱国主义教育，是当前地理教师的重要任务。因此地理教师首先应是一个爱国者，以自己的思想、信念、行为、情感感染学生。学生受到教师的熏陶与影响，潜移默化，才能 健 康地成长。

人们对客观事物的认识和理解，内化为一种品质和情感。地理教师的爱国主义情感，是在各种学习、实践活动中产生的。自觉、正确、全面地认识我国的国情，历史地、辩证地认识祖国的光荣与苦难、骄傲与屈辱的发展过程，了解祖国的富饶与短缺、地大与人多的现实。更要认识我国只有在中国共产党的领导下，走社会主义道路，才能把一个长期受封建制度桎梏的，又曾遭受帝国主义殖民主义侵略的贫穷落后的大国引向富强。同时也要了解当前发达国家的现状及其走过的历史，也要知道发展中国家的贫穷落后的原因及其现状。有比较，才能有鉴别。立足祖国的实际，讲优势和成绩，可以振奋学生的爱国热情，弘扬为祖国建设献身的精神，讲劣势和差距，可以激励学生树立为祖国效力的坚定意志，唤起对祖国的义务感和责任心，实事求是地进行爱国主义教育。在当代中国，爱国主义与社会主义本质上是一致的。邓小平同志指出："中国人民有自己的民族自尊心和自豪感，以热爱祖国、贡献全部力量建设社会主义祖国为最大光荣，以损害社会主义祖国利益、尊严和荣誉为最大耻辱。"这是对我国现阶段爱国主义特征最精辟的概括。地理教师应以此作为进行爱国主义教育的指导思想，并作为自检自律、规范自己行为的标准。

二、具有热爱地理教育的思想品德

地理教师对祖国、对党、对社会主义的纯真的爱表现在实际行动上便是对教育事业的忠诚。热爱教育事业是衡量教师的基本道德标准，要以强烈的事业心对待地理教育工作。对地理教育的坚定信念和积极态度是地理教师道德修养的思想基础，要把平凡的日常工作与未来的建设事业联系起来，使自己的教育实践成为整个社会主义建设的一个组成部分。认识到自己所从事的地理教育工作的意义，就有勇气和力量，满怀信心地执著追求，这既增强了克服困难的决心，又成为战胜自己的内在动力。

热爱学生是教师道德修养的核心。教师对教育事业的忠诚，集中在对学生的热爱上。学生是祖国的未来，教师热爱学生的思想基础在于对祖国教育事业的责任感。这凝聚着教师对理想的憧憬和真善美的追求，反映了教师对未来的期望和寄托。教师的爱是师生相互信任的桥梁，是进行思想教育的基础，有了这种爱，就会对学生从了解到熟悉，从关心到牵念，从相识到相知，这对学生身心的发展具有不可估量的作用，是尊重、信任和严格要求相结合的巨大教育力量，是教师创造性劳动的思想源泉。

高尚的师德和为人师表是教师道德修养的行为准则。教师在思想、品德、工作、学习、生活、谈吐举止各方面都应成为学生学习的榜样，不仅教师的一言一行、一举一动会给学生留下深刻的印象，影响着学生的成长，而且教师的素质所反映的精神状态、道德面貌、意志性格、兴趣爱好、文化修养、工作态度、生活作风等，也会对学生产生难忘的记忆。教师的师德对学生家长和社会也会带来影响。教师对工作认真负责，积极钻研业务，提高教学能力，对学生循循善诱，关心、耐心，又有助于树立教师在社会中的形象，提高教师的威信。教师应树立“教师意识”，时时处处想到自己应发挥的作用和影响，这样就会在待人处世，谈吐举止方面做到是文明行为的体现者，这些都是无声的教育，会在学生心目中留下美好崇高的形象，成为他们模仿效法的目标。

三、具有坚实的专业基础知识和地理教学能力

地理教师要精通自己的专业知识，这是搞好教学工作的基础和保证，同时要不断提高自己的学科教学能力。

（一）不断丰富专业知识是提高业务水平的关键

1．地理学科的专业知识　一个合格的地理教师，必须掌握高等师范院校地理系科的专业课程，并以此为起点，熟练掌握中学地理各科的全部教材。这样才能居高临下，运用自如，从多角度分析与处理教材，熟悉各部分教材在本学科体系中的宏观地位与微观作用。同时要把握住地理学科的历史与现状，要从地理科学、环境科学等角度了解时代的要求与未来的发展趋势。特别是社会主义建设中的许多部门知识都与地理知识有关，如交通运输、信息通讯、能源开发、气象预报、资源利用、环境保护、城市建设、农业规划、工业布局、国土整治、人口发展等，地理教师的专业知识要不断适应社会发展的需要。

2．教育科学知识　教育实践需要科学的指导，需要教育理论的武装。科学育人，要以教育学、心理学、教学法等有关知识为基础。尤其在当前教学改革中更需要教育科学的帮助，以作为教改实验的理论依据。教师学习教育科学理论，必须与自己的实践相结合，要不断总结实践经验，并时时与教育理论作对照，使

经验上升到理论高度。

3．思想教育工作与教育艺术　地理教师要对学生全面负责，要使学生健康地成长，需寓思想教育于知识教育之中。因此应该掌握思想教育工作的专业知识和教育艺术。有关德育、哲学、伦理学、青少年品德修养、班主任、团队工作的基本知识应广泛涉猎，这样才能使知识、思想、行为三者巧妙地结合。思想教育工作是具有创造性的劳动，使思想教育工作与情感教育和科学道理有机地结合是一门教育艺术。

4．其他知识　作为中学地理教师不仅要有精湛的学科专业造诣，而且还应了解一些与地理学科有联系的其他学科知识，如物理、化学、生物、历史、语文等知识。由于地理学科涉及的领域很广，学生又具有强烈的好奇心和求知欲，因此，各种问题都可能被发问。为了教好学生，教师需不断丰富自己，扩大知识面，如一些生产常识和社会常识等。另外，广泛的艺术情趣和爱好、对自然和文化景观的鉴赏、古文和古诗词的功力等都会提高教师的修养，使教学内容更为丰富，教学语言更为生动形象。教师具有多方面的才艺和渊博的知识，思路开阔，施教灵活，不仅有助于对教材的理解与表达，而且也会获得学生的崇敬和喜爱。

（二）自觉培养教学能力和专业技能是工作进步的保证

地理教师的业务水平既与扎实的专业基础知识有关，也和教学能力和基本技能密不可分。教学能力是完成教学活动所应具备的心理品质。一名合格的地理教师，应以提高下列能力作为自己努力的方向。

1．理解教材、分析教材、处理教材的能力　教师要上好课，就要备好课，备课首先要钻研教材，包括对课本、地图、教学大纲及有关教学指导书、参考资料的阅读，尤其是对课本中的文字、图像、作业三方面内容的认真研究。首先，理出系统，找出重点难点，分析教材的前后联系及各章节的地位作用，然后分析概念、规律、结构等，最后处理教材，列出纲要，定出取舍增删等措施。这一系列钻研教材的程序，是在备课实践中不断掌握理论、研究方法、相互交流、虚心学习中获得的，其中最重要的是要多思考，勤实践，自觉提高这项基本教学能力。

2．设计教法，运用各种教学手段，特别是应用现代化教学手段的能力　地理教师应研究教学方法的性质、结构及其相互联系，了解教学方法的分类。如教师组织教学的方法、运用教学手段的方法等。同时要研究设计地理教学方法的步骤、内容、原则等。对学生的认识规律、各项教学原则，以及结合教材内容如何选择具体的教学方法等，要不断总结、学习和实践。对各种教学手段，特别是现代化教学手段，要结合学校条件，认真掌握和运用。同时还应考虑对学生学习方法的指导，使教法设计中含有“教会学生学习方法”的内容。

3．观察、研究学生和组织教学的能力　教师要了解教育的对象，就需要平时注意观察和研究学生，包括对其一般情况的了解，如年龄特征、知识水平、兴趣爱好、家庭与社会影响等，同时还要了解其个性差异、智力与非智力因素的各个方面。了解的方式除阅读有关登记表等书面材料外，更多的是靠平时与学生接触中的观察，交谈，课堂提问，作业与试卷、以及同有关教师交谈，参加家长会及班上活动等都是了解学生的机会，其目的是为了更好地教育学生，密切师生关系，掌握教育规律，加强师生交流。教师组织教学环节的运用，课堂上控制教学活动的进行，都需要教师观察，及时注意学生反馈并进行调控。

4．地理活动的组织能力　地理教学需要课内外相结合。课内的实验、演示、观察，课外的考查、参观、调查，以及一些大型活动，都是对地理教师组织能力的检验。地理教师不仅能组织教育活动，开展课外活动，还应该具有进行课外教学和上好选修课的能力。这些教育活动的组织需要通过认真计划、明确目的、作好动员、提出要求，让学生了解活动方式方法，并注意发挥学生干部的组织作用方能做好。

5．实验、演示或制做教具、模型、图表的技能　地理教师需要具备动手实践的技能，会做一些简单实验（如单一热力环流、密度流、水陆受热实验等），能演示地球仪、地球运行仪、等高线模型等，或设计制做简单教具及堆塑地形模型等，绘制各种统计图表、投影幻灯片等。这些技能的掌握，直接有利于教学效果的提高。

6．准确、精炼和生动的语言表达能力　地理教学语言是传递地理知识信息、启发学生积极思维、进行思想教育、交流师生情感的重要表现手段。一个教师的教学语言常常直接影响到教学效果。因此教师要根据教学语言的基本要求，结合教材内容和教学需要，针对学生实际情况来设计教学语言，并不断加强语气锻炼、体会教材涵义、丰富词汇，并注意运用一些语言技巧，从声调、速度、吐字、读音等方面下功夫，克服语病及非教学语言，坚持讲普通话。这也是教师的一项基本功。

7．进行环境教育、国情教育及科学地理观教育的能力　地理学科向学生进行环境教育、国情教育等是责无旁贷的。地理教师要善于分析和挖掘教材中的思想教育因素，利用课堂教学的主渠道及多种活动、多种教学手段，通过比较、分析、联系实际，讲清道理、启发学生思考，使他们自己获得结论。对于环境观、资源观、人口观及持续发展等观点的树立，地理学科更有义不容辞的职责，要通过生动的事例，把基本观点与道理蕴含其中，让学生理解和接受。

8．开发学生智力，进行能力培养与思维训练的能力　开发学生智力是当前教学改革的重要内容之一。地理教师需要培养学生对地理事物的观察、理解、记忆等认知能力；运用地理原理与规律的推理能力；参与地理实践活动的应用能力；以及运用地理知识从事创造性活动（如评价、设计、制做）的创新能力等。而这几种不同层次能力的形成必须建立在学生地理观察力、地理记忆力、地理想象力和地理思维能力形成的基础之上。在此，学生基础知识的丰富和思维训练的加强非常必要。作为地理教师，就需要不断提高自己的思辨能力及设计问题的水平，以适应对学生的能力培养与思维训练的需要。

9．命题、检查提问及了解学习情况的能力　教师要了解学生的学习和自己的教学效果，就需要课堂上注意学生的反馈，以便调控教学进程。学生在平时听讲时的反应，对提问的解答，在指图中出现的问题等都是随时能了解到的。教师的命题与提问并非单纯检查学生知识的积累和记忆的程度，而应该考查学生联系综合与灵活运用知识的能力，这里既反映出教师对学生掌握知识目的的认识，也在一定程度上说明了教师的水平。不同学生、不同性质的考察。对命题与提问有不同的要求，平时提问应有利于学生的积极思维，考试命题则在检查学生知识掌握程度的同时，也要考察其记忆、理解、综合应用知识的能力。所以设计命题是一项基本能力。教师要知识熟练，思路灵活，联系广泛，从多层次多角度考虑，才能设计出具有一定水平的问题，这就需要多看、多想、多交流，反复实践，有意识地提高命题的能力。

10．分析、评议地理课堂教学的能力　听过一堂公开课、观摩课或研究课后，在认真记录的基础上，教师应具备提出评议或分析意见，肯定成绩，提出不足的能力，这有利于相互切磋，研究交流，也有助于从教学理论的高度去认识一堂课，以便于掌握规律，总结经验，发现问题。关于评议的内容与方法在前面第七章第二节已经介绍。作为地理教师平时不但要多听课，多参加评议活动，也应多学习有关教学理论，以便提高分析评议课堂教学的能力，这有助于正确认识自己教学中的优势与不足。

11．进行地理教育科研的能力　地理教师应不断接受新事物，探索地理教学改革的途径，勇于创新和实验。从教学实践中总结规律，从理论上加以概括和提高。再指导实践和加以验证，撰写有关地理教育科研的文章，不断学习提高。每位地理教师都应以学做教育家作为努力的方向，自觉培养自己的地理教育科研能力。平时要坚持研究教学中的有关问题，选好科研课题，制订科研计划，不断学习教育理论，在实验中积累资料，整理和总结工作经验，然后列出提纲，写出课题实验报告或教学论文。有的教师坚持在每个教案实施后写课后记，这对总结经验和撰写高水平地理教育论文帮助很大。

12．运用地理知识评价环境，进行决策建议咨询，解决实际问题的能力　对于地理教师来讲，本项能力要求较高，但也不乏优秀者对此做出过贡献。运用地理知识服务于乡土建设，发展经济，评价环境，进行决策建议或咨询，解决一些实际问题，如资源的开发利用，农业规划与经营，工业布局、交通选线、土地利用、环境保护等都具有重要的意义，在此，地理知识均可发挥一定作用。在地理课外活动中开展一系列调查和观测活动，发挥其广泛性、深入性、经常性、群众性等优势，或许会收集到专业科研部门难以了解到的情况，这就有可能作为有关部门的参考。

四、具有全面扎实的地理教学基本功

基本功是人们从事某项工作所必须掌握的基本知识和技能，也是个人能力的综合表现。地理教师除要掌握本学科的专业知识、教育学、心理学和思想教育有关的知识、以及宽广的知识面外，还必须要有扎扎实实、一招一式地下功夫练出的基本功。在练习基本功的过程中，要循序渐进，发挥特长，扬长补短，逐步形成自己的特色和风格。

（一）地理教学语言

关于地理教学语言的意义、要求、设计等内容，前面均曾论及，下面从基本功的角度来谈语言的训练：

1．要讲普通话　普通话是以北京语音为标准音、以北方话为基础方言、以典范的现代白话文著作为语法规范的现代汉语标准语，是1955年经国务院确定的当前文字改革的重要任务之一。我国有许多方言，方言与普通话的差异很大，为了汉语有明确一致的标准，为了国内各民族间的交流，为了便于国外学习汉语和国际间交流，同时也为了适应社会发展，科技与文化交流的需要，作为教师必须能用普通话讲课、交谈，并培养学生学会普通话。而且再进一步，要求教师和学生都能讲一口流畅、标准的普通话，并应拿到等级证书，这是通过练基本功可以达到的。

2．要练好口才　作为教师，口头表达能力十分重要，教师受学生欢迎的条件之一就是能清楚地表达自己的思想。否则即使教师学识渊博，也只能藏而无露，使学生很难领悟到丰富的信息。“教师的语言修养在极大的程度上决定着学生在课堂上的脑力劳动的效率”（苏霍姆林斯基）。口才包括对所表达内容的理解、组织、措词，以及与相关事物的联系、比喻、比较，对道理的清楚讲解和有力阐明，对事实的生动叙述和形象描述，同时也包括声调、表情、手势等方面的综合驾驭能力。这些都需要深入钻研，通过丰富词汇，扩大知识面及下功夫苦练得到提高。地理知识的丰富多样、综合联系等特点，为地理教师锻炼口才提供了极好的条件。无论是论证性语言、描述性语言、启发性语言，或是艺术性语言等，都有适宜的教材可供实践和练习，因此，我们应以练出一副好口才为努力目标。

3．教学语言的训练内容

（1）语音：以普通话为标准。地名和名词术语的读音要正确，应以国家正式出版的权威性字典的注音为准。

（2）吐字：要清楚，须克服地方口音造成的不规范，一句话中的每个字都应吐清。

（3）音量：大小以教室最后一排学生能听清为准。音量不宜过大，但尾音要清晰。板书、板画过程中，应尽量不影响音量，指图时要注意音量的强调效果。

（4）语速：要恰当。描述、叙述性语言要连贯，以每分钟350字左右的广播速度为宜。讲解、论述性语言要精炼准确、逻辑性强，以每分钟200—250字左右为宜。重点、难点、关键性语言和要求记笔记的内容要放慢，非重点语言则可快些。

（5）语调：语调指句子的音量变化，抑扬顿挫的语调来自恰当的运气、用声与共鸣。授课时，既应避免低沉阴郁的平淡语调，也应避免频率不变的高音教学。画龙点睛之处音量要加重，一般情况则用平常音量。

（6）节奏：语调和语速的变化组成语言的节奏。具有节奏的语言，能调动听者的情绪，表达言者的心境。作为地理教师，如能恰当地把握语言的节奏，则能有助于培养学生的注意力，使课堂教学自然流畅，学生听讲也不致感到疲劳。

（7）语气：即说话的口气，常是情绪的反应。对学生来说，教师语气的和蔼亲切，反映出对他们的热爱和关心。作为教师来说，恰当地驾驭语言的语气，有助于准确表达自己赞成、反对、愉快、痛恨等情感，充满自信、坚定的语气，能加深语言的教育性。

（8）逻辑：地理教学语言的逻辑包括：概念正确、结构严谨、系统清楚、内部联系明白、推理层次清晰、重点及关键突出等。语言要符合逻辑，根源在思路清楚。要达到对表达的内容了如指掌，脉络清楚，需要进行设计和不断练习。

（二）地理板书

1．板书的作用　板书可以使知识系统化，提纲挈领地展示教学内容的结构、层次。教师在板书中可列出知识的体系，使学生了解知识间的关系和联系。板书还可以提示教学要点，显示教学进程，教师通过板书把章、节中的主要内容，简明扼要地点给学生。由于板书是边讲边写，学生可及时了解教学进程，注意力易于集中。板书的直观性和具体性使教师得以用纲目、表解、图示等形式对讲授内容进行形象地概括，从而转化为学生的笔记提纲，便于他们巩固和复习。

2．板书的形式

（1）纲目式：将讲授内容按先后顺序和逻辑关系列出纲目，可显示知识的要点和条理。此类板书标题要有层次，但层次不可过多，一般以2—3级为宜。

（2）表解式：显示所讲内容的内在联系及要点。或用表格来比较可比地理事物的内容，边讲边填写，或用箭头、括号、破折号等反映地理事物间的因果、并列、主次关系等。

（3）图示式：以简单图形结合板书来表示地理事物或地理现象的特征、变化过程及空间分布等。如配合原理示意图以说明地理原理或显示演变过程；配合简图以说明地理特征及差异；利用框图来表示地理事物的结构及联系等。这种结构式或关系式既可在课前准备好，也可边讲边列，还可在讲授后作为小结示出。此外利用自己设计的略图以反映地理事物的空间分布（包括平面与立体的分布）等。

3．板书的要求

（1）遵循科学性与系统性原则：板书内容是教学的重点，因此要注意科学、正确、系统清楚。板书出现的顺序要符合教材内容和学生的认识规律。

（2）文字简炼准确，字迹工整规范：板书的内容要字斟句酌，既要精炼概括，又不空洞抽象，且应该避免千篇一律，照搬课本。字迹清楚端正、工整规范，笔顺正确。教师的字体、字风会给学生以潜移默化的影响。

（3）版面安排合理，布局美观恰当：板书的版面安排要在备课设计时即有所考虑，主要板书应放在黑板的醒目位置，其他随手写的副板书（如一般地名、非重点名词术语、数据、生僻的字等）可放在黑板一侧，不必留到下课即可擦去。在下课时黑板上留下的应全部是主要板书和板图板画等，以给学生整体印象和进行美育教育。

（4）根据教学需要，确定出现板书的时间：板书的出现时间要紧密配合讲课内容。有的在讲课开始，展示章节标题，及各段纲要，使学生知道要讲什么；有的在讲课过程中，边讲边写，不断显示教学进程和内容要点；有的在讲完某段内容后写出总结性板书。如果板书内容较多，可先写在小黑板上或投影幻灯片上，用时先进行遮幅，然后陆续显示。

（三）地理板图和板画

板图是在地理教学过程中，教师依靠自己的熟练技巧用各色粉笔在黑板上画出的简略地图。板画是教师将地理事物、地理现象及演变过程等用各色粉笔描绘出的黑板画。板图与板画统称地理图像教学艺术，也有时与板书合称“三板教学艺术”。地理教师应该掌握板图与板画的基本功，其作用、特点等在前面已有介绍，下面只从板图板画设计及练习要领等方面予以说明。

1．板图与板画的设计

（1）服从教学需要，进行设计安排：任何辅助教学手段都必须从教学实际需要出发进行设计，包括内容、出现时间、版面安排等。板图与板画在地理教学中有其特殊的作用，其设计更需要在备课时考虑好，并进行多次练习，方能收到预期效果。板图在讲述区域分布中运用较多，教师应把中国轮廓图、各大洲简图、主要国家略图、中国主要分区略图、主要江河及山脉分布、主要铁路线分布等熟记，以便在讲课中适时出现。板画则主要考虑教学实际，如自然地理知识中有关地理事物的变化过程、自然景观、自然与人文地理知识中的各种统计图表等。但运用板图或板画的数量不宜太多，画图时间不宜过长(有的可事先画在小黑板上)。

（2）强化教学内容，与其他教学手段配合使用：板图与板画不会单独出现，一定是与其他教学手段配合，以强化深化教学内容。如与教学语言配合，能使学生更加形象地理解教学内容；与直观教具配合可使立体与平面相互印证，与画片配合可加深空间概念，也使板画更形象突出；板图与板画也常与教学挂图配合，以强调区位分布等概念。

（3）板图的设计步骤：首先是原图的简化。可就其轮廓进行粗略的勾勒，大体上形似，化繁为简，不计细节；其次要在轮廓内设计主要内容，如重要的山脉、河流，交通干线，主要城市等。

（4）板画的设计步骤：先是把要画的内容勾出骨架，或把关键的内容突出，再逐步添画其他内容。

无论板图或板画，在下笔之前，总要考虑先画什么，后画什么。如画非洲，先考虑赤道与南北回归线的位置，并以其作为控制线；画日本要先画本州岛，再画其他各岛，则易于掌握其相对位置关系；画印度要考虑半岛轮廓，再画其它界线；画南美洲也要先考虑赤道与南回归线位置；画澳大利亚也以南回归线为控制线；画美国先确定西经100°线再画其它轮廓等。图8-1。

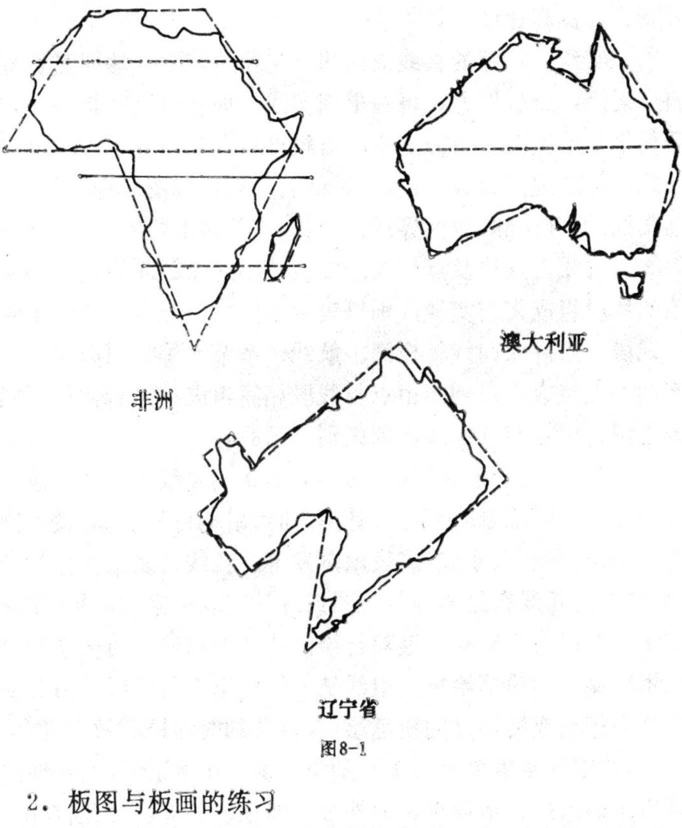

图8-1

2．板图与板画的练习

（1）对粉笔的加工：彩色粉笔是绘制板图和板画的重要工

具。为了收到板图板画的最佳效果，有的老师对粉笔进行了加工，以配合运笔技法，使绘出的线条、形象更多样、丰富。如对粉笔进行纵向或横向的镌刻或镂刻，使粉笔绘出的效果较之原来未经加工的效果要丰富、新奇。此外对粉笔可进行不同形式的捆绑，如并排捆绑、成组捆绑，或在钻孔的木板上分散嵌入粉笔等多种形式，使绘图效果更好。图8-2。

（2）基本绘图线段：板图与板画均由不同线段组成，练习作图作画必须掌握各种线段的画法和运笔技巧，以求效果生动，富于变化，提高速度。如

① 实线：连续的直线或曲线。将粉笔较细一端同黑板直交或斜交运笔，一般用力，可画出细实线；如将粉笔较粗一端或将一截粉笔平放绘图，用力运笔，可绘出粗实线。这是应用最多的两种线，勾勒地图轮廓、绘制景观图、气温曲线图、等高线图等多用细实线；绘制山脉、政区界线、柱状图表等多用粗实线。图8-3。

② 虚线、点线及点划线：虚线是由间隔距离较均匀的断断续续的线段组成，与实线区别以表示不同的地理事物或表示看不见的线段。绘制回归线、极圈、航线、季节河等均用虚线。点线由连续的点组成，点划线由点与线段相间组成，二者常作不同类界线之用，以示与其他线段的区别。图8-4。

③ 折线、曲线与弧线：由不同形状的实线或虚线组成。折线棱角分明，可绘制略图和统计图。曲线用笔自然流畅，按不同弯曲可绘制图形轮廓、水波，或表示蒸发等。弧线可表示天体运行轨道等。曲线与弧线在绘制等值线图或统计图表中常被应用。图8-5。

④ 双线与组线：一笔双行绘出的线为双线，用两支粉笔并列或用纵镂过的粉笔绘出。组线是一笔绘出多行的线，用几支粉笔并列为排笔或横镂过的粉笔绘出，可节约时间提高效率。图8-6。

3．绘图注意事项　（1）形象准确，比例适当：板图或板画都应正确地反映地理事物的外形、特征、轮廓，因此首先要画得像。板图虽经高度简化，但大体仍需轮廓准确并符合比例，各

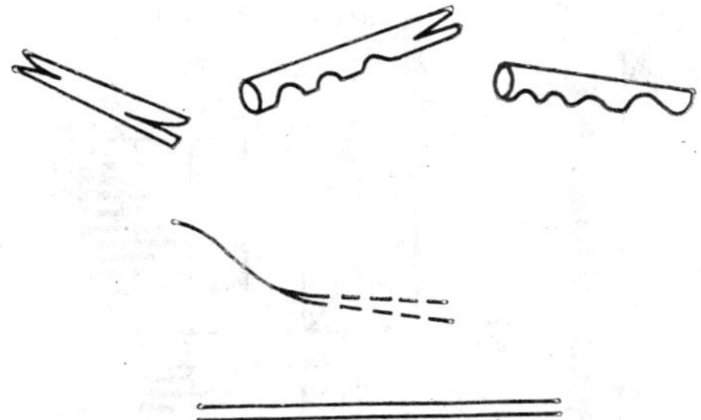

镂 刻 法

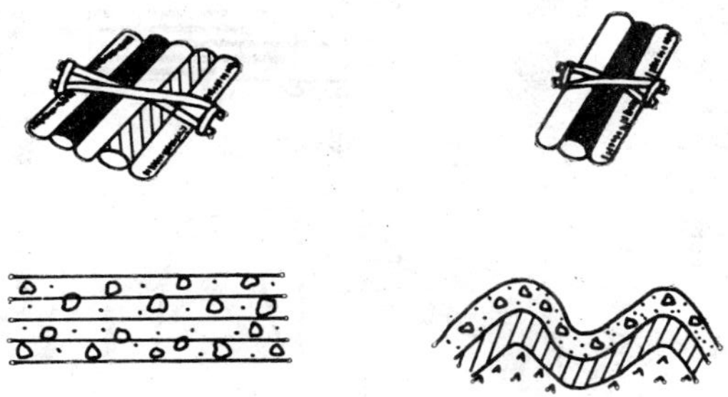

捆 绑 法 （一）

（排笔）

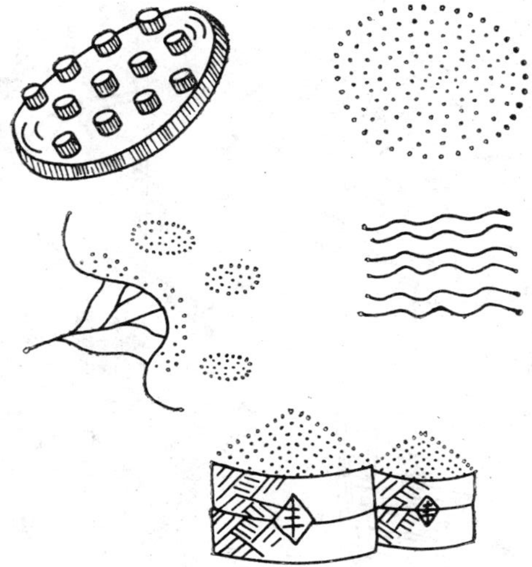

捆 绑 法 （二）

（板笔）

图8-2

石灰岩山岭

（细实线）

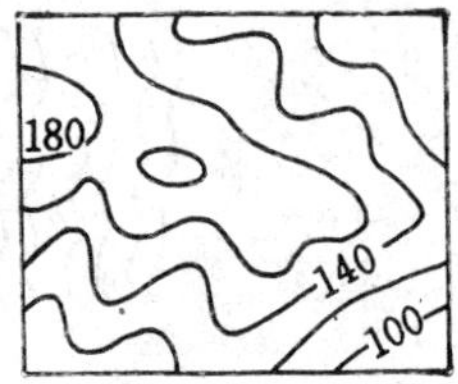

等高线

（细实线）

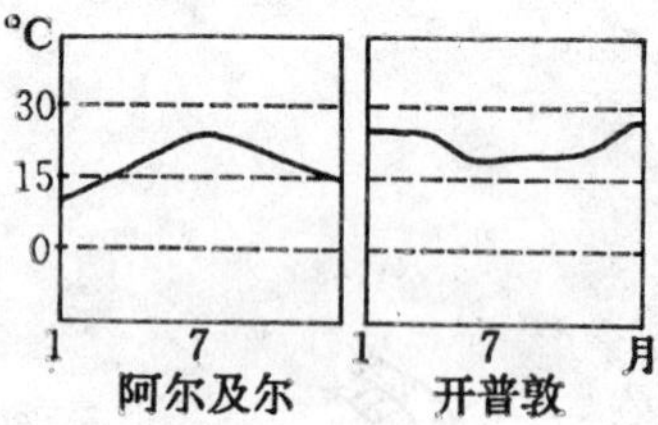

气温曲线

（细实线）

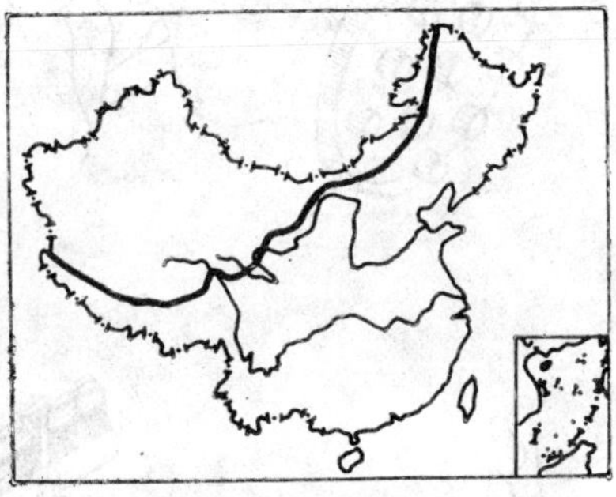

我国季风区与非季风区分界线

（粗实线）

山脉

（粗实线）

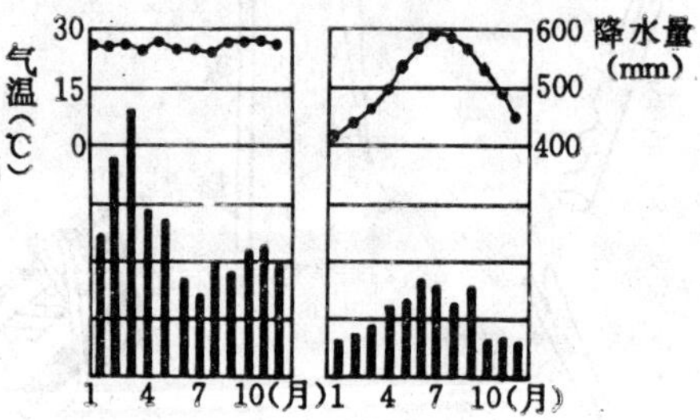

降水柱状图

（粗实线）

图 8-3

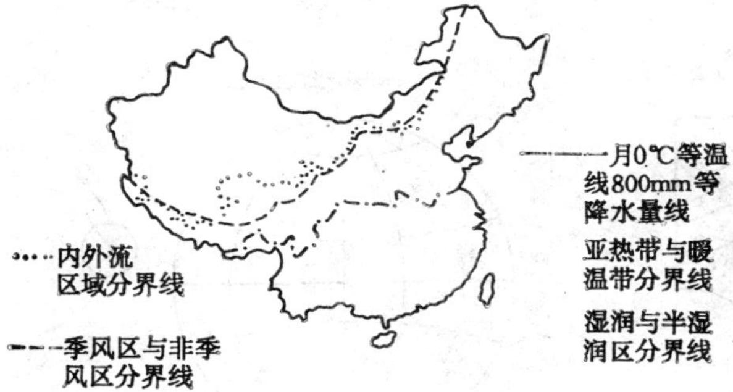

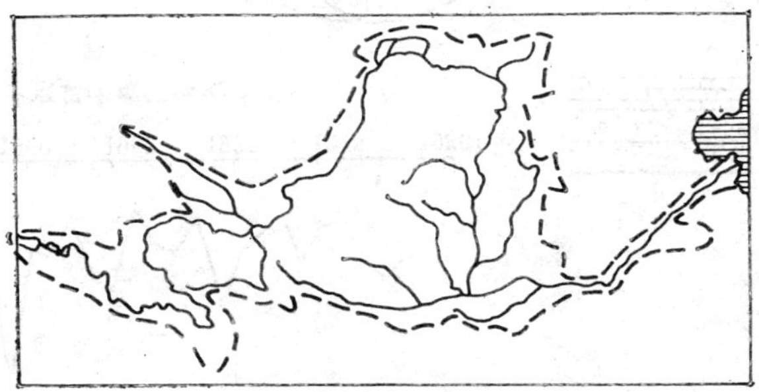

黄河流域范围

（虚线）

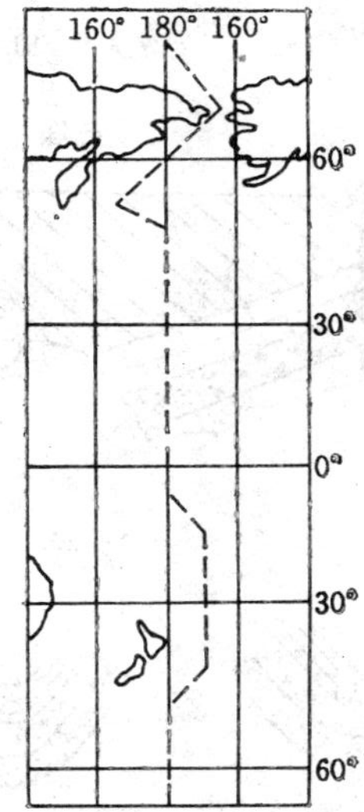

国际日期变更线

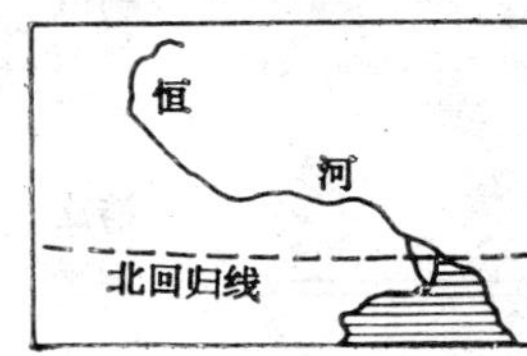

图8-4

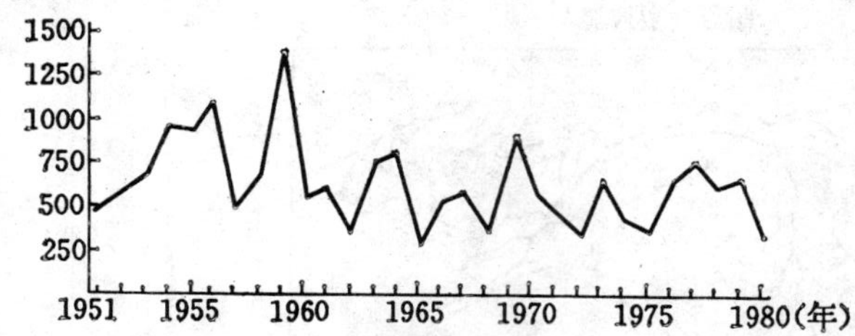

北京降水量年际变化图

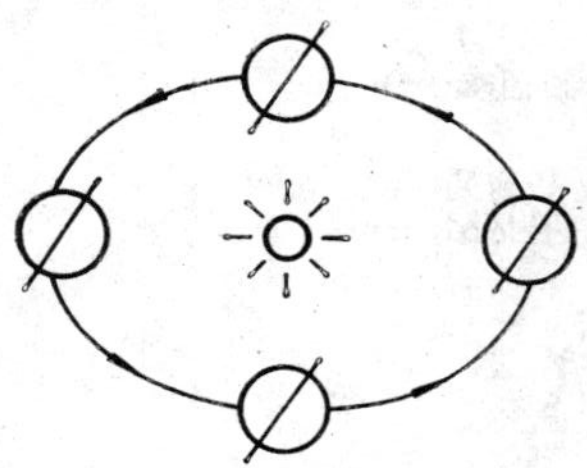

地球公转示意图

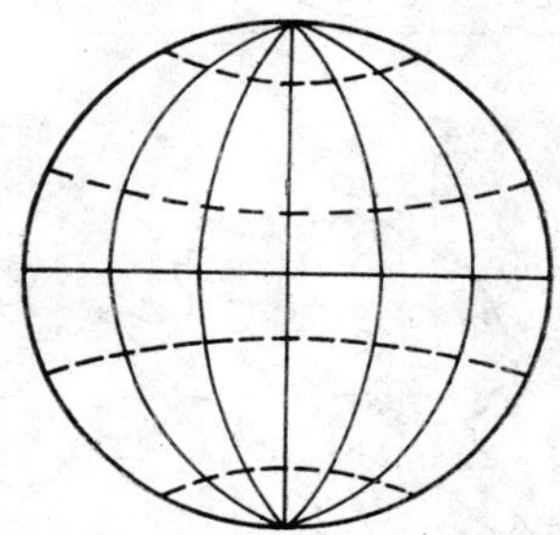

地球经纬线

图8-5

双线

组线

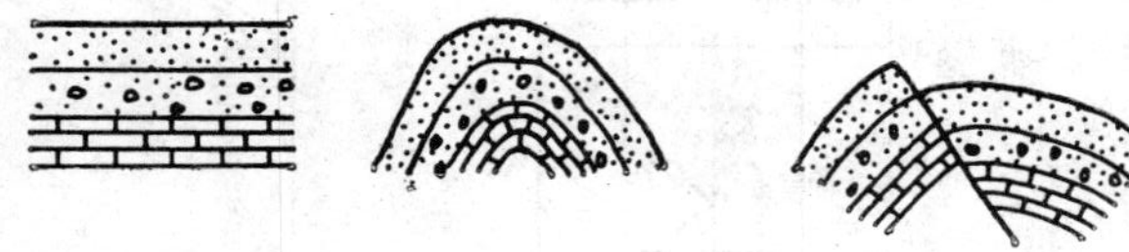

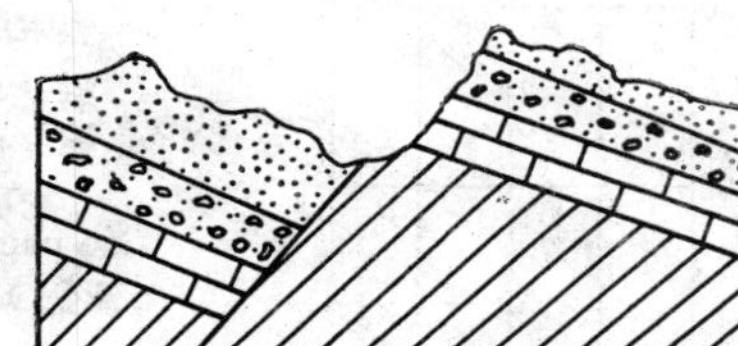

断层

图 8-6

基性熔岩形成的盾形火山

酸性熔岩形成的锥形火山

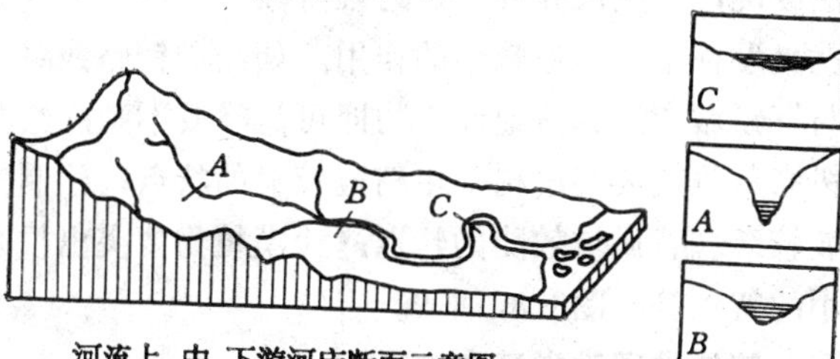

河流上、中、下游河床断面示意图

森林草原

草原

荒漠草原

荒漠

图8-7

地理事物的位置要相对正确。板画也需形似，而不允许形象失真、比例失调或出现科学性错误。如火山的坡度不可太陡、丘陵的起伏不可过大、河谷的断面上中下游应有所区别、植被树种要能反映地带性特征。图8-7。

（2）简练清晰，色彩鲜明：绘图用笔要简练，不可过于细碎，线条要清晰有力，其轻重与浓淡都应以后排学生能看清为准。色彩鲜明，美观醒目，却不宜用色太杂。总之运笔与用色均从教学效果来考虑，并注意迅速描绘。清晰鲜明不是令人眼花缭乱，否则反会失去光彩。

（3）抓住特征，突出重点：一幅板图或板画所反映的地理事物要目的明确，特征突出，方能达到预期效果。如果内容庞杂，笔法凌乱，或主次并列，远近难辨，学生不知主要说明什么问题，就更发挥不出图像教学的作用。如绘制铁路线略图，只绘出干线与枢纽城市，其他地理事物即可简略或不画；绘制热带草原的稀树高草景观要突出树干粗树冠较大的特点；绘制沙丘要突出迎风坡较缓、背风坡较陡的特点；沙漠植物要突出根系发达而茎短叶小的特点等。图8-8，8-9。

（四）其他地理教学基本功

1．投影幻灯片的制做　地理教学投影片用途广泛，类型多样。从内容看，有地图投影片，原理示意图片，景观图片，各种图表片，以及文字片等。从形式看，有单片、复合片、活动片等。最简单的制做方法如下：

（1）工具材料：绘图钢笔、毛笔、水色笔、透明水彩颜料、透明胶片、碳素墨水、调色盘、洗笔容器、圆规、三角板、棉球及吸水纸、硬纸、曲别针等。

（2）绘制程序：先画底稿。将构思确定的画面按投影片框大小(一般为 9 ×12cm，个别需要可做成12×16cm或15×20cm)画成底稿。底稿在一般白纸上画出即可，要求轮廓准确，内容清晰，如用适合要求的印刷画面或地图作底稿也可。其次是画正

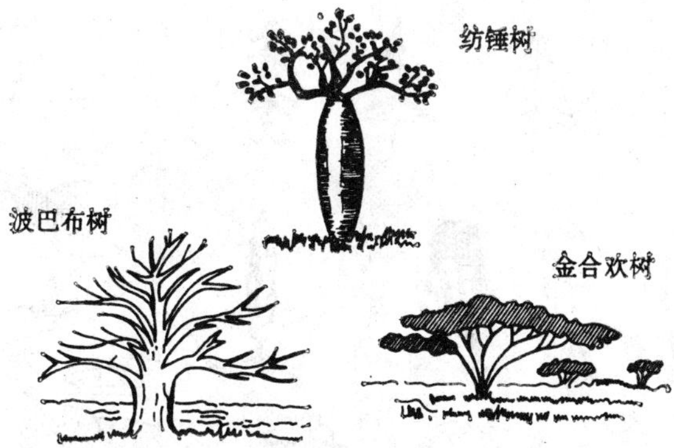

热带草原的树冠

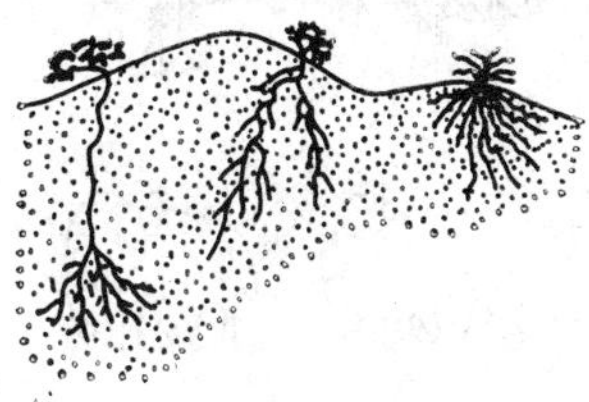

沙漠植物

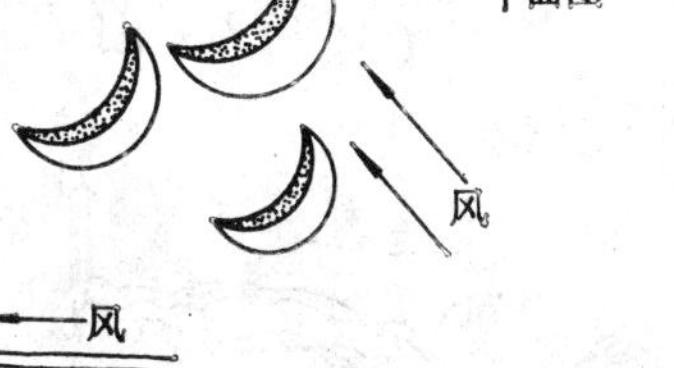

新月形沙丘

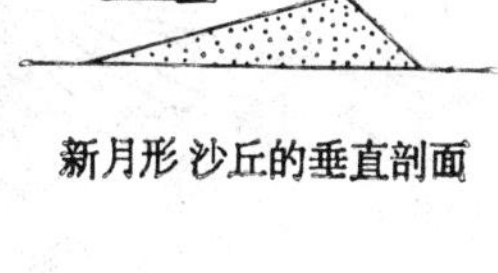

新月形 沙丘的垂直剖面

图8-8

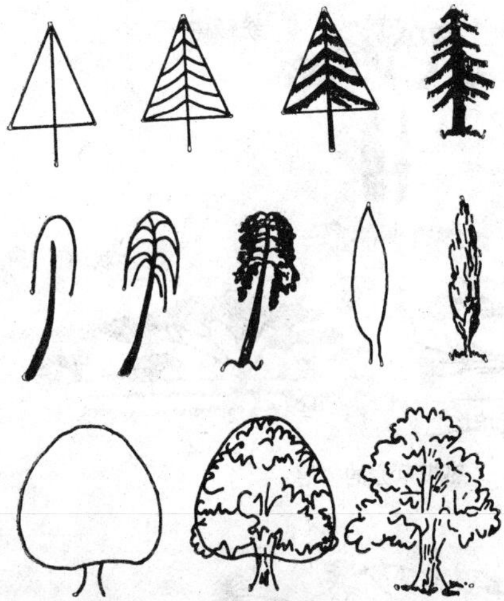

植物

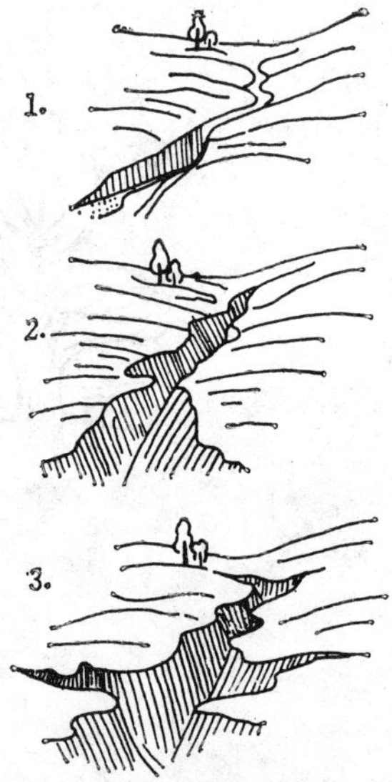

沟谷的产生、成长和分支

动物

天生桥

图8-9

稿，即把底稿描绘在投影片基上，画彩色投影片需选择涂有胶膜的透明胶片，在有胶膜的一面画。先用水色笔或铅笔勾出轮廓线，再画内容。由于投影片内容要求重点突出，故画面内容宜简单明确，不可过于复杂。第三步即着色，如用水色笔绘制，要考虑用色及线条均匀，用笔轻重一致，线画间隔统一。如用透明水彩颜色进行范围着色，则要注意先在调色盘中调配颜料（无论瓶装液体颜料或彩色纸本装颜料，均不可用笔直接蘸抹，要先调配再用）。着色时先用毛笔蘸清水在准备着色的范围内湿润一下，待其稍干，即进行着色，一支色笔在边缘处勾勒，另用一支无色湿笔进行渲染，用笔要快、要准，一遍着色后，用棉球或吸水纸吸附水份，再由浅入深地进行其他部位的着色。如上色过浓或局部画坏，可在修改处滴上清水，使颜色溶解再吸干水份重画。若全部画坏画错，可将胶片浸在水中漂洗后重画。第四步即勾勒边缘，在着色基础上，用碳素笔或水色笔勾出轮廓界线，使图像清晰美观，这是画投影片最重要的一步，如仅着色而不勾边，则图像模糊，效果不佳。最后在画面完成、阴干后，放到投影器上试映，观察效果，再作适当修改、补充。

（3）绘制要求：投影幻灯片简便易操作，其效果直观形象，但在绘制时要注意科学性、教育性与艺术性的结合，即针对教学内容需要，概念科学准确，构图新颖，色彩鲜明。其次要注意投影片不是教科书的翻版，要进行加工创作，设计构思。这是使教材内容形象化、具体化、空间化的过程。最后要注意画面重点突出，直观醒目，故不宜内容庞杂，注字太多或字体过小，即使是文字投影片或图表，其注字也要简单明了，不可过繁。

2．简易模型制做

地理模型是模仿地理事物原型而制做的教具。它可根据教学需要，按一定标准或比例，表现地理事物的立体形象，也可反映地理事物的内部结构和变化过程。目前我国成批生产的地理模型品种不多，且价格较贵。地理教师应根据学校条件自制地理模型，以应教学之需。自制地理模型应注意以下几点：

（1）材料准备：纸浆（废纸撕碎浸泡而成）、石膏、细泥（河泥或湖泥）、托衬的底板、标高用的竹签或铁钉、大头针、颜料、清漆、排笔、小刷子、胶水、竹板、小刀等。

（2）制做程序：先在底板上设计底图，要注意水平比例尺的正确性和垂直比例尺的适当夸张（以不失地物地貌的准确性为准），底图的等高线分层不可过细，对有特点的典型地貌要注意突出表示出来。其次在底板上钉出主要标高，可用竹签、套小竹管的铁钉或大头针钉在主要高度位置上（防止生锈），标高因根据垂直比例设定，故应注意准确且略低于设计高度，即留出填充物的厚度。第三步即填充石膏或细泥，按标高所示高度，把突出要表现的主要地貌填充起来，然后再对照原图进行塑造，用竹板或小刀在局部压实。第四步即着色，根据分层设色原则，在模型阴干后着色，从浅到深，从低到高，最后涂以清漆，并填绘主要标志。图8-10。

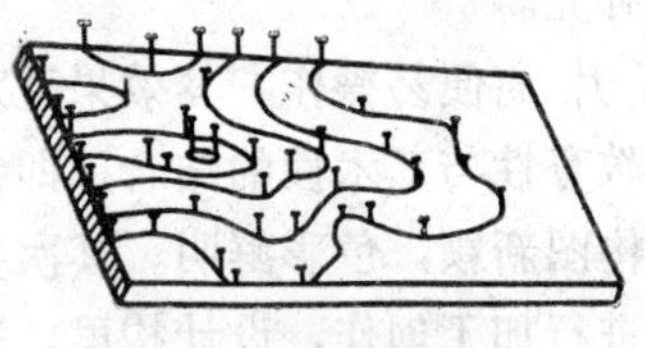
标钉法

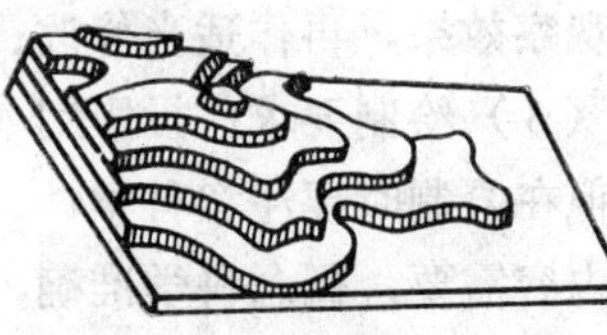
叠堆法

图8-10

如做纸浆模型有两种方法，一种即填充物为纸浆调胶，做法同上。另一种即在泥制模型尚未着色时涂以清漆，以之做为底模，然后以薄纸蘸水一层层覆盖糊上，待阴干后可揭下纸壳模型，再进行着色上漆，这种以泥胎做模的纸壳模型，简单轻便易于悬挂或携带，而且可多次复制，一般学校条件均可制做。

（3）制做要求：要突出教学重点内容，注意科学性。模型要能反映地理事物的外部形态及特征，应做到科学准确。其次要力求工艺精美，富于教育性与艺术性。模型色彩要鲜明，但要符合需要，工艺要细致认真，不可草率粗劣。最后要注意组织学生就地取材，与课外活动结合，这样既节约了经费，又培养了学习兴趣。

3. 简易沙盘模型制做

（1）材料准备：①先用木板和木条制成一个长100cm、宽80cm、边高5cm的矩形木盘，作为底盘。如有地理园或地理教室，底盘可适当加大。底盘底部可覆盖一块底面涂了蓝漆的玻璃，或在底盘底部涂以蓝漆也可，以表示海洋、河流、湖泊等。②用黄泥制成若干不同形状的山体（如褶皱山、断块山等）并适当染成绿、黄、白等颜色。③用泡沫塑料雕塑成不同类型的城市、海港或具有特色的建筑物。④染成绿色的锯末（木屑）、松枝或柏枝、红黄等色毛线（作界线用）、细沙。

（2）工具准备：带木柄的平沙板、小铲、板刷、小扫帚及小簸箕（畚箕）、细木板、细木棍、细筛。

（3）堆塑方法：设计底图，把要堆塑的地形图用粉笔在底盘上勾划，然后留出海洋部分（可先用纸覆盖）。用湿润的细沙平铺在要堆塑的陆地上，再逐层加厚加高，主要骨干山脉可在堆塑到一定高度后，将先制成的山体模型依走向放置排列，然后用平沙板、细木板、细木棍对个别部分进行塑造。边塑造边检查垂直高度是否正确，最后在适当位置放上城市模型，用毛线作为界线，用绿色木屑作为农田或草原，用松针等作为森林，揭开覆盖的白纸，显露出蓝色的海洋。

（4）堆塑要求：沙盘灵活性强，可堆塑成各种区域模型或自然地理模型，因此要特别注意堆塑内容的科学性和准确性。

4. 野外考察活动中的标本或样品采集　野外地学考察时常采集的标本或样品有：矿物、岩石、沉积物、化石、土壤、植物、动物、水样等。标本主要用于室内鉴定和展示陈列，一般应按规格采集，如地质岩石标本应按高宽长分别为3×6×9cm大小采集；植物标本应照顾到植株的根、茎、叶、花各部分的完整性等。分析样品是专为室内化验用的，应按技术要求采集、保管和携运。无论标本或样品，都应及时在现场登录、编号，通常以地区或路线代号作字头，再按采集顺序编号，如三家店一号可写作S-1。一般岩石标本可在橡皮膏上注明再贴在标本上。

第二节　中学地理教师的努力方向

作为中学地理教师，要具有“教师意识”，时时处处想到自己的职责，不断完善自己的知识与能力结构。同时还要有“地理教师意识”，因为在培养跨世纪人才的教育过程中，在加强对受教育者的“可持续发展”思想的灌输活动中，地理教师更能充分体现《中国21世纪议程》的思想。在当今科技、社会、思想飞速发展的改革时代，形势迫使地理教师要学习新理论，树立新观念，掌握新知识，要适应新形势的发展，不断自我完善，这是教育事业发展的需要，也是地理教师成才的必由之路。

一、不断提高自己的师德修养

师德，是教师的职业道德。为提高中小学教师队伍的职业道德水平，1984年教育部和全国教育工会曾联合颁发了《中、小学教师职业道德要求（试行）》（以下简称《要求》）。1991年8月，国家教委和全国教育工会对《要求》试行情况进行了总结并作了修订，作为《中小学教师职业道德规范》予以颁布，其全文如下：

一、热爱社会主义祖国，拥护中国共产党的领导，学习和宣传马列主义、毛泽东思想，热爱教育事业，发扬奉献精神。

二、执行教育方针，遵循教育规律，尽职尽责，教书育人。

三、不断提高科学文化和教育理论水平，钻研业务，精益求精，实事求是，勇于探索。

四、面向全体学生，热爱、尊重、了解和严格要求学生，循循善诱，诲人不倦，保护学生身心健康。

五、热爱学校，关心集体，谦虚谨慎，团结协作，遵纪守法，作风正派。

六、衣着整洁、大方，举止端庄，语言文明，礼貌待人，以身作则，为人师表。

以上六条规范应是教师自律的标准，它包含着教师对自己、对学生、对工作的基本态度。教师的日常生活、待人接物及行为举止，随时体现着教师的职业观、道德观和荣辱观，具有深刻而鲜明的教师“印记”。教师对自己职业的期望，社会对教师的要求，以及学生心目中的教师形象，其道德与人格标准都是较高的。教师具有渊博的知识，高超的教学艺术等固然会使学生佩服，但还要有认真负责的工作作风、公正和蔼的待人态度，这种人格的力量更能使学生信服。严以律己是提高教师品德修养的关键。

教师对事业的忠诚，集中反映在对学生的热爱上，这凝聚着教师对理想的憧憬和对真善美的追求，也反映了教师对未来的期望和寄托。教师要按祖国的要求塑造自己的教育对象，对他们从了解到熟悉，从关心到牵念，从相识到相知，教师对学生的尊重信任和严格要求所产生的巨大教育力量，对其身心的发展有着不可估量的作用。师德修养的提高也体现在对学生的“爱而不溺，严而不厉”的教育方法上。教师的威信决不能建立在让学生感到畏惧之上。因此情感的交流感染、潜移默化地建立起来的师生关系，才具有较高的效应。

教师的工作是创造性的劳动，但真正获得创造性的成功体验却需要通过艰苦的实践才能获得。教师对学生的爱和职业的光荣感，是随着教龄的增长和师德修养的不断提高而加深和巩固的。因此一般教师在走上讲台后总要经过从适应到合格再到成熟三个阶段。教师从参加工作后的各种交织的矛盾，如热情与畏难情绪、钻研精神与缺乏方法、对师德的模糊理解与缺乏光荣感的体验等，但随着时间推移，会逐渐在实践中了解到工作的意义，摸索到一些规律，体会到教师的乐趣，情绪也会逐步稳定，并开始对工作和学生产生了感情，能克服困难，知难而进、经过更长一段时间后，对教师工作定会感到热爱，一心扑在工作上，产生自尊、自重、自豪和自爱的体验，能做到敬业、乐业和勤业，师德修养也在这一过程中不断提高。

二、努力更新知识，不断转变教育观念，改革地理教学方法和手段

地理教学改革是当前整个教学改革的一个组成部分，要受到教改形势的制约，并服从于我国教育事业培养目标的需要，服从《中国教育改革和发展纲要》的精神。"造就一批具有远见卓识的领导者和决策人才，门类齐全的、整体素质好的科技人才队伍，广大的具有一定劳动技能和科学文化素质的劳动者大军"（中国21世纪议程）。同时由于地理科学、环境科学、教育学、心理学的发展，以及现代化教学手段的不断进步，都为地理教学改革在指导思想、教学内容、教学手段等方面提供了依据，创造了条件，使地理教学改革不仅必要，而且具备了可能性。因此，在这种形势下，地理教师必须注意努力学习和更新知识，以适应飞速发展的教育需要。

教改的关键是教师，地理教师不但要考虑更新知识，提高素质、完善自己的能力结构，而且在教学实践中，要贯彻教改精神，反映新的教育思想。

教育思想是随着时代前进而不断发展的，它体现在教育指导思想、教育理论和教育观念的转变上。对于教师来讲，教育观念可表现为各种观点，如教育质量观、人才观、学生观、教学观等，它们直接影响着施教者本身的工作。如正确的学生观须建

立在对学生正确评价的基础上，如果对学生评价有误，就会影响对学生的看法和教育态度。因此，增强教改意识，自觉更新教育观念，转变教育思想，是当前进行地理教学改革的重要问题。其中在教学中应注意：从传授知识向传授知识与培养能力、思想教育三者并重转变；从封闭式教学向开放式教学转变；从单纯重教向教与学并重转变；从教师的单向传递向师生间多向交流转变；从单一培养目标向多层次培养目标转变（全面发展与个性发展、智力与非智力因素等）。这几个转变大致可从不同角度来反映教学思想的变化，其具体做法又因教师的业务水平、教学能力、教学条件等不同而形成多种表现，其中起主导作用的是教师的教改意识。教改如科学实验一样，是创造性的劳动，需要从地理学科特点、从学生认识规律出发进行探索创新，既借鉴国外经验，又继承传统教学所长，同时吸收他学科成功的经验，才能形成符合我国国情的地理教学改革的理论与实践经验。

地理教学改革当首推指导思想的转变，但与此同时，也要考虑方法与手段的改革。教学方法与手段的改革主要可从以下几方面考虑：

（一）重视教学中的能力培养与思维训练，使学生从学会到会学　教学改革的核心是培养学生能够独立获取知识并驾驭知识的能力，使学生不仅学会，而且会学。会学的关键在于会想。这就需要教师要不断对学生进行能力培养与思维训练，教给学生思维线索，使学生独立获取知识能力有所增强，能够积极主动地进行学习。

（二）重视给学生参与的机会，真正做学习的主人　传统教学模式是以课堂教学作为唯一传授知识的方式，教师与学生的任务就是不断传授与积累知识，因此只能在已有知识范畴内重复前人已经掌握的知识内容。今天则需要以启发诱导方式，使学生能独立探求知识，这就要给学生多提供参与和实践的机会，如在课堂上引入知识竞赛、演讲、演示模型、简单实验、绘制地理图表幻灯片、简易小制做等。给学生观察思考和实习的机会，如观察模型、标本、景观图片、幻灯片、录像等，填写观察记录或实习报告等。给学生发挥创造想象和表达的机会，通过教师设计的新颖灵活的题目，让学生发挥想象，活跃思维，展开讨论等。

（三）重视教学情境的创造，使学生思维更活跃　良好的学习环境与愉快的学习气氛是一堂好课成功的条件之一。教师要了解学生，认真备课，设计教法，同时要注意师生关系和谐，让学生思维活跃。要考虑可以调动学生学习积极性和开发智力的每个环节和因素，创造良好的学习气氛，学生在愉悦的情境中接受新知识印象深刻，能做到“以情育思”。

（四）开展课外活动，使课堂从封闭走向开放　由于地理知识的不断发展，横向联系更加广泛，地理教师要不断更新与扩大教学内容的知识范围，同时要使课堂教学从封闭走向开放，开展课外活动，让学生多接触自然与社会。除开展课外教学、开设选修课外，组织学生作野外考察、社会调查、撰写小论文、作环境评价和建议等活动，都可锻炼学生接触实际解决问题的本领，扩大知识领域，使知识全面，培养特长，也有助于学生对乡土环境的了解和掌握。

（五）运用电化教学手段，使教学手段走向现代化　地理教学最需要通过各种声像手段来传输地理信息，因为许多地理知识学生无法亲自感知，通过现代化教学手段，不但能使学生加深印象，突破难点，而且有利于调动学生的学习积极性，激发其学习的兴趣，扩大其知识领域。地理教师应该参与这项现代化教学手段的重大变革。

（六）着眼于灵活运用知识，进行考试方法的改革　学生学习新知识以后，教师要检查了解教学效果。对学生的学习情况进行考试或提问，考试既要检查学生对基础知识的掌握，也要检查其灵活运用知识的能力，不能仅满足于知识的积累数量和巩固的程度。单纯以机械记忆为命题原则的做法与现代考试理论不相适应。地理考试可以分析地图，可以结合实际命题，如解释某项地理现象、提出某项建议或设想、拟一份调查提纲或规划等，还可以根据材料绘出图表等。

三、掌握运用地理教育科研方法，不断提高地理教学能力

地理教师在教育实践中，需要经常总结经验，把一些感性认识上升到理论高度，探索其中的规律和特征，以便自觉地指导行动。这种在教育过程中的科学研究活动，对于发展地理教育理论，更好地指导教学实践，有效地提高教学质量，都是非常必要的。

中学地理教育的科学研究活动，范围极为广泛且大多以班级为实验对象，一般可包括基础理论问题与实际应用问题两大方面。在进行科研课题的选择和科研活动过程中应注意：

（一）选好研究课题

1．地理学科基础理论问题的研究　中学地理教学的基础理论问题涉及面广，可探讨的问题很多。如中学地理教学的目的任务、课程计划、教学大纲(课程标准)、教学内容体系及安排、地理教学的原则、地理教学过程、地理教学的特点等，对这些理论问题的研究，有助于使教学实践更具有科学性。尤其随着地理科学与教育科学的发展，人与环境关系问题的认识不断深入，这对地理教学的目的任务、教学大纲与教学内容势必带来影响。同时对教学过程这一领域本身的探讨也有待提高，过去对教师讲授过程的研究过多，对指导学生学习的过程研究过少，对传授知识过程研究过多，对智能培养和思想教育过程研究过少，至于对教学与学习心理的研究则更少，这些都是我们今后的努力方向。

2．地理学科实际应用问题的研究　包括对地理教材的研究、地理教学方法的研究、地理教学手段的研究、教学形式的研究等。对教材的研究包括教材的衔接、联系、重点难点，教材的科学性、思想性、系统性，以及教材的难度与学生认识规律的关系

等。对教学方法有专题教学方法和一般教法的研究，也有传授知识、培养能力、进行思想教育、考试的方法研究等。教学手段特别是现代化教学手段的研究，以及最优化教学手段的研究，在当前尤为必要。教学形式中对课堂教学和课外教学与活动的研究目前也是地理教师探讨较多的课题。从以上这些实际应用问题可以看出，实践是科研的基础。在选择研究课题时要善于抓住教学中带有普遍性、关键性的问题，这样才更具有针对性和可操作性，对教学改革的指导意义也就更为重要。

（二）制订研究计划

课题确定以后，就要着手制订进行研究的计划，这样才能使地理教育科研工作顺利有序地实施。由于研究课题多种多样，大小繁简不同，计划的制订也有一定差别。对内容复杂、综合性较强的课题，可分成若干子课题，由几个人共同完成。制订计划时可分成若干阶段进行，在总计划基础上，再安排各阶段的具体实施计划。一般来说地理教育科研计划可包括下列内容：

1．地理教育科研课题名称

2．研究的目的和任务

3．研究的原则或主要论点

4．研究的主要方法和进行步骤或主要措施

5．研究的资料积累、测量统计方法

6．研究过程中的实验对比及评价分析

7．总结分析及结论（教育科研报告）

8．其他（如研究的经费、工作制度、组织领导、必要的参观学习、图书资料购置、实验准备等）

（三）坚持进行研究实验，做好资料积累工作

研究计划制订之后，就要认真付诸实施。在此之前要进行一系列的资料准备、调查研究、了解该课题目前的研究情况。在进行本课题的实验研究中，要按照计划进行工作，排除干扰，克服困难，对计划中的不足还可在执行过程中不断完善。同时要注意

做好记录和资料积累工作，如果有对照班级或可比较的内容，则更要做好资料的收集积累工作，这些第一手的原始材料数据，在科学研究中是十分重要的。

（四）进行资料的整理分析或实验总结

要认真对待实验结果，从中理出事物的本质。有些数据根据定量分析可作出定性结论，使研究更为准确。对实验的内容和过程要认真总结，找出最具代表性、普遍性的问题，以便增强实验的可信性和可行性，特别对那些有推广价值的研究成果，要经过仔细论证，反复推敲，这也是保证地理教育科研水平的重要环节。

（五）撰写地理科研论文（或教学改革实验报告）

根据地理教育研究成果，对研究内容中的重点问题可以写出科研论文，一般先确定论文题目，列出论文提纲，然后撰写论文内容。写论文提纲要包括论文的基本观点和论文的基础内容。撰写论文要简明扼要，条理清楚，论点明确，论据恰当，文字通顺，详略得当，最好附有图表，以加深文字内容的涵义。

掌握运用地理教育科研方法，不断提高地理教学能力，是地理教师孜孜以求的努力方向。业务水平的提高既包括专业知识的学习，也包括教学能力的锻炼，要自觉加强这方面的学习和锻炼，主动参与多种教学实践活动，有意识地促进知识向能力的转化，以便更符合时代对我们地理教师的要求。

思考与练习

1. 结合中学地理教师应具备的基本条件，谈谈你自己的认识和体会。

2. 从更新知识、转变教育观念、改革教学方法和手段方面看，你是怎样做的？

实习作业

根据中学地理教师的基本素养，拟订一份继续提高自己的进修计划。

参考文献

1. 褚亚平等编著，《中学地理教学法》，高等教育出版社，1985

2. 褚绍唐，孙大文编著，《中学地理教学法》，华东师范大学出版社，1982

3. 刁传芳，高如珊编著，《中学地理教学法》，北京师范大学出版社，1988

4. 曹琦主编，《中学地理教学法》，高等教育出版社，1989

5. 教育学院系统地理教材协编组编，《中学地理教材教法》，中国和平出版社，1986

6. 刁传芳主编，《中学地理教材教法》，北京师范大学出版社，1991

7. 李涵畅等主编，《地理教育学》，大连海运学院出版社，1990

8. 褚亚平等著，《地理教育学》，上海教育出版社，1992

9. 孙大文主编，《地理教育学》，浙江教育出版社，1992

10. 陈育辛主编，《教育学新编》，上海教育出版社，1986

11. 温寒江著，《现代教学论引论》，天津教育出版社，1988

12. 查有梁著，《控制论、信息论、系统论与教育科学》，四川省社会科学院出版社，1986

13. 南京师范大学教育系编，《教育学》，人民教育出版社，1984

14. 华中师范学院教育系等合编，《教育学》，人民教育出版社，1982

15. 章志光主编，《心理学》，人民教育出版社，1984

16. 潘菽等著，《教育心理学》，人民教育出版社，1980

17. 朱智贤等著，《思维发展心理学》，北京师范大学出版社，1986

18. 邵瑞珍主编，《学与教的心理学》，华东师范大学出版社，1990

19. 蒋大鹏等著，《教育心理学新系》，山东教育出版社，1992

20. 顾明远主编，《中学实用教育学》，北京师范大学出版社，1987

21. 余立主编，《现代教育思想论纲》，浙江教育出版社，1988

22. 李镜流著，《教育心理学新论》，光明日报出版社，1987

23. 廖正峰著，《教师心理学》，浙江教育出版社，1985

24. 单树模，陈尔寿主编，《中学地理教育概论》、《中学地理课堂教学艺术》、《中学地理复习考核与课外活动》、《中学地理教具制做》，江苏教育出版社，1992

25. 崔录等编著，《现代教育思想精粹》，光明日报出版社，1987

26. 卫杰文等编著，《中学地理教师手册》，上海教育出版社，1982

27. 翁向新主编，《谈教师的素质与修养》，群众出版社，1992

28. 吴兆钧主编，《中学地理教师教学基本功讲座》，北京师范学院出版社，1991

29. 陈树杰等主编，《中学地学科技活动》，中国科学技术出版社，1992

30. 燕国材著，《智力与学习》，教育科学出版社，1981

31. 刘勃生主编，《教学法大全》，经济日报出版社，1990

32. 黄济主编，《当代教师小百科》，浙江教育出版社，1987

33. 陶西平主编，《教育工作博览》，北京工业大学出版社，1994

34. 中国大百科全书，《教育》，中国大百科全书出版社，1985

35. 中国大百科全书，《地理学》，中国大百科全书出版社，1990

36. 中国中学教学百科全书，《地理卷》，沈阳出版社，1990

37. 曲格平著，《中国的环境与发展》，中国环境科学出版社，1992

38. 王树声主编，《特级教师谈学习策略——高、初中地理》，北京师范大学出版社，1993

39. 金桂森等编，《读地图，学地理》，中国青年出版社，1991

40. 王树声，裴新生编著，《特级教师导学丛书——中学地理》，教育科学出版社，1993

41. 胡守棻主编，《德育原理》，北京师范大学出版社，1989

42. S．拉塞克等著，《从现在到2000年教育发展的全球展望》，教育科学出版社，1992

43. 王民，“中学地理教学方法”，《现代教学方法百科全书》，(阎金铎、潘仲茗主编)，河北教育出版社，1992

44. 钟作慈，“浅析教学目标的确定与实现”，《北京 电 化 教育》，1993；4

45. 竺可桢，“地理教学法”，《地理教学》，1984；3

46. 毕超，“地理教育的目的和意义”，《地理教学》，1984；3

47. 陈国因，“地理课中的美育”，《中学地理教学参考》，1987，4

48. 王树声，“论地理教学中的思维训练”，《中学地理教学参考》，1988，2-3

49. 陈国新、丁沛平，“四十年中学地理教材的变革”，《地理教育》，1990；2

50. 王民，“九年制义务教育‘五·四’学制初中地理教材的内容体系及其思考”，《地理教育》，1990；6

51. 钟作慈，“如何把握初中地理分区部分的教材结构和教学目标”，《学科教育》，1994，1

52. 张复庆，孙景沂，“九年制义务教育初中地理教材教师教学用书编写介绍”，《中学地理教学参考》，1991，1-2

53. 王民，“德国高中地理教学大纲的内容及表达方式”，《学科教育》，1994，4

54. 钟作慈、郭正权、真炳侠，“也谈中学地理德育基本内容的确定”，《中学地理教学参考》，1994，6

55. 黄德芬，“我国中学地理课程的改革及沿海版地理教材之特点”，《中学地理教学参考》，1994，6